同济大学“欧洲研究”一流学科建设项目
“欧洲思想文化与中欧文明交流互鉴”子项目资助课题

柏拉图政治对话三篇释义

李革新 著

同济大学出版社·上海

图书在版编目(CIP)数据

柏拉图政治对话三篇释义 / 李革新著. -- 上海：同济大学出版社，2023.11
ISBN 978-7-5765-0711-9

Ⅰ. ①柏… Ⅱ. ①李… Ⅲ. ①柏拉图(Platon 前427—前 347)-政治哲学-哲学思想-研究 Ⅳ. ①B502.232

中国国家版本馆 CIP 数据核字(2023)第 018292 号

柏拉图政治对话三篇释义
李革新 **著**

责任编辑 张 睿 **责任校对** 徐逢乔 **封面设计** 陈益平

出版发行 同济大学出版社 www.tongjipress.com.cn
(地址:上海市四平路 1239 号 邮编:200092 电话:021-65985622)
经　　销 全国各地新华书店
排　　版 南京月叶图文制作有限公司
印　　刷 江苏凤凰数码印务有限公司
开　　本 889 mm×1240 mm 1/32
印　　张 11.625
字　　数 261 000
版　　次 2023 年 11 月第 1 版
印　　次 2023 年 11 月第 1 次印刷
书　　号 ISBN 978-7-5765-0711-9

定　　价 59.00 元

目　录

导　言

柏拉图对话有三十多篇，大部分讨论的是哲学问题和德性问题，关于政治的对话主要是《理想国》《政治家》《法律篇》。三篇对话构成了一个完整的思想系统。《理想国》主要讨论了正义的问题。他从政治的法律的正义开始，逐渐探讨了灵魂中的自然的正义。我们应该追求灵魂的自然的正义，这种正义是哲学追求的正义，超越了政治的正义。哲人达到了灵魂的自然的正义，在他的统治下，所有人也可以达到自己应有的正义。这种正义同时就是幸福，幸福是人性自然的实现和完善。《政治家》主要讨论了政治家的定义问题，其中对法律统治的批评更加明确。柏拉图区分了知识政体和法律政体，知识政体优于法律政体，其暗示哲人才是真正的政治家。《政治家》的表述比《理想国》更加清晰和严格。《法律篇》是柏拉图的最后一篇对话，主要是讨论了“第二好的政体”，即法律的统治。法律统治的正义性和严格性都低于哲人王的智慧统治。如果《理想国》讨论的主要是大同世界，那么《法律篇》思考的就是小康社会。二者并不是对立的。《理想国》和《法律篇》在时间和内容上具有完整的系统性，是相互阐释和相互补充的。《理想国》的讨论时间是从傍晚到黎明，《法律篇》的讨论时间是从黎明到傍晚。《理想国》重点讨论的内容是哲学及其教育，《法律篇》重点讨论的内容是法律的制定和目的。二者共同揭示了柏拉图对话中哲学和政治的密切关系。

柏拉图的这三篇对话恰好分别展示了哲人的三种形象或者面相：一个是哲人作为王者的形象，另一个是哲人作为立法者的形象，还有一个是哲人作为平民的形象。在《理想国》中，柏拉图展示了哲人作为王者直接统治的景象。哲人发现了永恒的自然，是自然的完成者和实现者。因此哲人是实现了人性的最高可能性的人，他达到了最高的正义，获得了最高的幸福。柏拉图认为哲人不能仅仅满足于个人的成就，他还必须尽可能使他人也获得应有的正义和幸福。因此哲人王会根据每个人的自然天性安排不同的教育和工作，使他们都能够各得其所，各尽其能，各安其位。只有在哲人王的直接统治下，全体人民的幸福和正义才可能实现，所以正义并不是完全外在的社会秩序，幸福并不是完全内在的主观感觉，二者本质上都是自然的实现。这种政治理想主义体现了柏拉图的政治哲学是严格科学的观点。但是同时柏拉图也表明，即使是像理想国这样的完美国家，也是会不可避免地败坏的。他以此消除了一切政治理想主义，并且表明真正值得追求的不是政治生活的完美性，而是哲学生活的智慧。《理想国》是通过讨论政治生活而为哲学生活辩护的。

在《政治家》中，柏拉图提出了作为平民的哲人这一观点。他认为直接掌握权力的人并不一定是政治家，没有政治知识而掌握权力是可怕的。一个人是不是政治家，要依据他是不是具有政治知识这一事实。只有拥有政治知识的人才是政治家。哲人是真正拥有政治知识的人，所以哲人才是真正的政治家。这里同样强调了智慧或者知识对于政治生活的重要性。柏拉图区分了知识政体和六种法律政体，他认为知识政体是真实的政体，其他政体是模仿的政体。他对法律政体进行了严厉的批评，认为法律是一种粗糙的统治形式，依据法律的统治不可能达到完全的正义。这种批评和《理想国》中的批评是一致的。在此，柏拉图仍然坚持了政治哲学是严格科学的观点，这在后代的政治学中几乎是不可设想的。

《法律篇》的主角是一位雅典客人，苏格拉底没有出现。施特劳斯认为，我们可以把这个客人看作是从雅典监狱中逃亡出来的苏格拉底。客人—哲人—苏格拉底在此对话中是作为立法者出现的。在《米诺斯》中，柏拉图探讨了法律的本质和来源，也讨论了“谁是立法者”的问题，他暗示了哲人是真正的立法者。在《法律篇》中，柏拉图展示哲人是真正的立法者。虽然法律的统治并不是最好的，但是由于哲人是稀少的，哲人的生命是有限的，因此最好的替代方法就是哲人立法。依法统治是不得已而为之的。但是柏拉图用了大量篇幅讨论法律的序言问题，主要涉及人的自然、德性和教育问题。这种法律的序言就相当于世界观、人生观和价值观的教育。他认为如果我们把人民教育好了，我们就几乎是不需要法律的，或者只需要很少的法律条文。所以法律的序言比法律的正文更加重要。为了降低法治国的严苛性，柏拉图同时设想了法治国的欢乐。法治国是节日的国家，每天都是节日。节日是与祭祀、崇拜、歌舞、游戏和欢乐联系在一起的。这个国家是快乐的国家，它的目标不是自然的正义，而是全民的快乐。人民在歌舞升平、载歌载舞中度过一生。这种快乐并不是粗俗的肉体欲望的满足，而是包含了对灵魂的净化和崇拜的。《法律篇》是最好的诗歌。为了防止法律的僵化和保守，在《法律篇》的最后，柏拉图还设想和预留了夜间议事会，夜间议事会本质上就是哲人王团体。在此，《法律篇》指向了《理想国》的主题。

柏拉图的政治对话为我们理解哲学和政治的关系提供了整全的观点和视角。政治和哲学的关系是哲学的基本问题。二者处于一个对立统一的紧张关系中。政治生活是哲学生活的基础，哲学生活是对政治生活的反思。只有通过政治，我们才能上升到哲学。也只有通过哲学，我们才能理解政治。柏拉图认为人是政治的动物。政治生活并不是少数人的肮脏交易和斗争，政治生活就是日常生活，政治生活就是现实生活。从生活常识出发就是从政治生活出发。柏拉图发现，政治生活中充满了斗争和冲突，但是这些斗争和冲突都基于对善的理解和追求。所以，对理性和善的认识是首要的。在这个意义上，柏拉图强调人是理性的动物，智慧是最高的善。他关于人的两个定义共同构成了人性的基本规定。这两个定义并不是外在附加到人性上的，而是人性的基本构成要素。

但是后来的哲学发展改变了这个基本观念。中世纪宗教神学把哲学和宗教的关系看作是基本问题，哲学低于神学，哲学是神学的婢女。理性低于信仰，理性服务于信仰。哲学与宗教的关系问题取代了哲学与政治的关系问题。哲学的问题背景从政治生活变为宗教生活。这种改变在近现代哲学中也延续下来。它们仍然把哲学和宗教的关系问题作为基本问题。例如霍布斯直接把天主教会和教义作为论战的敌人。启蒙运动也把批判基督教作为自己的基本目标。这样一来，虽然近现代哲学在形式上和表面上是希腊理性主义的，但是在内容上和精神实质上却仍然是基督教的。哲学和政治的关系仍然处于被遮蔽和干扰的境地。

随着基本问题的改变，中世纪哲学和近代哲学对人性的规定也发生了改变。中世纪宗教神学认为人是宗教的动物，是信仰的动物，宗教生活是人的更根本的生活。现世是罪恶的，没有意义的，只有来世的永生才是值得追求的。上帝的恩典是人的唯一希望。人的生活目标和意义就是忏悔罪恶，净化灵魂，获得上帝的拯救。近代哲学反对基督教的这些观念，把现世生活看作是唯一的生活，把感性、欲望和理性看作是人性的本质。人生活的意义就是满足感性的欲望，实现理性和自由的王国。但是，近代哲学虽然重新强调人是理性的动物，但他们对理性的理解仍然是基督教的。近代哲学在反对基督教的同时，也深刻受到了基督教的制约和规定。同样由于基督教的影响，近代哲学开始强调人是历史的动物，人的观念和本质是随着历史而变化的，人没有固定的本质。人的政治和理性的本质仍然被遗忘和忽视了。

由于近代哲学把哲学和宗教的关系作为基本问题，哲学和政治的关系也随之发生了变化。因为要对抗罗马天主教会和教义，近代哲学就寻求和政治的联合。他们希望通过和世俗王权的结合，克服中世纪封建割据、相互斗争的局面，重建政治生活。如果说古代哲人是为了哲学而关心政治，那么近现代哲人是为了政治而关心哲学。近现代哲学对政治生活的干预是非常激烈的。近现代哲学往往出于抽象的哲学和政治理念，肆意地干涉和改造政治生活，导致政治生活动荡不安。各种主义之争、制度之争轮番上演，无休无止。政治理念引发的动乱产生了极大危害。虽然美好的政治生活能够达到的成就是极为有限的，和平与安居乐业几乎就是政治的最高成就，但是政治生活一旦败坏，它对人的危害却是非常严重的。人的整个生命、财富和意义都可能遭受巨大的损害。

为了克服近现代以来哲学和政治生活的困局，我们需要重新回归哲学和政治的基本关系问题。哲学只有在政治生活的背景下才能追求智慧和至善，政治生活只有在哲学生活的引导下才能保持理性与和谐。柏拉图认为哲学生活高于政治生活。哲人是超越政治的，哲人没有特定的政治理想。正如孔子所说："君子之于天下也，无适也，无莫也，义之于比。"（《论语·里仁》）哲人不是革命者，哲人并不反对他所生活于其中的国家。任何一个国家都不是完美的，我们只能尽可能地使之完善，而不是彻底推翻重建。推翻一个旧世界，并不意味着可以顺利建立一个新世界。彻底推翻和重建只会导致更大的动乱和灾难，而不会真正改变整个社会本身。哲人会尽可能地完善他的国家。这种完善并不是迎合和讨好，而是通过对优秀人才的教育和培养来实现的。优秀的人才可以看到隐藏在变化无常的世事背后的自然，并且以自然的智慧去调节人们在政治活动中的偏差。所谓"不谋万世者，不足谋一时；不谋全局者，不足谋一域"。哲人不会被一时一地的事务所干扰和支配，而是时刻保持"解放思想，实事求是"的警觉。他会尽力协调各种政治势力，尽力保持政治生活的美德和品格，使政治生活不至于陷入纯粹的党派之争。所谓"人存政举，人亡政息"。我们不应该奢望一劳永逸地建立一种完美的政治制度，认为凭借完美的政治制度就可以天下太平，万事大吉。合适的制度确实有助于政治生活的正义和幸福，但是我们对制度的正义也应该保持清醒的认识。制度本身不能自我运行，只有人们对制度达成共识、对制度心存尊崇，制度才能支配人们的行为，否则再完美的制度也会被政治强人玩弄于股掌之间，成为他们谋取自己利益的工具。

当代世界进入了一个动荡不安的时期，我们可以称之为国际关系中的“战国时代”。世界趋势何去何从，我们应该以更冷静的眼光和更成熟的政治智慧去面对和引导。成熟的政治智慧是建立在成熟的哲学智慧的基础上的。柏拉图对话中蕴含的古典智慧仍然是值得我们学习的。

第一篇　内圣外王之道

——《理想国》释义

《理想国》的主题是对正义的探讨。正义一般是以法律为标准的，这被称为“法律的正义”。但法律的正义是有局限性的。法律本身可能是错误的，法律也是平均化的粗糙的方式，不能自主地进行判断。所以法律的正义包含了某种不正义。柏拉图试图寻找更加精确的正义的含义。为了达到严格和精确的正义，他超出法律和政治的范畴，上升到自然的哲学的高度。自然并不是外在的物理的自然，最重要的自然是我们自身之内的自然，即我们每个人的天性（nature）。真正的正义不是法律的正义，而是自然的正义。如果每个人都依据其天性受到恰如其分的教育，使其自然天性成长为智慧和德性，那么这也就是实现了自然的正义和幸福。柏拉图认为只有在哲人王统治的国家中，每个人才能真正实现自己的天性，获得真正的幸福和正义。《理想国》体现了柏拉图对“自然的正义”的追求和思考，更体现了柏拉图在政治法庭上对哲学生活的辩护。

《理想国》大体上由四场论辩组成。第一场论辩是第一卷，是苏格拉底和玻勒马霍斯、色拉叙马霍斯的论辩，是对于正义的初步论辩，其以最终说服了色拉叙马霍斯而结束。第二场论辩是从第二卷到第四卷，是苏格拉底和格劳孔、阿得曼托斯的论辩，是对什么是正义的国家和正义的个人的讨论。苏格拉底揭示了正义的国家和个人的自然—理想状态。第三场论辩是从

第五卷到第七卷，是由玻勒马霍斯、格劳孔和阿得曼托斯共同发起的，他们要求苏格拉底进一步说明如何建立正义的国家和如何培养正义的个人的问题，涉及哲人的塑造和培养的最高问题。第四场论辩是从第八卷到第十卷，是对非正义的国家和个人的批判，主要是对僭主的批判和对哲人的辩护。其后对正义者幸福和不正义者不幸福的讨论是对格劳孔的回应，第十卷对诗歌的批判则是对阿得曼托斯的回应。

第一节　正义问题的引出

第一卷是《理想国》的第一场论辩，是苏格拉底和玻勒马霍斯、色拉叙马霍斯的论辩，是对正义的初步论辩。据说，这一卷本来是单独的对话，题目是《色拉叙马霍斯》。后来柏拉图可能觉得正义问题没有讲完，就继续扩展出了后面的内容。这一卷对话虽然短小，但是内容却非常丰富和深刻，几乎包含了《理想国》的整个内容。

在《理想国》开头，苏格拉底自诉，他和格劳孔一起到比雷埃夫斯港参加向女神的献祭。这是暗示了《理想国》的政治宗教背景。政治宗教是一切哲学科学的基础。一切哲学对话都是在政治宗教背景下展开的。我们必须小心谨慎地对待政治。因此柏拉图把《理想国》的整个哲学对话安排在政治中心雅典之外的比雷埃夫斯港。港口城市一般都是通商口岸，人员来往混杂，各种思想习俗也多种多样，相对来说，思想的禁忌会比较少一些。而且港口城市一般都是地势比较低的，这也暗示《理想国》的对话是从一个比较低的起点开始，然后逐渐上升到哲学的至善知识的最高峰。因此，《理想国》暗示了这次对话从政治习俗到哲学智慧的上升路线。对话的时间是一个夜晚，或者说是从傍晚到早晨。这暗示了哲学所包含的政治宗教危险性，哲学思辨在某种程度上是“不可告人”的。这也暗示了哲学和政治法律的紧张关系，政治宗教法律需要权威，而哲学探讨会破坏这种权威。这还意味着即使哲学高于政治，哲学仍然必须学习尊重政治，我们不能因为哲学探究而危害到政治社会。也就是说，我们必须尽可能地谋求哲学和政治的和解。真正的哲人不会妄自尊大地反对国家。相比近现代西方哲学的立场，古典哲学确实是比较节制和温和的，这种节制和温和是成熟智慧的表现。

苏格拉底认为希腊人的赛会并不比色雷斯人的更好。这似乎表明苏格拉底认为文明的希腊人并不是在任何方面都比所谓的野蛮人要好，暗示了苏格拉底对希腊政治文明的批判。苏格拉底并不是希腊文化狂热的维护者和崇拜者。苏格拉底关心的是哲学，而哲学并不是一切文化的构成部分。哲学是从一切文化中突破的冲动和力量。哲学专注和朝向的是自然。自然是一切文化或者文明之母。自然是完美的和至善的，文化是对自然的模仿和补充。我们可以依据自然来改善和纠正文化的偏差。所以苏格拉底和柏拉图并不推崇任何文化，而是致力于认识自然。

克法洛斯的儿子玻勒马霍斯以暴力方式强行留住了苏格拉底。这个情节似乎有以下几个含义。第一，哲学是完全非暴力的。哲学只是诉诸理性的论证和说服。但是哲学理性并不能够说服所有人，如俗语所说“秀才遇见兵，有理说不清”。所以哲学是高度理性化的生活方式，而热爱高度理性化的生活方式的人永远是极少数人。他们对智慧的热爱超过一切，财富、地位、权力、家庭等等在他们看来一文不值。他们高高在上、远离尘嚣，共同构成了哲学家共同体或者“天才共和国”。但是哲人在现实政治生活中总是会遇见暴力的敌对和压制，他们未必能够制止大多数人的暴力和非理性。第二，这里包含了一个悖论。理想国是对正义的探讨，但是这种对正义的探讨却是建立在非正义的暴力的前提下的。没有这种非正义的暴力，就没有关于正义的对话。这里暗示了人世间的正义是不可得的。即使是正义的哲人也不得不承受非正义的强迫。苏格拉底的死就是这种非正义的最大表现。我们如果想在政治生活中寻找完全的正义，那一定是痴心妄想。所以我们应该在自己的灵魂内部去寻找和建立真正的正义，而不只是在外部世界寻求正义。当然，哲人不会被任何暴力所支配和压制。哲人会顺应暴力而扭转暴力，使一切非正义、非理性的事情向正义和理性的方面转化。因此这个情节最终显示了哲学理性对暴力的征服和驯化。后来苏格拉底和色拉叙马霍斯的联合似乎就表达了这种意图，这也是哲学对于政治生活的真正意义所在。第三，这种强迫性也表明哲人并不热衷于宣传自己的智慧。这是和智者完全不同的。哲人只会通过启发的引导的方式进行教育，而智者的灌输式的教育是不可能传达智慧的。因为哲人明白，智慧是无法传授的，智慧依赖于个人对自己的心灵的认识，而这种认识是不可能由他人承办的。

一、和克法洛斯的谈话

克法洛斯是一个富有的商人。《理想国》从苏格拉底和他的谈话开始，似乎表明哲学思考应该从政治常识开始。真正的哲学思考不是从概念出发的，而是从常识出发的。因为政治常识恰恰包含了真理的颗粒，只有沿着由普通人的常识观念提供的开端去探索，我们才可能发现真理的奥秘。如果无视常识，我们就找不到真理的道路，我们的思考就会迷失在空洞的概念迷魂阵中。现代哲学中的形而上学试图从某些抽象概念出发，来建构一套所谓的科学的哲学体系，并且以这种哲学体系改造现实政治生活，使活生生的政治现实适用于抽象空洞的概念。这是现代哲学没有正确理解哲学和政治的本质以及二者关系的表现。

克法洛斯提到他随着爱欲的减退，喜欢上了哲学清谈，他希望苏格拉底多来和他谈论哲学。这里暗示了哲学非爱欲的本质。哲学只有摆脱了对尘世的爱欲才能真正出现和生长。如果我们执着于尘世的荣华富贵、功名利禄，我们就不可能进入哲学智慧的大门。对智慧的爱和对名利的爱是不能兼容的。但是如果我们只是因为年老体衰、爱欲减退才开始喜爱哲学，这仍然不是真正热爱哲学。因为正如《会饮》中揭示的，哲学的爱欲是最高的爱欲，从事哲学需要爱欲的最大动力。所以克法洛斯并不真正喜爱哲学，并不真正懂得哲学的奥秘。同时，这也是对《理想国》非爱欲本质的一个暗示。理想国是一个哲人统治的“理性王国”，因此是一个非爱欲的国家。但是我们应该明白，哲人是真正驯服了爱欲的人，或者说，哲人的爱欲在洞见实相的智慧中获得了完全的实现和满足。在哲人的统治和教育下，理想国中每个人的自然都获得了完全的实现，他们的爱欲也因此都能获得真实的满足，所以理想国是一个爱欲获得了最终实现和满足的、真正爱欲化的国家。这种爱欲的完全实现和满足也是理想国的绝对正义性的一个标志。

苏格拉底表示他喜欢和年长者谈话，因为他们更加有智慧。但是实际上年长者未必有智慧。他当然明白克法洛斯并不真正理解哲学，因此他向克法洛斯请教一个最通俗的问题，即年老的晚景是痛苦还是快乐。这个问题暗示了另一个问题，即我们应该如何度过自己的一生才能无怨无悔。后一个问题也是《理想国》的基本主题，即我们应该做一个正义的人，还是做一个非正义的人。或者说，我们应该做一个哲人还是做一个俗人。但是苏格拉底把这个问题转化为克法洛斯的当前生活，体现了他因人而异、因材施教的对话技艺。

苏格拉底和克法洛斯的对话其实包含了三个问题。第一，幸福和性格。克法洛斯认为老年人对于晚年有两种态度。一种人认为不能吃喝玩乐了，生活没有了意义；另一种人认为晚年摆脱了爱欲的奴役，可以清心寡欲、心平气和。因此他认为关键不在于年老，而在于性格。但是性格不是智慧。只有智慧才能带来真正的幸福，而无知则必然带来痛苦，这才是苏格拉底希望得到的回答。第二，幸福和财富。苏格拉底故意说，他的幸福晚年是因为他有财富。这是他在考察财富和幸福的关系。按照苏格拉底的一贯立场，财富和幸福没有必然关系，财富对于人生的幸福并不重要。但是因为无知，我们认为财富是人生幸福的保障，所以我们无休止地追求财富。克法洛斯也承认了这一点。第三，幸福和道德。克法洛斯强调坏人即使有钱，也不能享受满足和安宁。这里他强调了道德和幸福的关系。在他看来，道德就是遵纪守法，是我们获得幸福的保证，道德比金钱对于幸福更加重要。没有道德，我们就不可能幸福。但是苏格拉底认为习俗礼法意义上的道德对于幸福并不是重要的。他仍然想让克法洛斯说出幸福和智慧的根本关系。

因此苏格拉底进一步追问道德问题，希望说明道德和财富的关系。克法洛斯表示财富的好处就在于可以使人问心无愧，在活着的时候可以不用作假骗人，死后要到另一个世界去时，也不必因为亏欠神的祭品和人的债务而胆战心惊。也就是说，财富可以使人在道德和宗教事务上没有亏欠，使人心安理得、问心无愧。这种看法暗示财富是道德的基础和前提。没有财富，也就谈不上道德。这合乎我们一般人的看法。如管仲所说："仓廪实而知礼节，衣食足而知荣辱。"孔子也认为治理人民应该先富之后教之。我们现代人也认为只有把经济建设或者物质文明搞上去了，精神文明才能搞上去。这从一定程度上看当然是正确的，但是仅此还是远远不够的。因此苏格拉底仍然强调幸福和智慧的关系，智慧才是幸福和道德的基础。

因为克法洛斯提到了财富和道德的关系，所以苏格拉底直接切入正义问题。正义就只是"实话实说，欠债还钱"吗？这样做会不会有时并不正义呢？这是一般人关于正义的基本看法。这种正义观构成了我们的政治道德生活的基本原则。但是苏格拉底还是在暗示正义和智慧的一致性：只有智慧才能达到正义。但是克法洛斯显然没有能力认识到这一点，所以他去献祭了。他的道德和正义仅限于循规蹈矩、墨守成规的常识观念。但是这种观念也是我们必须尊重和维护的。我们的政治社会就是建立在这种常识观念之上的，如果没有了这种"不反思"的常识，我们的政治社会就不可能稳定。特别是在现代性的背景下，当每个人似乎都在反思、都拥有真理时，这种对常识的维护就更加重要了。哲学智慧从政治常识开始，哲学智慧不能随意地破坏政治常识，否则哲学智慧也将成为无源之水、无本之木。哲学高于政治，但是哲学不能危害政治。

二、和玻勒马霍斯的谈话

玻勒马霍斯继续了这个话题。他赞同诗人西蒙尼德的看法，即“欠债还钱就是正义”（331e）①。苏格拉底表示这个定义不清楚，需要进一步考察。这种考察就是把问题具体化。这种具体化的方法就是对常识的反思。通过这种具体化的反思，许多常识就会显现出隐藏的错误。这种具体化的反思方法也就是辩证法。这是苏格拉底和柏拉图进行哲学思考的最基本的方法，也是我们最应该学习、掌握和应用的方法。

第一，苏格拉底认为我们首先应该确定对象，然后再确定对待他们的方式。这暗示我们应该根据对象的不同给予不同的对待，即“正义就是给予每个人以恰如其分的报答”（332c）②。但是玻勒马霍斯只是把人区分为朋友和敌人，他认为正义就是应该对朋友给予善、对敌人给予恶。玻勒马霍斯是从城邦国家的角度划分敌友，即本城邦的人就是朋友，外城邦的人就是敌人。他的这种划分标准是政治的原则。这个定义只适用于战争时期，不适用于和平时期，不具有普遍性和绝对性。我们依据常识也知道，本邦人也有敌人，外邦人也有朋友。所以苏格拉底暗示局限在战争状态和依据政治原则划分敌友是不成立的。

---

① 柏拉图：《理想国》，郭斌和、张竹明译，商务印书馆，1986 年版。

② 和后面关于正义的定义相比，这个定义的缺陷在于它没有强调正义是依据个人的自然来恰如其分地报答。

于是，苏格拉底试图考察在和平时期，在城邦内部的朋友之间能不能发现正义。玻勒马霍斯认为正义在订立契约时有用。这时他的思考从城邦政治领域下降到经济领域，他认为可以在商业经济领域中发现正义。当然，正义最初的含义就是财富的分配公平，从经济财富问题切入正义问题也是理所当然的。但是如果仅仅局限在经济领域理解正义，对正义的理解还是太狭隘了，这不是苏格拉底想要的答案。

所以苏格拉底继续盘问对方。在经济领域中，有正义的人有用，还是有技艺的人有用。只有正义，没有技艺是没用的。只有技艺，没有正义也是不行的。只有正义和技艺结合起来才是最好的。“德才兼备”才是最好的。这里苏格拉底强调了正义和技艺的联系，即技艺是智慧的实践形式。苏格拉底在此仍然是在暗示智慧和正义的关系。但是玻勒马霍斯不能理解苏格拉底，所以他开始变得晕头转向了。苏格拉底以此证明玻勒马霍斯关于敌友的划分在和平时期和在城邦内部是不适用的。

这是苏格拉底对“本邦人是朋友，外邦人是敌人”这一观点的批评。① 在此，苏格拉底暗示我们对朋友和敌人的划分不能局限在政治城邦的范围内。我们必须超越政治层面去理解朋友和敌人的含义。

第二，玻勒马霍斯仍然坚持关于“正义就是助友害敌”的定义，于是苏格拉底直接探讨朋友的定义。首先，既然我们不能从本邦和外邦的角度区分敌友，那么在城邦内部，我们一般都认为朋友是好人，敌人是坏人。因为所谓的朋友往往是和我

---

① 敌友问题是一个重大问题。卡尔·施米特就把划分敌友作为政治的基本问题。一个政治家如果不能善于团结朋友，打击敌人，他就不可能取得政治斗争的胜利。

们气味相投的人，所谓“同气相求”“党同伐异”之类。这种气味相投使我们把相似或者一致的人看作是好人。这种判断是建立在对自我的认可和不反思的基础上的。如果自己的观念和习气是不好的，那么朋友也可能是不好的。其次，这种观点还面临一个问题，朋友是不是真正的好人，敌人是不是真正的坏人。在日常生活中，我们也经常发现，所谓的朋友并不一定是好人，他们也可能是一些见利忘义、阳奉阴违的小人。而一些所谓的敌人也未必是坏人，他们也可能是光明磊落、道德高尚的好人。最后，我们可能被一些所谓的朋友蒙蔽和欺骗，我们交往了一些恶友和损友。他们伪装成朋友，只是为了获得自己的好处，或者通过接近我们而陷害我们。直到最后我们才恍然大悟，但为时已晚。所以苏格拉底问道，朋友是看上去好的人还是真正的好人。因为好人可能被误认为是坏人，坏人也可能伪装成好人。或者人们智慧不够，没有能力区分好人和坏人。这样，我们在帮助朋友的时候可能就是在帮助坏人，在打击敌人的时候就可能是在打击朋友。这样一来，我们还是不能做到正义。

这是苏格拉底对“朋友是好人，敌人是坏人”这一观点的批评。这个观点已经从政治角度上升到道德角度，把敌友和好坏联系起来。这个观点比简单的政治观点高一点。但是，这个观点是从敌友角度来界定好坏的。这种对好坏的认识和界定当然是有问题的。强盗团伙也是划分敌友的。强盗和强盗也是朋友，那么他们是不是也是好人呢？所以根据敌友来界定好坏是错误的。但是现实生活中，我们往往是根据自己的利益和喜好来界定好坏对错。

在近代哲学中，霍布斯、斯宾诺莎等人就认为我们喜欢的追求的就是好的，我们憎恨的厌恶的就是坏的。康德道德哲学的基本原则就是拒绝以个人的利益和喜好来区分道德的善恶。他区分了道德和幸福，认为我们必须抛弃一切情感和功利的因素才能做到道德的善。他的绝对的道德律令的作用就是以理性主义和普遍主义的原则确立道德的善恶。凡是能够达到理性主义和普遍主义而不自我否定的行为就是善的，否则就是恶的。当然，康德的道德哲学也不过是为功利主义建立道德原则而已。

第三，苏格拉底最后把这个观点颠倒过来，即“好人才是朋友，坏人才是敌人”(335a)。他表明，朋友必须是真正的好人，敌人必须是真正的坏人。只有在朋友真正是好人时，帮助朋友才是正义的；只有在敌人真正是坏人时，损害敌人才是正义的。简单认为“正义就是助友害敌”是片面的。要达到正义，我们就必须与善为友，与恶为敌，而不是根据自己的利益、好恶、身份等划分敌友。所以我们要达到正义，就必须首先区分好坏。而区分好坏则依赖于我们的理性和智慧。这就意味着没有智慧，就不可能达到正义。这里苏格拉底揭示了正义和智慧的关系。

这样，苏格拉底就把敌友问题转换为好坏问题。我们知道，好坏或善恶问题是苏格拉底对话的核心主题。他的对话最终往往把一切问题都回溯到善恶问题。可以说只有像苏格拉底那样思考才是在沿着正确的道路前进，否则我们的思考就是漫无目的的胡思乱想，而我们还会无知地把这种胡思乱想当作新思想、新发现。这就是苏格拉底批判的“以无知为有知”的“最大的无知”。这种无知就是恶。智慧是善，无知是恶。

第四，对好人的探讨。既然好人才是朋友，坏人才是敌人，那么对好坏的认识就是至关重要的。对好坏的理解一般局限在道德领域，但是道德领域中的好坏是非常有局限的。很多道德领域中的好坏并不是真实的，一些道德上好的往往是坏的，而一些道德上坏的却往往是好的。这种现象我们只要观察历史和现实就会发现。

因此，我们需要从道德领域上升到智慧的领域。简单来说，有智慧的哲人才是好人，没有智慧的俗人才是坏人。对于苏格拉底和柏拉图来说，哲人才是严格意义上的好人。因为哲人是认识善本身的人。这种认识使得哲人的灵魂趋向完善。相反，俗人不认识善本身，他们往往不知道什么是好，什么是坏。他们的认识、判断和选择往往都是围绕自己的利益和好恶而转变的，他们不可能真正做对自己和他人有好处的事情。没有智慧的人就不可能是好人。所以我们应该更多和有智慧的哲人交往，而要远离那些愚昧无知的世俗小人。和好人交往有利于我们身心的发展和完善，和坏人交往则有损于我们身心的发展和完善。所谓"近朱者赤，近墨者黑"。

这个定义中涉及"损敌"的问题，苏格拉底进一步问，好人能够伤害他人吗？一个好人如果伤害了他人，还算是好人吗？在他看来，真正的好人不能伤害任何人，"伤害任何人无论如何总是不正义的"（335e）。因为好人不能使用他的美德使人变坏，否则他就不能被称为好人。① 即使他人伤害他，他也不会"以恶抗恶"。"以恶抗恶"只会导致无穷无尽的相互伤害。所谓"冤冤相报何时了"。所以好人不能伤害任何人，即

---

① 对孔子是不是诛杀少正卯，儒家一直存在争论。这里就涉及作为圣人的孔子能不能做一些看起来是恶的事情？

使是他的敌人。① 但是这样一来，好人是不是显得软弱无能呢？一个不能报复的人是不是会容易受人欺辱呢？应该说，一个真正的好人是不会显得软弱无能的，而是德高望重的，是温柔敦厚的。他的智慧和德性会让人肃然起敬，他不会受到他人的损害。

当然，我们还可以进一步问，好人会不会被人伤害？例如苏格拉底是不是“义人受难”的问题。义人受难乃是一个古老的伦理问题。《圣经》中的“约伯记”涉及的就是典型的义人受难的问题。在苏格拉底和柏拉图看来，好人就是哲人，哲人就是看到善本身的人。在哲人看来，我们认为的好坏善恶对错都是片面的和错误的。这就意味着哲人已经超越了尘世的一切好坏善恶、是非对错，他的全部身心都集中在至善的境界中。所以，我们根本不能伤害一个哲人。即使杀死他，他也不会认为这是对他的一种伤害。我们认为的伤害对他来说根本就不是伤害。哲人内心也不会因此而对他人产生愤怒和仇恨。从这个意义上看，苏格拉底的死并不是悲剧。对于他人来说，苏格拉底的死最多是一个“悲喜剧”。对于苏格拉底本人来说，死是他的智慧的选择，更多是一个喜剧，是他的人生的最终完善和完成。苏格拉底也并不是为哲学殉道。哲人无道可殉，因为哲人是最高的存在。如果我们在牺牲和殉道的意义上理解苏格拉底之死，那么我们就是还没有真正理解哲学和哲人的意义。

---

① 这种观点是和古代的复仇理论相违背的。古代复仇理论认为“以牙还牙，以眼还眼”才是正义的。《圣经·旧约》中就特别强调了这种理论。这种复仇理论是和民族的、国家的政治理论有关的。在《圣经·新约》中，这种复仇伦理就被宽恕和爱的伦理所取代了。

柏拉图在此得出了“以德报怨”的观点。在他看来，苏格拉底本人就实践了这种“以德报怨”的德性和智慧。他的一生没有伤害过任何人，即使面对法庭的审判，他也是无怨无悔地接受了自己的死刑判决。耶稣的“爱你的敌人”也是这种“以德报怨”的典范。老子的“以德报怨”也是在强调这种严格意义上的德性。佛教的慈悲心也是强调了这种德性和智慧。可见，如果我们达到了德性和智慧的顶峰，就会发现古今中外的圣人们得出的都是同一个结论：“好人不会伤害任何人，任何人也不能伤害好人。”

三、和色拉叙马霍斯的谈话

色拉叙马霍斯非常不满苏格拉底的“虚伪”或者“无知”，像一头野兽一样冲上来，对苏格拉底发起了进攻。他首先像普罗泰戈拉一样对苏格拉底的谈话方式表示反对，认为苏格拉底应该直截了当地说出自己的观点，不能只提问而不回答。这表明智者或者僭主对于哲人的论辩没有兴趣和耐心，他们是行动的人，而不是“坐而论道”的人。苏格拉底表示被他的样子（野蛮和暴力）吓坏了。当然苏格拉底不会被智者或者僭主之类的人吓住，他只是借此显示了智者和僭主的野蛮性。

色拉叙马霍斯指出苏格拉底是在使用“反讽法”。这种反讽法就是苏格拉底的辩证法。他表示自己不知道某个问题的答案，要求对方给出定义，然后他和对方一起探讨定义的真理性，最终使对方明白定义的错误和自己的无知。在苏格拉底看来，自知无知就是智慧。这种无知之知扬弃了一切概念和语言的有知，使他的心灵达到了空灵清明的理性状态，一切事物的实相都能够时刻清晰地展现在他的理性之眼面前，所以他凭借“无知之知”达到了“无所不知”。但是一般人的头脑被各种各样的观念占据，根本无能认识事物实相，却认为自己聪明伶俐、无所不知，这反而是最大的无知。因此苏格拉底的反讽法并不是把某种固定的观点强加于任何人，其目的是使对方扬弃自己固有的观点，从而发现真理。真理内在于每个人的心中，而且真理是无法用语言传达的，通过语言传达的真理并不是真理，每个人必须亲自发现真理，这样的真理才是具体的、活生生的，所谓“如人饮水，冷暖自知”。因此反讽法或者辩证法才是哲学唯一合理的方法。

色拉叙马霍斯并不理解苏格拉底反讽法的真实含义。他直接给出了自己的定义：“正义就是强者的利益。”（338c）他的定义不再局限于低级的经济领域，而是上升到政治领域。这是色拉叙马霍斯的头脑高于玻勒马霍斯的地方，所以他也是苏格拉底更强劲的对手。这个定义的含义就是“谁强谁统治”。每个统治者都试图制定有利于自己的法律，但是统治者却把这个法律说成是对所有人都有利，要求其他人都服从法律。实际上这个法律只对统治者有利，对被统治者没有利益。

苏格拉底要求对这个定义进行考察。他指出，统治者总是试图制定有利于自己的法律，但是统治者也会犯错误，因此统治者有时会制定实际上不利于自己的法律。这样强者将危害自己的利益，从而使自己成为弱者。正如一切技艺家都因为其技艺的正确性而获得其名称，一个统治者如果是真正的统治者，他就不应该犯错误。色拉叙马霍斯也聪明地看到，如果统治者犯错误，他就不是真正的统治者。“统治者真是统治者的时候，是没有错误的。”（340e）这里柏拉图仍然在暗示智慧对于利益和正义的重要性，智慧才是真正的利益。统治者的正义只有在智慧和知识的前提下才是可能的。智慧是正义的绝对条件和前提，没有智慧就没有正义。进一步的推论就是，真正的统治者就是哲学家。正如老子所说“自知者明，自胜者强”。真正的强者在于他的智慧，而不是蛮力。这段论证也可以看作是苏格拉底的“正名哲学”。名称并不只是语词，它本身就包含了本质和正确性，所谓“名副其实”。一个事物或者人要合乎他的名称，也就是要合乎知识和正确。这也是柏拉图的理念论的基本含义。

但是色拉叙马霍斯此时还不能承认和接受这一点。苏格拉底又从技艺的角度继续考察这个定义。一方面，人类社会有各种职业，每种职业或者称谓都标明某种特定的技艺，而不是标明赚钱牟利。例如医生是指示医术的技艺，而不是指赚钱的方式。这是苏格拉底对技艺和牟利的区分，不能混淆技艺和利益。技艺的本质在于它指向某种事物的自然，而不是在于它获利。另一方面，技艺总是和利益相关，技艺必然追求和带来利益。每种技艺都有自己的利益。技艺的利益一方面是指技艺本身的尽善尽美。人们的技艺水平是不同的。有人的技艺高超，有人的技艺则低下。但是因为各种技艺都是专门的特殊的技艺，每种技艺只关注自己的领域和对象，所以每种技艺先天都是有欠缺的，这种专门的技艺不能达到更高意义上的整体性。因此任何一种技艺都需要其他技艺的补充。简言之，社会整体由各种职业和技艺组成，每种职业都只是关注自己的领域。这种各自独立的状态并不一定带来整个社会的和谐和统一，所以必须由更高更大的技艺来协调各种技艺和职业。这个更大的技艺就是政治的技艺。也就是说，政治的技艺不是追求某种任何特殊的利益，而是谋求整体的利益，它的任务就是协调各种技艺和利益。所以政治的技艺恰恰没有自己的特殊利益，而是追求普遍的整体的利益。如果政治的技艺能够做到这一点，就必须依靠哲学的技艺。哲学严格来说不是“技”或者“艺”，而是“道”。所谓“技进乎艺，艺进乎道”。只有哲学的“道”才能弥补政治的技艺可能包含的无知之误。因此政治的技艺依赖于哲学的技艺，或者说政治的法律依赖于哲学的智慧。哲学的智慧是对自然的认识和揭示，而自然是唯一的最高的标准。因此只有合乎自然才是绝对的真理，才能消除无知和错误。各种技艺是对智慧的使用。智慧是技艺的“体”，技艺是智慧的“用”。当然，这个自然并不是感官意义上的现象，而是“作为自然的自然”，也就是永恒不变的自然。因此自然就是理念，理念就是自然。理念内在于灵魂本身，所以对理念的认识就是灵魂对自己的认识。真理的发现就是灵魂的自我认识。

苏格拉底进一步指出，技艺并不只是追求自己的完美，而是追求它所应用于其上的对象的利益。如果技艺到了炉火纯青的境界，技艺就会和自己的对象融为一体，技艺者就会完全顺其自然、得心应手、无时不中。技艺会完全合乎对象的本质和自然，使对象获得最大的利益。因此技艺的利益并不在自身，而是在于使对象完全合乎自身。技艺的最大利益就是没有任何自己的利益，完全以对象的利益为自己的利益。所以苏格拉底指出，任何技艺都不是为它自身的，而是为它的对象服务的。古人讲究“成己成物”，只有成物，才能成己。只为自己的利益，就不可能成就自己。一个人只有舍弃自己达到无我，才能成就自己。因此技艺的最高境界就是进于道本身，达到“物我两忘”“天人合一”的境界。

这时色拉叙马霍斯开始逐渐赞同苏格拉底的观点了。技艺是支配其对象的，因此技艺不能只顾及自己的利益，而不考虑对象的利益。这就意味着强者不可能只考虑自己的利益，而不考虑弱者的利益。真正的统治者必须全心全意地考虑被统治者的利益。只有这样，统治者才能实现自己的最大利益。这样色拉叙马霍斯关于“正义就是强者的利益”的观点就被颠倒为“正义就是弱者的利益”了。但是他还不甘心失败。他立刻发表了一大串演说。色拉叙马霍斯对比了正义的人和不正义的人在现实生活中的各种利益。好人总是吃亏，坏人总是占便宜。不正义的人总是最快乐，正义的人总是最痛苦。所以他认为做坏事就必须彻底和极端，不能小打小闹，这样强者就成为最高的统治者和正义者。所谓“大盗窃国”。最后，他说：“不正义的只要干得大，总是比正义更有力，更如意，更气派。”(344c) 色拉叙马霍斯的这个演讲可以被称为“僭主颂”。

这个演说可以说是现实主义政治哲学的代表。马基雅维里乃至整个现代政治哲学都是建立在这种现实主义政治哲学的基础上的。对这种现实主义政治哲学的反思和批判是我们重新理解柏拉图政治哲学的重要起点。这种观点非常符合我们对现实生活的感受和认识。所谓“成王败寇”就是这种现实主义政治哲学的观点。如果我们认可和接受了这种观点，那么我们就向野蛮和无知妥协了。苏格拉底竭尽全力要反对和批判的就是这种观点包含的无知和野蛮。他从理性主义性善论的角度指出，人们对于财富和权力的争夺都是基于对“好”的理解和追求。只有在人们把财富和权力看作是好的前提下，人们才会去追求这些东西。但是这些东西只是“善”的影像，并不是“善”本身。如果我们认识了“善”本身，我们就不会再去追求“善”的影像了。因此世人对财富和权力的追求在于他们对“好”的错误理解，在于他们的无知，而不在于财富和权力本身。如果我们要获得真正美好的生活，就应该认识“善好”本身，这种认识就是哲学的。苏格拉底向我们展示了这种哲学生活。但是色拉叙马霍斯以及现代政治哲学家都没有看到这一点，或者不承认这一点。他们只是看到了人们你死我活、尔虞我诈的斗争表象，没有追究这些活动背后的动机和意图。因此他们对人性的认识是片面的、狭隘的。

当色拉叙马霍斯发表完演讲要走开时，苏格拉底阻止他，认为这是涉及每个人的人生道路的重大问题，不能不经过考察他就扬长而去。苏格拉底表示他无论如何不相信，不正义比正义更加有利。因此他接下来从“无人自愿统治”的观点开始讨论，这个简短的讨论蕴含着很多含义。第一，一般人都不愿意担任公职，因为担任公职是为了被统治者的利益，而不是为了他们自己的利益，因此人们才要求报酬。这句话表明了政治权力的公益性本质，所谓“天下为公”。第二，现实情况是，人们都愿意做官，愿意统治，而不愿被统治。这表明人们都在试图通过做官来谋求自己的私利，而不是一心为公，舍己为人。这样的人都不适合做统治者。这句话表明在现实政治生活中，政治权力的公益性被扭曲了，政治权力成了谋取个人私利的工具。第三，只有好人才是合格的统治者。因为好人不会为了名利而做官，不会假公济私、贪污受贿，所以只有好人才能把国家治理好。这句话表明了苏格拉底的“贤人政治”的观点。只有“选贤与能”，国家才能治理好。第四，好人不愿统治，没有政治野心。好人宁可被人统治，也不愿统治他人。因为这类事务是低级和烦琐的，对于追求智慧的人来说，没有任何意义。好人首先关心的是自我完善，然后才考虑去帮助他人。这句话表明好人对政治权力的蔑视，正如《理想国》后面揭示的。第五，我们必须强迫好人做官，如果好人或者哲人不统治，坏人就会来统治，那么这是更大的不幸和惩罚。最大的惩罚就是坏人统治，好人被统治。这样，好人也往往难以独善其身。好人必须为了避免这种更大的惩罚出来做官。所以对好人的惩罚就是让他当官，这是对好人施加的不正义。但是这种不正义和最大的不正义相比仍然是最小的。这就是“两害相权取其轻”。哲人是真正的好人，哲人关心政治是不得已而为之的。这句话表明了理想国是建立在对哲人的不正义的前提下的。哲人遭受的不正义（自我牺牲）维护了国家人民的正义。第六，苏格拉底进一步指出，如果全国都是好人，那就不需要有人做官，也不会像现在这样大家都争着当官。这句话表明统治和被统治并不是“最佳”的状态，因为人性的参差不齐及人的欲壑难填、愚昧无知，人类的公共生活总是危机四伏，所以人们必须建立统治和被统治的政治秩序。这也是不得已而为之，正如订立法律和道德也是不得已而为之。这类似于“大同和小康之辩”了。总而言之，苏格拉底的这一段话几乎包含了《理想国》的所有内容，包含了他对人类政治生活的深入观察和深刻反思。

接下来，苏格拉底从三个方面反驳色拉叙马霍斯关于“不正义的人过得好”的观点。

第一，正义和智慧。色拉叙马霍斯认为不正义是美德和智慧，不正义的人是又聪明又好的人，正义者是既笨又坏的人。他完全否定了人们把不正义看作是邪恶和不道德的主流观点。

这也显示了他对权力意志的推崇和对普通道德的蔑视。苏格拉底反驳说，正义的人不会想要胜过其他的正义者，只想胜过不正义者。不正义者既想胜过正义者，也想胜过不正义者。色拉叙马霍斯表示同意。苏格拉底论证说，有知识的人并不想要胜过同类，只想胜过无知的人。因为知识在于对自然的正确认识，而自然的正确是唯一的。无知识的人既想要胜过不同类的人，也想要胜过同类的人，因为他不认识自然的正确，只能把胜过他人作为正确或者好的标准。这意味着正义者是又好又聪明的人，不正义者是又笨又坏的人。这样他就证明了正义就是智慧和善，不正义就是愚蠢和恶。

第二，正义和力量。色拉叙马霍斯认为“不正义是强有力”。苏格拉底指出，任何团体要做出违背正义的事，其彼此之间必须是正义的。否则就会产生分裂和冲突，从而变得无能无力，所谓“盗亦有道”。人是道德的动物，非道德也必须以道德为前提，正义比非正义更加根本和原始。相反，正义的人则可以彼此友好和谐，他们能够做出更加强大和有力的事情。同样，如果不正义发生在一个人身上，这个人就会和自己为敌，自相矛盾而不能行动，也不能对抗正义者。所以不正义者根本不能做出任何决定和行动，根本不是强有力的人，正义者才是强大有力的人。所谓“正义终将战胜邪恶”“邪不压正”。

第三，正义和快乐。色拉叙马霍斯认为“不正义者更好更快乐”。苏格拉底反驳说，任何事物都有其特定的长处和用处，因此任何事物都有其特定的德性。心灵也有其功能和德性，如果心灵失去了其特有的德性，就不能很好地发挥功能。正义是心灵的德性，不正义是心灵的邪恶，是心灵的德性的丧失。因此正义的人生活得好，不正义的人生活得坏。生活得好的人快乐，生活得坏的人不快乐。因此正义者是快乐的，不正义者是不快乐的。快乐是有利的，不快乐是不利的。这样苏格拉底就彻底反驳了色拉叙马霍斯的观点。色拉叙马霍斯似乎接受了苏格拉底的观点，两个人私下里成了好朋友。但是苏格拉底却表示对正义的问题仍然没有答案，这就为下面的对话奠定了基础。

这段对话显示了哲人对僭主的驯服，暗示了哲人和僭主的结合。这种结合是柏拉图对话的主题之一。因为哲人是纯粹理论的人，僭主是纯粹行动的人。只有理论和实践相结合，我们才能产生实际的政治结果。只停留在纯粹理论中或者局限于纯粹的行动中，都不可能产生好的结果。所以柏拉图暗示哲人和僭主的结合。这也是阿尔法拉比所说的苏格拉底的方法和柏拉图的方法的区别。从实际历史看，哲人很少直接做统治者，而是更适合做“帝王师”。当然，我们必须对这种结合保持高度的警惕和质疑。从实际状况看，哲人几乎不能说服僭主，僭主也不可能服从哲人。僭主被自己的欲望支配，哲人的智慧几乎无法进入他的内心。哲人和僭主的结合几乎是不可能成功的。因此哲人对于政治的干预应该更多停留在“教化”的范围，不能进入实际的权力和决策层中。从历史上看，涉足政治的哲人几乎没有好下场。所以苏格拉底强调哲人应该是非政治的，哲人应该远离政治。

第二节　理想城邦的构建

第二场论辩是从第二卷到第四卷，是苏格拉底和格劳孔、阿得曼托斯的论辩，是对什么是正义的国家和正义的个人的讨论。苏格拉底在此描绘了正义的国家和个人的应然状态或者理想状态。这种理想状态或者应然状态就是“自然状态”，即理想国是“依据自然”（by nature）建立起来的正义国家。

一、正义问题的缘起

格劳孔对色拉叙马霍斯的轻易认输表示不满。他是歌者和勇士，类似于孔子的弟子子路。他向苏格拉底发起进攻。他首先列举了三种善。第一种善是我们追求它只是为它本身，并不顾及它的后果。例如单纯的快乐或者娱乐。快乐的结果有时是有益的，有时是有害的。第二种善是我们爱它，既是为它本身，也是为它的后果。例如视力好，身体健康，明白事理。身体健康本身就是善，身体健康也可以使我们更好地从事其他活动。第三种善是谋利之事，我们追求它不是为了它本身，而是为了它能够带来的利益。例如劳动或者工作。格劳孔的言下之意就是指道德和正义。苏格拉底认为正义属于第二种。格劳孔却认为，人们追求正义不是为了正义本身，而是为了正义带来的名和利。苏格拉底承认这种看法是大多数人的看法。

接下来，格劳孔从三个方面对色拉叙马霍斯的观点进行了复述，并且表示，虽然他并不相信这些观点，但希望听听苏格拉底对正义的辩护，解答他内心的困惑。

第一，正义的本质和起源。格劳孔坚持了契约论的正义观。人们都因为做过不正义的事而尝到甜头，也都遭受过不正义的危害。最后人们决定订立法律契约，把守法的叫作正义的。所以正义就是最好和最坏的折中。最好的就是做了坏事不受惩罚，最坏的就是受了罪而没法报复。由此可见，正义并不是因为其本身善而被人们追求，而是因为人们没有力量去做不正义的事。真正强有力的人是不会顾及法律和正义的。这种契约论的正义观意味着正义只是人们之间的一种约定，正义没有自己的自然本质。这也就意味着根本没有正义。这种观点和霍布斯的观点是一致的。霍布斯认为在自然状态下，人人为敌。为了脱离暴死的命运，人们才订立契约，设立法律，维护和平。因此正义或者法律并不是人们真正想要追求的善。这种观点把暴力或者利益看作是更加根本的，正义和道德法律都是人为的。这种观点基于对人性的无知，人实质上是政治道德的动物，人类社会从诞生之初就是道德性的。处在政治文明之前的自然人是不存在的。我们不能到政治文明之外去设想人的本性。对于人类自身而言，正义、道德和法律比非正义、非道德更加根本。

第二，格劳孔指出，做正义事情的人并不是出于自愿，而是没有能力。如果有条件有能力，那么几乎没有人会愿意追求正义。所谓“人不为己，天诛地灭”。他举了一个著名的“古各斯指环”的比喻。一个人只要有可能就会尽可能做坏事，做正义的事都是被迫的。这和尼采的“权力意志论”非常相似。尼采也认为道德起源于非道德，人们追求道德只是因为自己的权力意志的衰弱。权力意志强大的人根本不会顾及道德，反而会蔑视道德，或者要重新建立道德。最高权力意志者是新道德的立法者。这也表明了尼采对于人性本质的无知。

第三，格劳孔认为不正义者最快乐。他把正义者和不正义者都极端化或者典型化，对正义者和不正义者进行了对照。

他认为不正义者坏事做绝，有名有利，其最高境界就是“嘴上仁义道德，肚子里男盗女娼”。正义者则拥有“大逆不道”之名，“国人皆曰可杀”，而他仍然大义凛然，以身殉道。临死前，他可能会后悔自己不应该做正义的人，而应该做不正义的人。因此不正义的人才是求真务实的人。他们在做官、婚娶、经商、诉讼、祭祀方面都将比正义者做得好，世人和诸神都将会给不正义者安排更好的生活。所以不正义者要比正义者快乐。

阿得曼托斯也发起攻击。他把正义和不正义的问题引入诗人和诸神的领域之中。他提到了荷马、赫西俄德、俄耳甫斯、品达等。他首先引述了诗人对正义的颂扬和对不正义的谴责。接着，他又引述了诗人的相反说法，认为美德虽然是好的，但是很艰苦，而邪恶则很容易，很快乐。诸神给好人多灾多难，给坏人种种幸福。即使做了恶事，只要善于祭祀和符咒，就能驱神役鬼，获得赦免。他看到这些说法对年轻人造成了很大的危害，不知道自己应该做什么样的人。智者也宣扬“貌似远胜真实”，认为有正义之名远比有正义之实要好得多。他还列举了三种关于神的思想，即无神论的观点、神不关心人间事务的观点和诸神可以被贿赂的观点。① 既然如此，我们就没有理由选择正义的生活，拒绝不正义的生活。

因此，关键问题就是必须说明正义和不正义本身究竟是什么，必须把二者的名都丢掉，单纯地考察正义和不正义本身。因为不正义者可以有正义之名，并且因此获得各种好处。正义者可能没有正义之名，成为“道德的悲剧英雄”。也就是说，

---

① 可以参考《法律篇》第十卷关于这三种观点的讨论。

我们必须探讨正义本身对心灵产生了什么影响，不要考虑它在社会生活方面带来的后果。如果我们能够证明我们可以单单从正义本身获得报偿，正义本身就能够带来幸福和快乐，而不需要任何来自社会的报偿，那么年轻人就能心甘情愿地选择过正义的生活，而拒绝不正义的生活。否则，人们只能选择沽名钓誉、阳奉阴违、趋炎附势的不正义者的生活。这样阿得曼托斯就把正义问题和心灵问题联系起来了。这是对格劳孔的观点的深化，同时也拉开了哲人和诗人之争的序幕。可以说，如果诗人具有真知灼见，没有宣扬那么多关于诸神和道德的不利言论，哲人就不会和诗人为敌，哲人和诗人的矛盾也就不存在了。

我们可以看到，柏拉图对正义的理想国的探讨就是建立在对不正义的极端展示的基础上的。如果我们认为柏拉图缺乏对于政治现实的深刻认识，那就大错特错了。柏拉图清醒地看到了政治生活的基本事实，他的政治哲学就是从这种政治现实出发的。而马基雅维里所谓的“不是关心人们应该怎么生活，而是关心人们实际上怎么生活”的现实主义原则，其实已经被柏拉图思考过和批判过了。马基雅维里只看到了现实政治生活的表象，而没有通过表象看本质。他对人性的自然缺乏真实的认识。而柏拉图是从人的动机和目的出发理解人性的。只有理解了人们行为的动机和目的，我们才能真正理解人的外在行为。

进一步，我们也可以说，马基雅维里的现实主义其实也是一种“理想主义”。当他要求我们“应该”按照“现实法则”思考和生活时，他的“应该”不也是采取一种理想主义原则吗？他的这种现实主义只是一种不自觉的理想主义，是对自己的原则和前提缺乏充分反思的理想主义。马基雅维里“不知道自己在说什么”，这正是苏格拉底所批判的“最大的无知”。苏格拉底和柏拉图的政治理想主义是建立在对人性的充分认识和对自己的哲学原则的充分反思的前提下的。可以说，只要人们在进行理论思考，这种思考就是理想主义的，或者说是观念主义的。根本不存在所谓的现实主义，理想主义才是更加根本和原始的。我们需要思考和关注的不是“现实如何”，而是“理想如何”。

之后苏格拉底决定“以大见小”，先考察城邦的正义，再来考察个人的正义。

二、城邦的正义

苏格拉底首先从一个城邦的成长看正义和不正义的问题。在他看来，人是政治的动物，因此国家先于个人。没有国家，就没有个人。个人的正义必须在国家的正义中寻找。在理想国家中，国家的正义和个人的正义不是两个东西，而是一个东西。也就是说，国家的正义和灵魂的正义都合乎“自然的正义”。但在现实国家中，政治的正义难以达到哲人灵魂的正义。政治的正义只是约定的正义或者法律的正义，而哲人的正义是自然的正义。自然的正义高于约定的正义。因此我们仅仅在政治范围中寻找正义是不够的。只有超出政治的正义，我们才能发现绝对的自然的正义。理想国的正义就是对哲人的自然正义的模仿和分有。

（一）国家的起源

苏格拉底首先从城邦的起源开始阐述。这个过程可以划分为两个阶段。第一个阶段是“猪的城邦”。人们组成城邦是因为人类需要很多东西，例如粮食、衣服、住房等。个人是不能自足的，人们必须共同协作。而且人们天生是不一样的，各人性格不同，适合不同的工作。一个人只从事一个工作，其效率就会比较高，劳动分工是有益的。如果一个人制作所有生活必需品，那么他的生活将是艰难的。这样苏格拉底就提到了各行各业的人，农夫、鞋匠、织布工人、牧羊人、商人、雇佣工人等。

这是苏格拉底对人类社会起源的劳动分工论的解释。他把人类社会建立在一个相互需要、休戚与共、相互帮助的基础上。在他看来，政治文明并不是对人性的压抑和强制，而是人类生存的必要条件。因此人是政治的动物，人类社会的存在是合乎人性的和自然的。在古典哲人看来，人是一种不同于其他动物的动物，这种动物的特性就是具有道德性和政治性。对这种动物的本性的认识必须从政治和道德的角度进行。所以古典哲人致力于研究道德和政治文明的问题，以此认识人类的自然本质，并且把这种认识看作是认识一切事物和问题的根本出发点。政治哲学被看作是“第一哲学”。相反，现代哲学家如霍布斯、洛克等人的社会契约论则认为人并不是政治性或者道德性的。每个人本质上可以独立生活，人和人的关系并不是相互需要、共同合作的。人们之所以结合成为一个政治共同体，只是为了防止相互残杀和伤害。因此政治社会起源于对人性贪欲的压制和约束，道德和政治并不是人的本质需要。这表明，他们都试图在政治社会之外设想人性的自然，倾向于把人类看作是一种非道德和非政治的动物。换言之，他们试图抹杀人类这种动物与其他动物的属性差别，否定人性的政治性和道德性。① 一切事物依据其属性差别而被认识，现代哲学不能认识人类动物的特殊本性，也就取消了政治哲学或者道德哲学。而政治哲学是第一哲学，取消了政治哲学，也就取消了一切哲学。我们只有重新把道德和政治作为认识人性的本质的方式，才能真正理解人性，回到古典政治哲学的原初视野。

苏格拉底设想了“猪的城邦”中人们的生活。人们将仅仅满足于口腹之欲，健康和平地度过一生，无疾而终。在这样的国家中没有对名誉的追求，没有贪欲导致的战争，甚至没有语言，没有道德，人像羊群一样生活。这个“猪的城邦”类似于《政治家》中的“黄金时代”，也似乎和老子、庄子的“至德之世”非常接近。老子认为：“不尚贤，使民不争；不贵难得之货，使民不为盗；不见可欲，使民心不乱。是以圣人之治，虚其心，实其腹，弱其志，强其骨。常使民无知无欲，使夫智者不敢为也。为无为，则无不为。”（《道德经》第三章）“小邦寡民，使有什伯之器而不用，使民重死而不远徙。虽有舟舆，无所乘之；虽有甲兵，无所陈之。使民复结绳而用之。甘其食，美其服，安其居，乐其俗。邻邦相望，鸡犬之声相闻，民至老

① 这意味着现代哲学太把道德当作道德了，这种立场其实是一种道德主义的立场。这种道德主义立场根本没有理解道德和政治的本质。而古典哲人没有道德主义的狭隘意识。在古典哲人看来，从政治和道德角度理解人性并不就意味着把人和动物区分开了，拥有道德和政治文明的人类仍然是一种动物。政治和道德只是人这种动物的一种属性或者特征，这种属性或者特征并不是把人和动物区分开的标准。我们不要认为把道德和文明赋予人类就否定了人性的动物性。只有哲人凭借理性和智慧才真正消除了自己的动物性，达到了人性的最高可能性。

死，不相往来。”（《道德经》第八十章）庄子认为：“故至德之世，其行填填，其视颠颠。当是时也，山无蹊隧，泽无舟梁；万物群生，连属其乡；禽兽成群，草木遂长。是故禽兽可系羁而游，乌鹊之巢可攀援而窥。夫至德之世，同与禽兽居，族与万物并，恶乎知君子小人哉！”（《庄子·马蹄》）从某种意义上说，“猪的城邦”比后面的“理想国”更加是“理想国”。格劳孔蔑视“猪的城邦”。在《政治家》中，苏格拉底也并不推崇它，因为这个城邦中没有哲学。但是在此，苏格拉底认为这是一个“真正的国家”或者“健康的国家”。因为“猪的城邦”是实现了“政治同一性”的国家，人们没有个人利益的分裂，都把国家利益作为自己的利益。但是“猪的城邦”的政治同一性是无差别的同一性，所以是低级的同一性。我们可以把“猪的城邦”看作是最初的“肯定的阶段”。在哲人王统治的理想国中，理想国的同一性是有差异性的同一性，是包含了哲学智慧的政治同一性，因此是值得推崇的政体。

第二个阶段是“繁华的城邦”或者“发烧的城邦”。人们不会满足于在“猪的城邦”中的简单生活，他们的欲望推动城邦的膨胀或发展。这个城邦着重于满足人们更多的对舒服生活的需要。例如睡椅、调味品、香水、歌妓、蜜饯、绘画、刺绣、象牙等。其他各种职业和人员也相继出现，例如猎人、艺术家、诗人、演员、教师、厨师、保姆、医生等。这样人们就需要更大的土地和资源。这种无限膨胀的欲望必然导致战争。贪欲是战争的根源。所以这样的城邦需要军队。在这样的国家中同样谈不上正义的问题。

“发烧的国家”是物欲膨胀的国家。这种物欲的膨胀不但导致国家之间的战争，也导致国家内部的分裂。因此“发烧的国家”缺乏“政治同一性”，更加不符合国家的理念。从这个意义上看，“发烧的城邦”是比“猪的城邦”更加低级的国家，但是“发烧的城邦”因为文明获得了发展，所以它又高于“猪的城邦”。我们可以把这个城邦看作是“否定的阶段”。“发烧的国家”和历史上的现实国家更加相似。历史上的现实国家都追求各种欲望，都不可避免地进行战争，同时内部也陷入钩心斗角的分裂。这种“发烧的国家”也类似于“现代国家”。现代国家以对舒适生活的追求为目的。它不再试图节制人的欲望，而是试图通过技术和劳动生产力的提高来创造无限的物质财富，以此满足人们的无限欲望。它们认为这种方式可以消除贫穷和战争，从而达到永久和平。但是古典哲人已经看到“欲壑难填”“不患寡而患不均”，物质财富无论如何增长，都不可能真正消除人对物质财富的贪婪，所以我们仍然需要依靠道德和节制。正如康德所说，如果不关注道德，魔鬼也可以组成一个国家，那么人的国家和魔鬼的国家、强盗的国家将无法区分。只有道德成为人们的基本需要，人们的欲望才能得到一定的抑制，人性的尊严和正义才能得到一定的实现。因此道德对人性的塑造是更加重要和根本的。对道德的需要也是人性的自然需要之一，人类不可能使自己变得“无道德”。

（二）国家的净化

苏格拉底接下来讨论“发烧的城邦”的净化。理想国的建立开始于这种净化。理想的城邦就是净化的城邦。这种净化的城邦可以称为更高的“肯定的阶段”。它综合了“猪的城邦”的政治同一性和“发烧的城邦”的发达和分裂。而对正义和不正义的国家的考察也同时开始。城邦的净化实际上是通过对护卫者和统治者的教育实现的。

1. 护卫者的教育（374a 以下）

“发烧的城邦”面临战争，所以国家需要军队，必须选拔有军事才能的人。苏格拉底首先讨论了护卫者应该具备的品质。他们必须感觉敏锐、要勇敢、要有激情和高昂的士气。他们还必须对敌人凶狠，对朋友温和，否则他们的内部冲突将毁灭国家。为了把勇敢和温和这两种相反的品质结合在一起，苏格拉底以狗的例子说明两种品质结合的可能性。狗之所以能够这样做，是通过认识和区分敌友而实现的。我们可以通过对护卫者的适当教育，使他们同时具备这两种相反的品质。

苏格拉底接下来讨论护卫者的教育问题。教育的基本方法就是用体育训练身体，用音乐陶冶心灵。

第一方面是音乐教育问题。音乐教育就是诗歌和故事的教育。苏格拉底认为故事可以塑造孩子的心灵。因此我们只能讲好的故事，不能讲坏的故事。这要求国家必须对故事的编者进行审查。这也是柏拉图的一贯立场。例如在《法律篇》中，他也讨论了关于文艺审查和游戏审查的问题。

根据这种观点，苏格拉底对荷马和赫西俄德等诗人进行了批判。他认为他们关于英雄和诸神的描述对年轻人的教育是非常不利的。他们把诸神描写得丑恶不堪，例如诸神弑父、明争暗斗等。这种故事使人们无法对诸神感到敬畏，无助于培养孩子的美德。我们对这些故事最好闭口不谈，不能让这些故事传入到城邦之中。苏格拉底制定了两条关于神的本质的标准。第一，神是善的。神只是善的原因，不是一切事物的原因。这和后来基督教的神义论是一致的。为了解释至善的上帝为什么创造了存在恶的世界，奥古斯丁把恶的原因归结于人的自由意志。第二，神是不变的。神是尽善尽美的，因为智慧、勇敢、至善的心灵状态是最坚固稳定、不容易改变的。神一旦改变就意味着神变坏了，这和神的本质是违背的。而且神不能有任何形象，神也不会乔装改扮、欺骗世人。诗人必须根据这两个原则描述诸神，不能随意诽谤诸神、亵渎神明，以此使护卫者能够成为敬畏神明的人。柏拉图关于诸神的立法对后来的基督教产生了重要影响。

在这个论述中，苏格拉底讨论了谎言的问题。一种谎言是真实的谎言，即心灵上的谎言。这种谎言就是我们一般所说的谎言，是人和神都反对的。另一种是语言上的谎言。人们知道它是谎言，但是人们经常会使用这种谎言。这种谎言是一种药物，可以防止人们作恶，利用谎言达到训导教化的目的。这种谎言和后面的“神道设教”的“高贵的谎言”是一致的。

苏格拉底指出，护卫者除了敬畏神明，还必须具有勇敢的德性。护卫者应该怕做奴隶胜于怕死。为此，我们首先要改变人们关于地狱的看法，不能把地狱看作是可怕的。如果地狱不是可怕的，护卫者就不会怕死，就能够勇敢战斗。苏格拉底要求删去对地狱的可怕的描述。这和《克拉底鲁》中对冥神的赞扬是一致的。同时，护卫者还必须具有自我克制的美德。他要求删去对英雄的号啕痛哭、伤心欲绝、欢喜大笑等失态的描述，使护卫者学习自我克制的美德。这种自我克制可以使护卫者能够控制饮食等肉体上的快乐欲望，更容易服从统治者的命令。

这是苏格拉底的“删诗”的行为。这是苏格拉底试图以“哲人”取代“贵族”或者“英雄”的一种政治行为。这里反映了哲人和诗人对人性的不同认识。苏格拉底对人性的认识是更加清晰和完整的，而荷马对人性的认识是片面的、粗浅的。在苏格拉底看来，理性是人性的本质，哲人是人的最高代表。荷马认为荣誉或者激情是人的本质，贵族或者英雄是人的最高代表。荷马对政治生活的设想仍然是原始的、低级的，他推崇的是祖传的贵族政治。而苏格拉底的理性主义使他对政治的本质有更正确的认识，他要制定新道德和新人格理想，以哲人王的理想国取代传统的贵族政治。新法的制定基于对人性的自然的认识。只有对人性的自然有更加准确认识的哲人才能立法。只有合乎人性的自然的立法才能万古长存、永垂不朽，否则就只能是昙花一现。苏格拉底的“删诗”和孔子的“删诗”相似。孔子“删诗说”是司马迁首倡的：“古者《诗》三千余篇，及至孔子，去其重，取可施于礼义，上采契、后稷，中述殷、周之盛。至幽、厉之缺，始于衽席，故曰‘《关雎》之乱，以为《风》始，《鹿鸣》为《小雅》始，《文王》为《大雅》始，《清庙》为《颂》始’。三百五篇，孔子皆弦歌之，以求和《韶》《武》《雅》《颂》之音。礼乐自此可得而述，以备王道，成六艺。”（《史记·孔子世家》）后汉班固同意司马迁之说：“故古有采诗之官，王者所以观风俗，知得失，自考正也。孔子纯取周诗，上采殷，下取鲁，凡三百五篇，遭秦而全者，以其讽诵，不独在竹帛故也。”（《汉书·艺文志》）因此苏格拉底的“删诗”和孔子的“删诗”都是政治立法的行动，其中包含了更理性的对政治和人格完美性的设想。

接下来，苏格拉底开始讨论故事的形式或者风格问题。他区分了叙述和模仿两种形式。阿得曼托斯显然不熟悉这种划分。苏格拉底解释说，叙述是诗人以自己的眼光和口吻说话，表达自己的感情。模仿是诗人以故事中的人物说话，把自己同化于他人，在模仿时，诗人隐藏了自己。他认为悲剧和喜剧是单纯的模仿，酒神赞美诗等是叙述，史诗则结合了两种风格。

苏格拉底对诗歌体裁的讨论仍然是基于护卫者的人格教育问题的。他提到了护卫者的模仿问题。在他看来，人在小时候就像一张白纸，天生善于模仿，教育最初就是通过模仿进行的。但是一个人不可能成功模仿很多种东西，只能模仿一种。所以护卫者应该放弃一切其他模仿，只模仿勇敢、节制、虔诚的人。他们在模仿好的对象时，就会逐渐变得和那个对象相似或者相同，这样他们就逐渐培养了良好的人格。如果一个人什么都去模仿，那么他的品质必定是低下的。这表明他不能区别好坏，不能培养成良好的德性。对于这种教育或者模仿的观点，我们是非常熟悉的。所谓“孟母三迁”“习惯成自然”“近朱者赤近墨者黑”“学习雷锋好榜样”“榜样的力量是无穷的”“效法耶稣”“效法苏格拉底”等。可以说，模仿是人格塑造和养成的基本方法。

接下来，苏格拉底和格劳孔进一步讨论诗歌的曲调问题。他认为歌词不能出现悲伤和哀婉的语词，必须拒绝挽歌式曲调，例如吕底亚调和伊奥尼亚曲调这种“靡靡之音”，这类曲调不利于护卫者勇敢品质的培养。他赞同两种曲调，一个是模仿战斗中视死如归、奋不顾身的勇敢者；一个是模仿和平时谦虚谨慎、从善如流、顺受其正的人。格劳孔表示，这种曲调是多利亚曲调和弗里其亚曲调。孔子在回答颜渊问为邦之道时也说：“行夏之时，乘殷之辂，服周之冕，乐则《韶》《舞》。放郑声，远佞人；郑声淫，佞人殆。”（《论语·卫灵公》）在乐器上，苏格拉底认为应该抛弃竖琴和长笛，只能接受阿波罗的七弦琴。这种立法都是对“城邦的净化”。

在诗歌节奏的问题上，他认为不应该接受复杂的旋律和多变的节奏。音乐必须配合“生活的节奏”，而不是让“生活的节奏”配合音乐。我们必须根据道德人格的教育原则来区分、筛选和决定采取哪些节奏。好的节奏伴随好的文辞，坏的节奏伴随坏的文辞。好言辞、好音调、好风格、好节奏都来自好的精神状态，这种好的精神状态是指智力、道德的良好状态，它能够使护卫者潜移默化地受到良好的熏陶和教育，形成良好的道德品质。一个人如果小时候受到很好的教育，变得温文尔雅、彬彬有礼、见贤思齐、从善如流、嫉恶如仇，等他长大成人，就能够自然而然地成为一个优秀的人。在这里，苏格拉底讨论了美、善、爱、礼的关系。

第一，他认为美的音乐必须是善的。只有善的才是美的。美必须把善作为灵魂。善是美的本质，美是善的显现。善是美之体，美是善之用。这是我们理解美和善的本质的重要观点。现代性以来，美和善被分裂开来。艺术似乎可以摆脱道德或者善的本质，为所欲为。这正是苏格拉底坚决反对的。正如孔子所说：“里仁为美，择不处仁，焉得知?”（《论语·里仁》）

第二，苏格拉底还强调，我们必须有发自肺腑的对美和善的爱和追求。如果我们对美和善没有真心的热爱，那么美和善就不能有效地塑造我们的人格。正如孔子所说的：“知之者不如好之者，好之者不如乐之者。”（《论语·雍也》）只有当我们对美和善的对象达到了“乐之”的时候，我们才能真正在内心深处追求和模仿美好的对象。如果我们没有这种自发性的爱，就不能真正体会到善和美的教育意义。很多人没有这种对美好事物的爱欲，他们虽然在行为上也遵纪守法，但是他们的人格并没有得到真正塑造。

第三，他还强调正确的爱是对美的事物的有节制的、和谐的爱。爱也有正确和错误的区分。正确的爱和任性放纵是完全不同的。所谓“发乎情，止乎礼”“非礼勿视、非礼勿听、非礼勿言、非礼勿动”。我们的爱恨情仇必须合乎礼法，不能像野蛮人那样放纵无礼。这都体现了理性主义的理想人格原则。最后，苏格拉底指出，音乐教育的最终目的就是对美的爱。这种对美的爱也就是对善的爱，也就是对合乎礼法的中和人格的塑造。内在的精神美和外在的形体美必须结合起来，内在的美必然体现在外在的行为举止上。

综上所述，苏格拉底对诗歌、音乐问题的讨论都是着眼于护卫者人格的道德教育展开的。也就是说，苏格拉底对人的灵魂有了更加全面和真实的认识，对人的理性和情欲的关系有了更加准确的认识，因此他致力于把理性精神引入政治生活中。这种理性首先就表现为实践理性，即以理性控制和引导情欲为基本原则。其次，这种理性表现为理论理性，即对至善实相的理性直观。而荷马对人性的理性本质缺乏足够的认识，对人格教育和政治制度的问题也缺乏充分和完整的设想。

第二方面是体育教育问题。苏格拉底认为护卫者一生都必须接受严格训练。护卫者不能酗酒，不能贪食，不能吃甜食和糕点，不能贪睡。他们对于各种食物都能咽下，各种恶劣环境都能够适应。饮食必须简单，简单的食物产生健康，简单的音乐产生节制的心灵。复杂的饮食产生疾病，复杂的音乐产生放纵。一旦放纵和疾病滋生，医生和律师就会大受欢迎。可以说，法官和医生的出现是国家教育变坏的表现。在一个治理良好的城邦中，人们没有时间生病，一个良好的心灵也不会花时间打官司。如果在理想国中也存在医生和法官，那么他们必须是好的医生和法官。好的医生并不是以身体医治身体，而是以心灵医治身体。身体健康是为了更好地服务于国家。好的法官则是以心灵医治心灵。他公正无私，对非正义有清楚的认识，善于医治人们心中的不正义。这两种技艺都针对身心健全的公民，身体不健康的人就让他们自然地死去，心灵败坏的人就处以死刑。一个人有了好的心灵品格，就能够有好的体质，心灵的训练比身体的训练要重要得多。

苏格拉底进一步指出，身体的训练并不是为了身体健康，而是为了心灵中的激情部分。学习音乐和体育都是为了心灵，为了培养文武双全、德才兼备的全面发展的公民。“因为节奏和旋律最善于潜入灵魂的深处，并且会有力地抓住它，使灵魂各部分变得优雅，使他变得温文尔雅，这样他就受到了正确的教育。否则结果就会相反。进一步，因为一个人受到恰当的节奏和旋律的教养，他将会对有欠缺的东西，对于技艺或者自然的不良产物，具有最敏锐的感觉。而且，由于他厌恶这些坏的东西，他将赞美那些美好的事物，并且获得快乐，把它们吸收入灵魂之中，受到它们的滋养而成为一个高贵的人。在他还小的时候，还不能理解理智的语言之前，他就会自然地谴责和憎恶丑恶的东西。当他能够理解理智的语言时，由于同类相亲，他将立刻认出理智，他将最热烈地欢迎它。”① 如果一个人只关注体育，就会变得四肢发达，头脑简单，性格会变得残暴野蛮；如果一个人只关注文艺音乐，性格又会变得柔弱。完整的

① Plato. *The Republic of Plato*. Translated by Allan Bloom. A Division of Harper Collina Publishers, 1968: 401d-402a.

人格教育应该尽可能避免两种极端。

他认为音乐教育是针对心灵中的理性部分，体育教育针对的是心灵中的激情部分。所以音乐和体育的目的就是培养完善的人格，使心灵中的理性部分和激情部分达到和谐。孔子也强调文和质的和谐平衡，“质胜文则野，文胜质则史。文质彬彬，然后君子”（《论语·雍也》）。苏格拉底把从事这种全面教育的政治家称为最好的“音乐家”。政治家是塑造公民性格和灵魂的音乐家。公民的灵魂是他的原材料，培养完善的道德人格是政治家的最高使命和任务。在《政治家》中，苏格拉底对《理想国》这一部分进行了重新表述。

这里体现了柏拉图对政治目标的设想。他认为公民人格的全面发展是国家的最高目标和责任。拥有良好的公民人格才是一个国家的最大财富。尼采试图复兴这种国家理想，他在《希腊国家》一文中曾经设想国家的目标就是培养天才。当然他的这种设想和柏拉图的设想是不同的。尼采哲学更多体现了一种激情或者贵族精神，而柏拉图哲学体现了理性精神。但是我们现在几乎遗忘了这种政治目标和理想，就像梁惠王对待孟子的仁政思想一样，仅把国家的目的设定为富强，把强大和善等同起来。这种观点认为仅靠国家的强大可以防止他国的侵略，而这种国家理想实际上是“强盗逻辑”的表现之一，是现代以来的强权政治的体现。我们应该看到，强大并不等同于美好和善。一个美好的国家是由美好的人组成的，仅仅有丰富的物质财富的国家不一定是一个美好的国家。人性不可能在单纯的物质财富中获得终极满足，人性的尊严也不可能在物质享乐中获得提升。我们现在需要重新认识柏拉图和孔子等古典哲人对人性和政治的思考。

2. 统治者的选拔（412b 以下）

苏格拉底首先讨论统治者的条件和资质。统治者是从护卫者中选拔出来的。统治者要年龄大一些，这是“老人政治”的观点。因为老人相对更有理性和智慧。其次，统治者必须是最好的人，这是“贤人政治”的观点。贤人能够更好地以德服人。统治者必须有保卫国家的智慧和能力，必须真心热爱和关心国家利益，能够毕生为国家利益鞠躬尽瘁，死而后已。因此只有能够精忠报国的人才能被选为统治者。选拔统治者必须慎之又慎，必须对他们进行严格的考察。第一是在实际工作中的考察，观察他们是不是坚持原则，不易受骗。第二是“劳其筋骨”，把他们安排到最艰苦的环境中去历练他们，看看他们会不会因为艰苦而变节。第三还要把他们放到锦衣玉食的“温柔乡”“富贵地”中，看看他们会不会因此而丧失原则。只有能够经得起这三种考验的人才能被选拔为统治者，其他的年轻人则做辅助者。总之，统治者必须具备“富贵不能淫，贫贱不能移，威武不能屈”（《孟子·滕文公下》）的大丈夫品格。在此，苏格拉底没有提到统治者的智慧问题。因为这些德性必须是建立在智慧的基础上的，智慧才是德性的本体。没有智慧的德性是靠不住的。

（三）理想国的维护方法

在选拔出了护卫者和统治者后，“发烧的城邦”得到了净化，理想国基本上算是建立起来了（414b 以下）。理想国被划分出了劳动者、护卫者和统治者三个阶层。苏格拉底在此还没有讨论哲人王的教育问题，更没有提及劳动者的教育问题。在他看来，劳动者的教育根本不需要特别关注。劳动技艺都是孔子所谓的“鄙事”，和人的口腹之欲相关，并不重要。真正重要的是人的灵魂和人格的教育。如果人的心灵教育好了，物质生活就不重要了。但是随着现代性把物质财富提升到政治生活的首要地位，劳动也被提升到了前所未有的崇高地位。于是现代教育也就成为培养劳动技能的教育。在苏格拉底看来，劳动技能的教育根本不是教育。真正的教育是统治者和护卫者的人格教育和净化。只有他们得到了最好的教育和培养，整个国家才能达到稳定和谐的状态，作为第三等级的劳动者对于社会的优劣并不起到决定性的作用。

苏格拉底确立的三个等级暗示了国家的分化问题，三个阶层的和谐团结就成为理想国的关键问题。于是苏格拉底开始讨论理想国的维持问题。

1. 高贵的谎言

苏格拉底讲到了“高贵的谎言”。这个“高贵的谎言”就是“金银铜铁的神话”。首先，全体公民都是从大地中出生的，具有同一的起源。其次，他们天生有差别。有的人高贵些，有的人低贱些。高贵的人是金银种族，低贱的人是铜铁种族。只有高贵的人统治低贱的人才是合乎自然的，否则违反自然，就会导致国家的毁灭。所谓“铜铁当道，国破家亡”。

这个谎言包含了同一性和差异性两个方面。一方面强调全体公民的同源性。这是为了维护国家的同一性所必需的。如果全体人民都来自同一个祖先，“血脉相连”，那么他们就更加能够相互认同和团结起来。曾子曰：“慎终追远，民德归厚矣。”所以单一民族的国家更加能够团结一致，多民族的国家中人们则往往相互敌视，难以团结。在现代性的个人主义思想中，国家和人民的自我认同和相互认同越来越难，其中暗含了国家、人民分裂的危机。所以现代性的一个重要难题就是如何达成认同感。另一方面强调人民内部的差异性和等级性。因为有人统治，有人被统治，这是政治生活的必然现象。所谓的民主国家也不能摆脱这个基本原则。那么“谁有资格统治”就成为关键问题。按照古典政治哲学的理性主义原则，正如大脑指挥身体，首先是聪明智慧的人才有资格统治，其次是有高尚德性的人才有资格统治。所谓“劳心者治人，劳力者治于人”。但是谁会认为自己不是聪明智慧，谁会认为自己不是道德高尚呢？所以这个理性原则在政治实践中必然会面临巨大的障碍。它显然会遭到大多数人的反对，尤其是在民主制时代。因此我们只能采取谎言的方式说明人性的自然差异。

我们还可以从人性的角度理解这个谎言中的同一性和差异性的问题。同一性是指人的理性，即人的灵魂都是有理性的，人和人在纯粹理性的层面上是同一的。而差异性是指人的爱欲的差异性，人和人的差异性在于爱欲的指向性的不同。爱欲指向对象的高低贵贱决定了人的整个灵魂的等级制。人性的三种等级的差异就在于他们所爱的对象的不同。最高等级的爱欲是爱智慧，其次是爱名誉，最次是爱金钱。一个人的爱欲决定了这个人在理想国中的等级地位。对人的教育就是引导和改变其爱欲，使理性的光明发展出来。所谓“金银种族”就是具有高贵的理性和激情的人，而“铜铁种族”就是具有低贱的欲望和非理性的人。或者说，“金银种族”就是能够以理性统治非理性的人，“铜铁种族”就是以非理性统治理性的人。只有理性统治非理性才是合乎自然的，非理性统治理性是反自然的。所以一个合乎自然的正义国家就是金银种族统治铜铁种族、理性统治非理性的国家。苏格拉底提出等级制的根本原因在于他的政治理性主义原则。对于苏格拉底的等级制，我们还可以做出如下说明：

第一，任何一个社会都是等级制的社会。只有在“猪的城邦”中才没有等级制。因此等级制是现实政治的必然因素。即使在民主制社会中，人们也被划分为不同的等级或者身份地位。对民主的强调最初是为了反对垄断的专制权力。我们必须正视社会本身的等级制，同时给等级制提供比较理性的说明。可以说，国家的正义不是在于所有人都是平等的，而是在于三个等级各司其职，各得其所。

第二，等级制是劳动分工的需要。一个社会是一个整体性的组织，这个组织包含了各个不同的部分，每个部分承担了不同的功能和职责。虽然我们可以认为这些功能都是平等的，是相互依赖、相互需要的，但是它们的重要性确实是不同的。政治社会的等级制一般就分为三个阶层，即劳动者、战士和统治者。他们承担不同的政治功能。统治者的作用显然比一般劳动者更加重要。所谓“上行下效”的政治原则就显示了这种特点。而越重要的部分就越要求更高的理性智慧。

第三，这个“高贵的谎言”是以每个人的自然为最终根据的，它是出于对每个人的自然天性的认可和尊重。人和人天生是不一样的，每个人达到的理性等级是不同的。每个人只能达到自己的天性允许的理性等级。如果认为所有人都能够达到相同的理性等级，就是对个人天性的无知和蔑视。苏格拉底没有把等级制变为出身论，而是强调必须对每个人进行考察，按照个人天性中的理性成分确定他的等级。低等级的人可以产生高等级的后代，高等级的人也可能产生低等级的后代。我们必须根据每个人的理性能力安排他的等级。孔子也认为：“中人以上，可以语上也；中人以下，不可以语上也。”（《论语·雍也》）也就是说，真正的教育必须是因材施教、因人而异的。教育的目的和意义就在于协助每个人实现他的自然。教育并不能够完全改变人的自然，教育只是完成和补充人的自然，协助人的自然的实现。苏格拉底并不承认“教育万能论”。教育的目标并不是把天生不同的人塑造成为千篇一律的人。整齐划一的教育显然是不合乎自然的，是不正义的。在教育完成后，统治者应该把每个人按照他的天性分配到适合的工作岗位上去。这才是合乎自然的正义的国家的根本理想。这恰恰实现了真正的个人主义。现代的自由民主制虽然也看到了人性的自然的差异，但是它一方面认为这些差异是可以通过教育消除或者弥补的，一方面又认为这些差异没有高低贵贱之分，这是现代自由主义否定了古典政治理性主义原则的结果。

第四，等级制谎言使得所有人满足于自己的命运，降低全面战争的可能性。如果人们都对这个谎言深信不疑，他们就会安于自己的地位和命运，就不会试图无限制地展开和所有人的竞争和对抗，他们只会和自己等级内部的人进行比较，这就降低了他的贪欲程度，降低他内心的焦虑和紧张，从而使他可以更容易满足地度过自己的一生。而在一个人人平等的民主制国家中，人和人的竞争将是全面的，每个人都将面临巨大的生存压力，每个人都难以获得人生的满足感和幸福感。可以说，等级制恰恰是古典政治哲学的理性主义原则的必然结论。

我们必须看到，这个谎言的内容其实是合乎人性的事实和真理的。有时候事实和真理只能以谎言的形式表达出来。这个谎言就是苏格拉底前面提到的“第二种谎言”，即纯粹语言上的谎言，即“神道设教”。这种谎言在于使每个人都能够通过说服的方式实现人性的教育，而不是诉诸暴力。善意的谎言可以把人们更好地引向美好的生活。因为大多数人追求的不是真理，而是幸福。所有能够使我们达到善的方式都是可取的，都是可以使用的。当然我们不能使用恶的手段。如果谎言是恶，那么善意的谎言就是最小的恶。如果我们不顾一切地追求真理，反而可能事与愿违，失去我们真正追求的幸福。正如孔子所说："民可使由之，不可使知之。"（《论语·泰伯》）也就是说，民众的理性能力不够，他们不能明白真正的好是什么，不能完全控制自己的欲望。而哲人知道幸福和至善的本质，哲人王的统治可以实现最普遍的正义和幸福。所以圣人不需要告诉民众为什么这么做，只要让他们怎么做就好了。就像牧羊人引导羊群去水草丰茂之地一样，他们就可以在无知中接近善和幸福。但是尼采、海德格尔等人在提到谎言的问题时，不关心这种谎言的理性主义实质，否定了谎言的真理性，认为谎言就是没有理性的任意虚构和解释。正如真理只有一个，真实的谎言也只能是一种，其核心精神就是理性主义。其他的非理性主义的谎言都是错误的。

这个"高贵的谎言"就是理想国的"意识形态"或者"宪法"，是苏格拉底的"神道设教"的产物。只有这个谎言被人们深信不疑，理想国才能建立在一个坚固的合乎自然的基础之上。因为真正的法律并不是文字的，而是刻在人们心灵中的。如果人民心中没有法律，制定再多法律条文也是没有意义的。虽然苏格拉底认为这个谎言已经没有人相信，但格劳孔认为下一代或者后代的后代迟早会相信。因为年轻人容易轻信，"谎言重复一万遍就成了真理"。这也是我们要重视青年人教育的原因。

当然，我们现代人是不容易轻信的，我们充满了所谓的“怀疑精神”。但是这种“怀疑精神”正在成为一种非常坏的教条。这种怀疑精神正在使我们变得难以接受任何真正的教育，正在使我们变成没有文化教养的野蛮人，也正在瓦解社会的忠诚和团结的精神。我们必须看到怀疑精神对整个政治生活的危害。任何政治生活都是建立在一些教条或者原则的基础上的，这些教条是整个社会得以维系和稳定的根本。例如我国古代的“三纲五常”也是理性主义的产物。它被看作是天经地义的，这种天经地义就是一种“神道设教”的形式。这种观念越是深入人心，越是被广泛地相信和遵守，那么国家就越是能够长治久安。如果一个国家具备了这种世界观，它就几乎不需要太多的法律条文和制度了。因此，轻信并不是首要问题，关键是我们相信的内容是不是合乎真理和至善。如果我们相信圣人的智慧，并且按照圣人的教诲去生活，那么相比凭借自己去认识真理，我们可能更加容易获得美好的人生。

2. 共产原则

苏格拉底指出，为了防止护卫者变坏，反过来伤害和欺压人民，护卫者不得有任何私有财产。他们都住在军队的营房之中。他们必须同吃同住，除了生活必需品之外一无所有。粮食定量供应，既不多余，也不短缺。他们唯一能够获得的就是国家的荣誉。他们应该把荣誉看得高于一切，荣誉是最好的报偿。如果他们开始贪恋财富，他们就变为人民的暴君和敌人。结果就是他们恨人民，人民也恨他们，他们终日忧心忡忡、胆战心惊，恐惧人民甚于恐惧外敌，最终他们和国家都将走向灭亡。

苏格拉底的这种共产原则的设想是最让人诟病的。我们可以作出如下解释。第一，这是为了保证护卫者不败坏而制定的。财富容易使人变坏。如果彻底废除了私有财产，护卫者就能更好地忠于国家利益，而不是个人利益。所以当官者必须放弃个人财产，完全把国家利益作为自己的个人利益，否则他们就很容易假公济私、损公肥私。这样国家就可能腐败和灭亡。这种历史现象我们已经屡见不鲜了。第二，苏格拉底的共产主义只局限在护卫者和统治者阶层，并不涉及劳动者阶层。劳动者等级并不实行共产共妻的制度，他们可以保留自己的私有财产。家庭是最初的私有制。第三，人们之所以反对苏格拉底的共产原则还在于，他们过于看重物质财富的重要性，而过于贬低荣誉的重要性。这本质上是第三等级的价值观和评价标准。我们应该看到，肉体的苦乐感受是一回事，我们如何看待和评价自己的肉体感受是另一回事。只有在我们非常看重肉体感受时，我们才会看重物质财富。对于更高等级的人来说，人不可能仅仅在物质财富中获得终极性满足。人们还充满了对荣誉的渴望和追求，也就是对他人的认可和尊重的欲望。甚至我们对物质财富的追求也是为了获得他人的羡慕和认可，而不单纯是为了从中获得享受。和来自他人的认可和荣誉相比，人们宁可放弃肉体的低级的快乐，甚至可以为了荣誉和尊严而放弃生命。叛徒之所以被鄙视就在于他把个人的生命看得高于荣誉。所以现代人提出了“承认的政治”的概念，强调人和人的相互承认在政治生活中的重要性。可以说，苏格拉底的共产原则是为了维护国家的长治久安而提出的，具有人性论的事实基础。

阿得曼托斯对苏格拉底的这个设想提出了怀疑。他认为这样会使得护卫者没有任何幸福可言。苏格拉底认为现在是在探讨全体公民的最大幸福，不能为了某个阶层的幸福而牺牲全体公民的幸福。他是在塑造一个整体的幸福国家。也就是说，任何人都是作为国家的“公民”被设想的，而不是作为“个人”被设想的。例如农民、皮匠、陶工等，我们在设想他们的本质时不是考虑他们作为个人怎么样，而是考虑他们作为公民的职责是什么。他们首先必须符合他们的公民身份，而不是个人的肉体快乐。他认为如果一个护卫者变坏了，那么对国家的危害是巨大的。因为护卫者和统治者占据社会更多更大的权力，他们的危害就是更大的。如果护卫者能够保持优秀，那么国家就会是一个好国家。所谓“上行下效”，治理国家最根本的就是治理官员。

苏格拉底进一步说明了国家分裂的原因。正如贫穷和富有都会导致技艺的衰退一样，国家也可能会因为贫穷或者富有而分裂。贫穷会因为粗野、低劣而要求变革；富有会因为奢侈、懒散而要求变革。我们看到，现实中很多国家内部都是分裂的，主要就是分裂为穷人的国家和富人的国家。两个部分又各自分裂为更小的部分。这样的国家并不符合国家的理念。苏格拉底强调他设想的是“一个”（one）国家。真正的国家是万众一心、众志成城、同心同德、同仇敌忾的。在这个国家中人们不分彼此，人民没有个体的、私有的意识，所有公民都像是一个人，整个国家也像是一个人。这种国家理念在现代性的条件下已经被遗忘了。

现代政治哲学试图重建国家的理念。霍布斯强调国家的统一性、整体性。为了实现这种统一性，他强调君主的绝对王权，强调主权的不可分割性、不可转让性，以此消除国家内部分裂的可能性。霍布斯为了实现国家的同一性，否定了古典政治哲学的理性主义原则，废除了哲学存在的必要性。卢梭也认为国家必须是一个有机体，他要求每个人都必须放弃自己全部的自然自由，以此从国家中获得政治的自由。这样的国家才能成为一个具有同一性的有机整体。但是他的民主主义使他否定了古典政治哲学的等级制，否定了自然正义的可能性。现代自由民主制则放弃了这种整体性、同一性的国家理念。这种同一性的国家是不可能实现的，或者是必须加以抵制的。因此现代自由民主制国家实行党派政治。党派政治的实质就是承认各种不同的利益集团的存在，并且把这种存在合法化、正当化。它认为这种利益分化是不可消除的，因此关键就是利用这种利益斗争，使国家达到一种相互制衡的状态。这是现代共和制的原则和理念。共和制的国家理念比理想国的国家理念要低级得多。所以现代自由民主制国家并不符合真正的国家理念。黑格尔试图复兴柏拉图的国家理念，赋予现代国家某种所谓的精神性，认为“国家是地上的精神”。但是他本质上仍然是坚持了现代性的功利主义国家理念，不过是给这种国家披上了一层道德精神的外衣。

3. 四条基本原则

为了维持理想国的长治久安，消除理想国面临的分裂危险，苏格拉底进一步讨论了维护理想国的基本条件。

第一，这个国家不能太大也不能太小。太小虽然可以相互熟悉，但是却不能御敌自保；太大虽然足以御敌，但又难以维持团结。这是国家规模问题上的“中庸之道”，也可以称为“小国寡民”的政治原则。这种设想和《法律篇》中的设想是一致的。但是这个原则很难被遵守。一切统治者都倾向于扩张自己的领土，或者追求更多的财富，或者追求自我保存。所以苏格拉底说这个原则不容易做到。

第二，及时甄别和选拔适合的人到适合的岗位上去。举贤荐能，选贤与能，这是“尚贤”的政治原则。只有德才兼备的栋梁之材进入领导层，才能保持国家的正义和稳定。所以苏格拉底同样反对世袭制和出身论。我国古代的选举原则就是从世袭制到推举制再到科举制。这符合“依据自然而统治”的理性主义基本原则。

第三，最重要的就是公民的教育和培养。我们要培养每个人的公民意识，使他们都只是为了国家利益而生活，不会把个人私利置于国家利益之上。教育的基本精神就是“朋友之间，不分彼此”的公共精神或者兄弟情义。这也是古代政治家重视“友爱”的原因。这种兄弟友爱是实现良好政治的基本条件。如果这种公民教育败坏了，国家的败坏也是难免的。

第四，不能让音乐和体育翻新。因为随着音乐和体育的变化，人民的兴趣爱好和思想观念也会发生变化。这样的变化就会逐渐向政治制度领域转移，最终人们对于国家的政治制度也开始感觉不满，于是就会谋求推翻国家制度。所以保持音乐和体育不变，是维持国家稳定和谐的必要条件。这和《法律篇》中的观点也是一致的。

苏格拉底指出，如果把这些方法措施制定为法律条文是愚蠢的。因为仅仅写在纸上的法律是没有人会遵守的。对于优秀的人，把这些法律强加给他们，是对他们的一种侮辱，他们会自然地遵守这些规则。对于卑劣的人，他们不会尊重这些规则，这些法律也不会奏效。在良好的国家中，人们不需要这些法律，在不好的国家中，这些法律形同虚设。因此苏格拉底认为法律要尽可能少，这样我们才能对孩子进行法律教育，使这些观念能够“润物无声”，深入人心。否则，统治者就会无休止地制定烦琐的法律，然后“朝令夕改”，就像是不知道节制的病人一样。所以真正的立法者不应该把精力放在制定法律上，而是放在法律教育上。

综上所述，第一，理想国是一个没有现代意义上的法律的国家。在苏格拉底看来，如果教育做得好，我们就根本不需要法律；如果教育做得不好，再多法律也没有意义。治理国家的关键是对人性的塑造和教育。法律的惩罚都是不得已而为之的。一个真正治理良好的国家根本就不存在惩罚。这是柏拉图的仁政或者美政的基本理想。这种理想和儒家思想是完全一致的。在《论语》中，子张询问政治的四种恶，孔子曰：“不教而杀谓之虐；不戒视成谓之暴；慢令致期谓之贼；犹之与人也，出纳之吝谓之有司。”（《论语·尧曰》）

第二，现代人强调依法治国，强调法律的权威性。任何人都不能超越法律。但是如果这些法律本身不是出自智慧，而是出自无知和贪婪，那么这样的法律就是有害的。我们应该更加看重的是智慧，而不是法律。我们在推崇法律的时候，必须认识到法律的局限性，并且能够依据智慧和理性及时变革法律。

第三，现代立法者不关心个人的精神需要，不试图通过法律塑造人民的心灵。法律和人的心灵需要完全脱节。这样的法律很难赢得人民的敬畏之心。如果人们不敬畏法律，再好的法律也没有意义。所以古代人强调“人存政举，人亡政息”。关键是人，而不是法。所谓的法治最终也是人治。有了优秀的人，国家自然就会好。否则，制定再完备的法律而没有人遵守，也是没有意义的。我们应该根据苏格拉底的这种观点反思我们的法律观念。

4. 最高神的设立

最后，苏格拉底指出，德尔斐的阿波罗还制定了最重要的法律，即祭神的庙宇和仪式，以及对于神、半神、英雄，还有死者的殡葬和安魂退鬼的仪式等。这些是后人不知道的。但是城邦的建立者应该把这些法律的制定委托给阿波罗神，也就是以阿波罗神的名义立法。因此阿波罗神是理想国的最高神，他是宗教法律的制定者，类似于《圣经·旧约》中的耶和华。在希腊神话中，阿波罗（Phoebus Apollo）的意思是“光明”或“光辉灿烂”。阿波罗被视为司掌文艺之神，主管光明、青春、医药、畜牧、音乐等，是人类的保护神、光明之神、预言之神、迁徙和航海者的保护神、医神以及消灾弥难之神。在希腊神话中，阿波罗是最多才多艺的，也是最美最英俊的神祇，是男性美的典型。在《克拉底鲁》中，苏格拉底认为阿波罗是和谐之神，有“推动……到一起来”的含义。尼采在《悲剧的诞生》中认为阿波罗是理性主义的代表。“阿波罗日神，作为一切造型能力之神，同时是预言之神。按照其语源，他是‘发光者’，是光明之神，也支配着内心幻象世界的美丽外观。”① 所以苏格拉底把阿波罗作为最高神，也就是把理性作为最高神来看待。

在古典哲人看来，国家应该有一个最高神，国家也是一个宗教国家。柏拉图之所以把阿波罗神作为理想国的最高神，是出于一种“神道设教”的基本思想。这种思想和《法律篇》中

---

① 尼采：《悲剧的诞生》，周国平译，生活·读书·新知三联书店，1986年版，第4页。

的思想是一致的。只有把神作为最高立法者，法律才具有神圣性和权威性，才能够对人们的灵魂产生作用。神法并不一定以法律条文的形式出现，关键是其要在人民心灵中存在和作用。如果人是最高立法者，这种法就是世俗法，世俗法律一般仅仅是对人的外在行为产生作用，很难对人的心灵产生精神性的作用。在这个意义上，神法高于人法。《圣经》本质上就是神法的典范。

现代人即使不再使用神的语词，最高者或者最神圣者的存在也是必然的。因为最高神的存在是确保国家统一的最好形式。古代人之所以强调祭祀，就是因为祭祀是团结和统一人民的最好方式，是实现政治共同体的同一性理想的最好方式。如果每个人都是同一个人或者神的后代，他们就有神圣的责任和义务团结起来。所以在古代国家中，祭祀是最好的政治组织形式，也是最高的政治生活内容。相反，现代国家自认为是世俗化的国家，但是现代国家的世俗性是被神圣化了的世俗性。也就是说，现代国家把世俗性看作是最高的和唯一的存在，赋予了世俗性以一种神圣性。但是这种神圣性是一种低劣的神圣性，是一种否定了神圣性因此不知道自己的神圣性的神圣性。在把世俗性神圣化后的国家中，人们就自然而然地把技术和享乐绝对化或者神圣化，把世俗王国看作神圣王国，把肉体和感觉看作神圣存在。正是这种错误和颠倒导致了现代性特有的一系列世俗化狂热运动。这种世俗化狂热运动没有自我神圣化的前提是不可能出现的。

（四）理想国的正义

在理想国建立起来后，我们就可以寻找正义的真理（427d

以下）。苏格拉底认为理想国是善的，它是“依据自然”（by nature）建立起来的（428e），具备智慧、勇敢、节制和正义四种美德。首先，理想国是智慧的。理想国是出于好的谋划和知识。这种知识是统治者具有的。统治者的智慧使理想国整个都是智慧的。一个智慧的国家并不需要全体公民都是智慧的，政治知识不可能是全体公民都具有的。这和《政治家》的观点也是一致的。这也是柏拉图反对民主制、低估政治知识的原因。其次，理想国是勇敢的。勇敢首先是护卫者的德性。勇敢包含对痛苦和恐惧的抵制和对快乐的抵制两个方面。如果勇敢被认为只是对可怕事物的承担，这种理解就是片面的。在《普罗泰戈拉》《法律篇》中，柏拉图都谈到了对勇敢的双重理解。勇敢和激情相关，但勇敢不是天生的，而是通过教育培养起来的德性。在兽类或者奴隶身上的鲁莽和冲动不能称为勇敢。再次，理想国是节制的。节制就是依靠理性和正确的信念指导自己的欲望，就是天性优秀的部分和低劣的部分在“谁应当统治，谁应当被统治”的问题上表现出来的和谐。这种节制就是“自律”。所谓“做自己的主人”就是这个含义。但是自律的节制只有极少数人能够做到，大多数人无法以理智控制自己的欲望，他们只能靠统治者的法律才能节制。因此节制贯穿于全体公民中，把最强的、最弱的和中间的都结合起来，形成和谐。最后，理想国是正义的。正义就是每个人在国家中执行一种最适合他的自然天性的工作，有自己应该有的东西，做自己应该做的事情（434a）。具体来说，正义就是劳动者、护卫者和统治者三者各司其职、各尽其能、各得其所，互不干扰。否则如果三个等级相互干涉、相互代替，这就是不正义。

我们看到，苏格拉底讨论理想国的正义总是和人的自然相关。什么是人的自然？人的自然就包含在“人是理性的动物”和“人是政治的动物”的观点中。首先，人是理性的动物，这意味着只有理性统治非理性才是合乎人的自然的。哲人是理性获得了最大发展的人，能够自如地控制自己的欲望，所以哲人是实现了人的自然的人。同样，理想国家的正义也意味着理性的人对非理性的人的统治。最有资格的统治者就是有理性智慧的人，哲人才是真正的统治者。只有在哲人的统治下，一个国家才能真正实现其自然或者理念。仅次于哲人的是有德性的人。有德性的人接近于有智慧的人，这样的人也能够很好地控制自己的欲望。所谓“非礼勿视、非礼勿听、非礼勿言、非礼勿动”。这样的人一般都德高望重，受到人们的信赖和爱戴。在他们的统治下，国家也容易达到正义和幸福。其次，人是政治的动物。人的自然并不在政治国家之外，只有在国家中才有人的自然。我们不能脱离政治思考人的本质和自然。因为每个人的自然的理性程度是不同的，我们只能按照每个人的理性等级分配他相应的政治社会等级。理想国的正义就在于根据每个人的自然而使之各得其所，各安其位。所以理想国的等级制是理性主义的等级制。在理想国中，每个人的理性等级是和他的政治等级完全一致的。① 当然，对极少数哲人来说，他的理性等级超越了政治生活能够达到的理性等级，因此哲人必须在政治生活之上的哲学生活中才能实现他的理性本质。再完美的政治也不能完全满足人对理性完美的追求。这就是政治生活的局限性。所以我们既不能脱离政治思考人的自然，也不能仅仅局

---

① 可以说，一个国家越是接近完美，它就越是接近理性。当然这和我们现实的国家状况非常不同，现实的国家更多是依据权力、地位、出身和财富等标准划分人的等级，因此这种标准是非理性主义的。

限在政治中思考人的自然。只有把这两个定义同时结合起来，我们才能真正理解人性的奥秘。

理想国的正义性在于它是“依据自然”而建立起来的，也就是依据理性建立起来的。但是古典政治理性主义不同于现代启蒙主义的理性主义。现代启蒙主义的理性主义并不尊重人和人的理性的自然差异性，它认为只要通过正确的教育，每个人都能够自主地使用理性，也就是说，每个人都能够成为哲学家。这样人类就能够建立一个哲人组成的哲学王国。这个哲学王国被看作是人类历史的终极目标。我们必须看到，现代启蒙主义之所以表现为这样一种理性主义，原因在于它把理性作为和基督教信仰对抗的武器。启蒙主义试图把基督教信仰或者基督教会逐出政治生活之外，把一切置于理性的法庭上。因此它就把理性和信仰、哲学和宗教对立起来。这样一来，理性和哲学就被宗教和信仰绑架了。或者说，当启蒙主义者从宗教和信仰的角度理解哲学和理性时，它就已经背离了古典理性主义的政治视野，也背离了古典理性主义关于人的理性自然差异性的基本原则。因此现代启蒙主义的理性主义是反自然的理性主义。这种反自然的理性主义就不再是理性主义，而是一种狂热的非理性主义。启蒙主义者对理性采取的不是理性的态度，而是“信仰”的态度。可以说，启蒙主义本质上也是一种信仰主义。启蒙主义没有能够如实地对待理性。理性本质上是无限的，只有哲人才能达到理性的无限性，对于大多数人来说，理性是有限的。因此我们必须顺其自然地教育引导每个人，而不把某种抽象的观念和标准强加于每个人身上。实现理想国的关键并不是使每个人都成为哲学家，而是使哲学家成为统治者，并且使人们愿意接受哲学家的统治和教育。

三、个人的正义

苏格拉底继续探讨个人的正义。他把人的灵魂分为欲望、激情和理性三个部分。欲望就是人的心灵用以感觉爱、饥渴等的部分，特别是指饮食、男女之类的欲望。首先，每种欲望都要求得到属于自己本性的东西，特定的欲望追求特定的对象。其次，人并不总是顺应和满足自己的欲望，人的心灵还有一种力量在控制人的欲望，这种东西就是理性。理性部分是思考和推理的能力。最后，人的灵魂中还存在激情，是人用来发怒的部分。激情当然属于无理性的部分，似乎和欲望相似。但是苏格拉底认为激情不同于欲望。例如小孩子、兽类都存在激情，但是他们没有理性。激情如果不被败坏的话，激情总是理性的盟友。因此，如果每个人自身内部的各种品质在自身内各自起作用，这样的人就是正义的人。也就是说，理智是智慧的，应该起统治的作用，为整个心灵的利益而谋划。激情是勇敢的，应该协助理智，服从理智的统治。音乐和体育的作用就是使得理智和激情达到和谐，用良好的言辞和训练培养理性，用和谐与韵律使激情变得温和而文明。欲望是人的心灵中最大的部分，是追求快乐和财富的部分。理性和激情协同起来去控制欲望，一个出谋划策，一个奋勇作战，使欲望不至于反对理性，摧毁了整个生命。

一个人的激情如果不论是在快乐中还是在痛苦中都服从理性的教导，这个人就是勇敢的人。一个人的理智如果起领导作用，懂得三个部分各自的利益，也懂得它们的共同利益，这样的人就是智慧的人。一个人心灵中的三个部分和谐友好，理智起领导作用，激情和欲望都服从理性，而不是反对理性，这样的人就是节制的人。一个正义的人就是不允许灵魂中的各个部分相互干涉的人，他自己主宰自己，自身内秩序井然，对自己友善，就像是将低音、高音和中音相互协调一样，组成一个节制的和谐的整体。“正义的人不允许他的灵魂里的每个部分做其他部分的事，不允许他灵魂中的三个部分相互混合，而是切实地使他的灵魂处于良好的秩序之中，并且主宰他自己。他安排自己，做自己的朋友，并且对灵魂的三个部分都友好。”①

由此，苏格拉底表明个人的正义是灵魂内部各个组成部分的相互关系，如果三个部分的关系是合乎自然的，这个灵魂就是正义的，否则就是不正义的。个人灵魂的正义不依赖于政治的正义。个人灵魂的正义可以达到更高的理性等级，特别是在哲人的灵魂中，所以个人的灵魂的正义高于政治的正义。相反，一个不正义的人就是无知的人，他的灵魂中三个部分相互争斗、相互干涉，欲望试图统治理性和激情，占取领导地位。可以说，灵魂中的一切邪恶、不节制、无知、怯懦等都是三者相互混淆和迷失的结果。

最后，苏格拉底指出，美德或者正义就是心灵的健康、美和坚强有力，邪恶或者不正义就是心灵的疾病、丑和软弱无力。因此做正义的人是好的、有利的，做不正义的人是坏的、不利的。这就是苏格拉底对格劳孔和阿得曼托斯的反驳的最终回答。

---

① Plato. *The Republic of Plato*. Translated with notes and an interpretive essay by Allan Bloom. A Division of Harper Collina Publishers，1991：443d.

我们应该看到，这种自然意义上的正义的人只能是哲人。只有哲人在自己的灵魂内部实现了理性对于激情和欲望的统治，做到了真正的正义、节制、勇敢和智慧。因此哲人是绝对的自然意义上的“完人”。哲人的绝对正义就在于他对至善理念的认识和智慧。智慧是一切美德的本体。在《普罗泰戈拉》中，柏拉图表明美德的本质在于智慧，没有智慧的人就没有美德。只有哲人拥有智慧，所以只有哲人拥有美德。在《会饮》中，柏拉图也暗示，只有哲人苏格拉底才拥有真正的节制、勇敢、正义和智慧。他真正实现了理性对激情和欲望的统治。而普通人的美德是出于他律，而不是自律；是出于习惯，而不是出于认识；是出于情感，而不是出于理性。因此俗人的美德只是表面性的，只是对哲人的美德的模仿和分有。可以说，苏格拉底始终在以哲人为原型来设想正义的人的本质。

在这个论证过程中，苏格拉底坚持了国家和个人的同构性原则。他认为国家中存在的东西在人的灵魂中也存在，在个人灵魂中存在的东西在国家中也同样存在。因为国家是由人构成的，国家不过是一个“巨人”。国家的本性奠基于人的本性。国家的三个部分对应灵魂的三个部分，灵魂的三部分与三种德性相对应。个人的智慧和国家的智慧是同一种智慧，个人的勇敢和国家的勇敢是同一种勇敢，个人的节制和国家的节制是同一种节制，个人的正义和国家的正义是同一种正义。离开国家就没有个人，离开了个人也没有国家。国家的正义来自个人的正义。具体而言，哲人是达到自然正义的人，理想国本质上是根据哲人的原型进行设想的。理想国就是一个巨大的哲人，理想国不过是哲人的“政治学模拟”。

在苏格拉底看来，有五种政体，有五种灵魂。美德只有一种，邪恶却有无数。他认为主要有四种邪恶政体，只有一种好政体，这就是王政或者贵族政治。由一个卓越的人统治就是王政，由几个优秀的人统治就是贵族政治。至此，理想国的主要问题已经讲完了。对败坏的政体的讨论只是附带性的部分。但是柏拉图没有止步于此，反而进行了更加复杂深入的探讨。

第三节　哲人王的教育

第三场论辩是第五卷到第七卷，主要讨论哲人王的教育、培养和选拔的问题，其中涉及哲人与智者的区分、哲人与政治的关系、至善和理念、哲学的本质等问题。

当苏格拉底要探讨其他四种邪恶政体时，玻勒马霍斯和格劳孔悄悄耳语了一下，他们要求苏格拉底再谈一下“朋友之间，不分彼此”的问题，这个问题和妇女儿童相关。苏格拉底首先进行了推辞，表明自己对这个问题胸无成竹，贸然发言会害人害己，失手杀人，其罪尚小；混淆善恶美丑是非，欺世惑众，其罪无穷。所以他先向复仇女神致敬，请求她们的原谅。这也反映了哲人在发表自己的看法时必须小心谨慎，不能无所顾忌。所以古代人都不强调思想自由、言论自由，都不推崇著书立说，就是因为害怕错误的言论迷惑人心。这也是柏拉图为什么把理想国的对话安排在晚上和雅典城外的原因。

但是现代人在言论自由、思想自由的信条下，越来越放纵，越来越无所顾忌。其结果就是各种思想言论满天飞，人们面对这些似是而非的观点感到困惑和迷惘。这种思想上的混乱是最危险的混乱。所以“思想犯”成为现代性视域中的重要议题。陀思妥耶夫斯基的《罪与罚》《卡拉马佐夫兄弟》等作品都是描写“思想犯”的作品，揭示了他们祸乱世人导致的错误甚至灾难。我们应该看到，思想自由、言论自由本身并不重要，重要的是什么样的思考才是正确的思考，什么样的言论才是正确的言论。如果我们的思想和言论都不正确，那么思想自由和言论自由只能导致更大的错误甚至灾难。从历史上看，思想自由和言论自由是为了反对“封建专制”提出来的，是为了防止独断专行和一言堂，其本身包含的真理是需要反思和探讨的。我们推崇这种自由，是因为思想自由、言论自由被看作是发现真理的手段。所以我们的目的不是追求这种自由，而是追求真理。如果这种自由不能带来真理，那么我们对它们的推崇就是没有意义的。我们追求真理的目的是追求幸福和至善，如果这些自由或者真理不能带来幸福和至善，我们为什么还需要它们呢？我们必须看到，自由的思维并不就是正确的思维。现代人只推崇自由思考，不再推崇正确思考。现代人已经遗忘了自然的真理，认为根本不存在真理。因为没有唯一正确的真理，自由的思考就被等同于正确的思考。但是自由的思考不是正确的思考。正确的思考是一种非常严格和高超的技艺，要达到掌握正确的思维是非常困难的。正如政治的技艺不是所有人都能够掌握的技艺一样，思考的技艺更不是任何人都能够掌握的技艺。只有极少数人才能够掌握思维的技艺，这就是哲人。所以我们阅读哲人或者圣人的经典著作的目的就是训练自己正确的思维。

一、三次浪潮

接下来，苏格拉底提到了著名的“三次浪潮”。这是对理想国的具体内涵的展示。他之所以把这三个观点比作“三次浪潮”，意在表明理想国反传统文明的性质，也表明了理想国的自然正义性。也就是说，三次浪潮冲击的是传统文明、传统观念。文明都是依据自然建立起来的。不同文明对自然的认识是不同的，有的传统文明对自然的认识是片面的。人类社会还存在习俗性，这种习俗性也会导致最初合乎自然的文明逐渐变得反自然。这样就不得不对文明进行变革。所以古往今来，一切试图立法或者变法的人都必须向“自然”回溯，从自然中获得真理。可以说，理想国通过向自然的回溯，达到了对传统政治的解构。柏拉图对话的激进性在这三个浪潮中充分体现了出来。

近现代的哲学家也试图通过向自然的回溯奠定新政治文明的基础。但是不论是霍布斯、卢梭还是尼采，他们都试图在政治道德之外寻找一种自然，试图发现一种前文明的源始的自然。这种思路是把人的自然和动物的自然等量齐观，抹杀了人的自然和动物的自然的差异性。因此他们不可能发现人类的自然，也不可能建立新政治、新文明。正如我们不能在猴子身上寻找人类的本质一样，我们也不能在政治社会之前寻找政治的基础。我们只能在道德和政治生活中寻找人性的自然。或者，我们只能在人类的目的中寻找理想人格和理想社会的本质。因为人是目的论动物，目的决定本质，目的才是自然。当苏格拉底把哲学“从天上拉回人间”，就意味着他认为理性、至善才是自然，否定了向源始性或者史前时期寻求“自然”的错误思路。严格地说，自然既在文明之前也在文明之后，既在文明之中也在文明之外，既在文明之下也在文明之上。自然是整体或者大全，文明只是自然的一部分，文明不过是自然之花。整体决定部分，部分服从整体。部分依据整体而获得意义，整体也依据部分而被认识。我们应该从部分上升到整体，从文明上升到自然。简单地把自然和文明对立起来是错误的。

第一次浪潮：男女平等（451c以下）

苏格拉底认为我们应该给予女人和男人同样的音乐和体育的训练。按照当时的风俗传统，这种观点是可笑的。依据习俗，男女的自然是不同的，国家应该给予他们不同的教育和工作。这几乎是一切古代国家的基本原则，也符合社会分工的基本要求。但是在苏格拉底看来，这种区分是从身体的角度做出的。我们把身体的自然差异作为男女差异的基本标准，就意味着我们放弃了理性自然或者灵魂的原则。相反，理想国是按照理性自然建立起来的。从自然理性的角度看，男女可以同样学习，同样工作，因此他们具有相同的自然，只是女人比男人稍微弱一些而已（455e）。因此男女之间的生理上的差异是不必考虑的，理性技艺能力上的差别才是最根本的原则。我们应该根据理性而不是身体看待男女的平等。这也意味着男女的差异是政治文明塑造出来的，男女不平等是政治文明的产物。

可以说，男女平等是苏格拉底对政治理性主义的一种贯彻，是以自然冲击习俗的激进行动。在《法律篇》中，他甚至认为左右手的差异也是文明训练的结果。苏格拉底和柏拉图的哲学革命的激进性可见一斑。一方面，我们要看到，坚持和贯彻理性主义原则是非常重要的，也是非常困难的。人民往往被表面的一些非理性的东西所支配。例如，当前兴起的“身份政治”就是偏离了这种理性主义原则的表现。我们确实需要清醒地以理性原则来思考政治生活。另一方面，我们也要看到，习俗是社会构成的必要因素，任何社会都不是完全依据理性原则建立起来的。最初的习俗可能年代久远，后人很难发现这些习俗的合理性，但是它们仍然控制着人民的生活习惯。如果我们简单地以理性反对和否定这些习俗，只会导致社会的动荡和混乱。近现代以来的哲学活动对政治生活的冲击和扰动是有目共睹的。所以，在理性和习俗之间坚持中道原则是非常重要的。

第二次浪潮：妇女儿童公有（457c 以下）

苏格拉底认为护卫者应该没有私有财产，同吃同住。因为男女平等，女人也可以做护卫者。男女护卫者可以相互通婚，婚姻应该尽量神圣，但是他们不能组成一夫一妻制的家庭。因为家庭是私有制的最初形式。一旦护卫者有了自己的小家庭，他们就难免为了自己的利益，损害国家利益。为了防止护卫者的腐败，苏格拉底提倡共产共妻的制度。

因为没有家庭，男女护卫者生育的子女也公有，父母不知道自己的子女，子女不知道自己的父母。这也是为了防止私心的产生。同时，按照优生学的原则，国家应该尽可能让健康强壮的护卫者多生育子女，而让最坏的人尽可能少生育子女。但是这种婚配原则不能公开，因为谁都不会认为自己不配生育。所以统治者只能采取巧妙的抽签方式，使不合格的人在每次求偶的时候都不能如愿。苏格拉底还认为要实行计划生育，要控制人口的数量，尽可能保持人口的稳定不变。生下来的孩子由相关的官员带到托儿所去，交给保姆抚养。保姆住在城市另外的区域。母亲可以去给孩子喂奶，但是不能让她认出自己的孩子。有缺陷的孩子则秘密处理，以保证品种的纯洁和优化。正如我们在牲口的培育上采取优生学的原则，我们也应该在人类的生育上采取优生学的原则。因为这种原则很难操作，所以才不被采用。但是这并不意味着这种原则是错误的。虽然这个观点不可行，但是苏格拉底不考虑可行性的问题，而是考虑完美性的问题。

至于生育的年龄，女人从 20 岁到 40 岁，男人从过了跑步速度最快的年龄到 55 岁。不到或者超过这个年龄的人生育的孩子都是非法的，没有获得治理者同意的生育也是非法的。在男人和女人过了生育年龄后，他们可以自由地在一起，但是要防止乱伦。他们生育的孩子则要秘密处理，不应该抚养。对于亲属关系的确定，苏格拉底表示，一个人在他结婚后第 10 个月或者第 7 个月生育的孩子都看作是自己的孩子，他们之间不能有性关系。但是苏格拉底认为可以允许兄弟姐妹之间发生性关系。这可能是因为兄弟姐妹之间的血缘关系实在无法区分，只能允许这种乱伦的存在。

其次，苏格拉底讨论了这种公有制的好处就是最大限度地促进了国家的同一性。一个国家的至善在于团结统一。对于国家来说，没有比团结统一更大的善，也没有比分裂更大的恶。一个国家如果能够做到同甘共苦、苦乐与共，就是最好的国家。如果一个国家中的人民喜怒哀乐各不相同，团结统一的纽带就断裂了。治理得最好的国家就像是一个人那样。“一个国家绝大多数的人，对同样的东西，能够同样地说‘我的’或‘非我的’，这个国家就是管理得最好的国家。格：最好最好的。苏：当一个国家最最像一个人的时候，它是管理得最好的国家。比如像我们中间某一个人的手指受伤了，整个身心作为一个人的有机体，在统一指挥下，对一部分所感受的痛苦，浑身都感觉到了，这就是我们说这个人在手指部分有痛苦了。这个道理同样可应用到一个人的其他部分，说一个人感到痛苦或感到快乐。格：同样，有如你所说的，管理得最好的国家最像各部分痛痒相关的一个有机体。”（462c-d）对于护卫者而言，由于妻子儿童公有，他会把他遇到的任何人都看作和他有关系的，看作是他的兄弟姐妹、父母子女，这样整个国家就像是一个大家庭。国和家是一体化的同构性关系。在理想国中，每个人都不把自己的身体看作是私有财产，身体是属于国家的。他们都超越了身体的局限性，每个人的身体感觉都被公共化了。全体公民“同呼吸，共命运”“有福同享，有难同当”“精忠报国”，公民的含义也许就在于此。如果人们只关心自己的私利私欲，那么这种人就不配被称为公民。在苏格拉底看来，如果护卫者有私产，他们就不是名副其实的护卫者。他们会把国家搞得四分五裂，把公有的东西称为“这是我的”，他们就不可能做到团结一致、同心同德、甘苦与共。

苏格拉底还指出，虽然护卫者没有自己的家庭和孩子，没有劳动者等级那样的幸福，但是他们也摆脱了养家糊口这些烦琐无聊的琐事，他们的回报也是巨大的。他们会比奥林匹斯山的诸神还要幸福。他们会得到人民全心全意的供养和资助，他们需要的一切都由国家支付。他们活着时为全国公民所敬重，在死后也能够拥有哀荣备至的葬礼。

这种“共产主义”是我们经常反对苏格拉底的地方。我们批评他忽视了个人的身体和爱欲。但是正如苏格拉底反复强调的，他在此关心的是国家整体性的幸福，而不是个人的幸福。

个人的幸福只有从属于国家的幸福才是真正的幸福，否则就是败坏的幸福。同样，个人的身体感觉只有和国家的感觉协调一致，才是真正的感觉。由这样的人组成的国家才是真正的国家，否则就是势利小人的甚至是强盗的国家。为了实现国家的同一性，每个人的身体感觉都应该被公共化和国家化，这是我们理解柏拉图关于理想国中的身体问题的关键。在他看来，国家是一个统一的有机整体，国家的存在需要各种工作和职责的支撑，我们必须纯粹地设想这些职务的本质，而排除那些非本质性的部分。或者说，理想国只关注国家的纯粹形式理念，不考虑其质料性因素。质料只会干扰理想国的完美性。这是苏格拉底或者柏拉图对政治理性主义原则的彻底贯彻。这和柏拉图在《政治家》中展示的二分法也是一致的。

这也可以说是苏格拉底的“正名哲学”。“名不正，则言不顺；言不顺，则事不成；事不成，则礼乐不兴；礼乐不兴，则刑罚不中；刑罚不中，则民无所措手足。故君子名之必可言也，言之必可行也。君子于其言，无所苟而已矣！”（《论语·子路》）也就是说，每个人都应该按照他在国家中的“名分”“名义”来设想他的“本质”或者“存在”。名分就是存在的本质，名分之外没有存在或者本质。这样个人就不是作为单独的个体，而是作为国家的一个“细胞”被考虑。每个人都是国家身体的一个细胞，只有这些细胞精诚团结、共同合作，国家身体才能健康长寿、长治久安，否则，国家身体就要生病和死亡。如果每个人都有各自的利益，每个人都有属于自己的私人身体和私人感觉，这样的人我们怎么能够把他们称为公民呢？由这样的人组成的国家就已经是离心离德的、分裂的国家，就不再是一个严格意义上的国家。当我们只是把国家看作是个人利益的维护者时，这个国家理念就已经败坏了。因此自由主义的国家理念是败坏了的国家理念，它把个人的感觉置于最重要的地位，其目的只是为了对抗国家可能给个人带来的伤害。只有在我们已经不再敬重国家，拥有败坏的国家理念后，我们才会看重个人的身体感觉，才会批评苏格拉底不重视个人的身体和爱欲。仅仅局限于个人的自我感觉，这是我们的生命力萎缩和衰弱的体现，是我们的智慧层次和人生境界都降低的体现。

理想的国家只能是柏拉图所设想的这样，没有其他的可能性。我们之所以会对这种理想国感到恐惧，特别是现代人之所以都患有霍布斯所谓的“恐暴症”，只是因为我们抱有更强的自私狭隘的心理，对一切自我之外的东西都不信任和怀疑。但是我们时刻都离不开国家，时刻都在寻求更大的团体，以求获得自我的归属感和认同感。而美好的国家是美好的人生的必要前提和条件。每个人只有在国家中才能实现自己的价值。当国家的理念堕落后，个人的价值和意义也势必随之堕落。所以坚持美好的国家理想，这是人性价值和人生理想得以实现的必要前提。我们一方面要坚持理想国的理想原则，时刻以理想国衡量和反思现实国家，使现实国家尽可能趋向理想国。另一方面我们也应该看到，理想国是依据“自然”而建立的国家，它不是凭借人为的狂热奋斗就可以实现的，理想国是“可遇不可求”的。这才是合乎中道的态度和智慧。我们既要反对政治冷漠主义，也要反对政治理想主义。

苏格拉底把国和家等同起来的思想，和我国古代把“国”和“家”并称的思想，是一致的。这些思想蕴含着古典哲人对政治共同体的最美好的理念。儒家的“天下为公”“大同世界”，也就是这种政治理想的体现。我们把《礼记·礼运》中的“大同、小康”章列出来，以供参考：“昔者仲尼与于蜡宾，事毕，出游于观之上，喟然而叹。仲尼之叹，盖叹鲁也。言偃在侧，曰：‘君子何叹?’孔子曰：‘大道之行也，与三代之英，丘未之逮也，而有志焉。大道之行也，天下为公，选贤与能，讲信修睦。故人不独亲其亲，不独子其子；使老有所终，壮有所用，幼有所长，矜、寡、孤、独、废、疾者皆有所养；男有分，女有归。货，恶其弃于地也，不必藏于己。力，恶其不出于身也，不必为己。是故谋闭而不兴，盗窃乱贼而不作。故外户而不闭，是谓大同。今大道既隐，天下为家，各亲其亲，各子其子，货、力为己；大人世及以为礼，城郭沟池以为固，礼义以为纪，以正君臣，以笃父子，以睦兄弟，以和夫妇，以设制度，以立田里，以贤勇知，以功为己。故谋用是作，而兵由此起。禹、汤、文、武、成王、周公，由此其选也。此六君子者，未有不谨于礼者也，以著其义，以考其信，著有过，刑仁讲让，示民有常。如有不由此者，在势者去，众以为殃，是谓小康。’”（《礼记·礼运》）《孟子·梁惠王上》中，孟子劝告梁惠王实行仁政时也指出：“老吾老，以及人之老；幼吾幼，以及人之幼，天下可运于掌。《诗》云：‘刑于寡妻，至于兄弟，以御于家邦。’言举斯心，加诸彼而已。故推恩足以保四海，不推恩无以保妻子。古之人所以大过人者，无他焉，善推其所为而已矣。”可见，柏拉图关于理想国的设想和儒家关于理想国的设想没有实质性区别。他们都看到，人是政治的动物，美好的政治是塑造美好的人性的必要条件。我们要成为美好的人，就必须追求美好的政治，即使美好的政治不一定涵盖美好的人的所有内涵。我们放弃了美好的政治理念，也就是放弃了成为美好的人的理想。

基督教的天国和柏拉图的理想国也是可以比较的。天国也处于一个同心同德、万众一心、不分你我的状态。它们的不同在于，天国是建立在对上帝和耶稣基督的信仰之上的，而理想国是建立在自然理性的认识之上的。这里并不是要把理性和信仰对立起来。这种对立是不符合古典理性主义的基本原则的，而是一种基督教信仰主义的产物。从古典理性主义上看，天国只是理想国的一种“神圣”形式，其中蕴含了人的自然理性对人的美好生活的设想。离开了理性对至善的认识，天国信仰也是不可能成立的。从柏拉图哲学看，信仰并不是一种古人没有的新的能力，并不存在基督教所谓的“信仰”。信仰是缺乏足够的理性智慧的表现。人们认为存在一些超越者、神圣者，但是并不认识它，这时人们就只能依靠信仰把我们和它联系起来。在我们获得了足够的智慧之后，这种信仰就不需要了。基督教的“信仰”不过是柏拉图的“意见”。① 基督教文化中的理性和信仰的对立只是古典哲学中知识和意见的对立的一种形式。如果我们认为存在一种基督教独有的信仰，那么我们就还是局限在基督教的思维方式中。

接下来，苏格拉底开始讨论这种制度的可行性问题。男女护卫者和他们的孩子都要参加行军打仗。孩子可以在其中学习战争的技艺，即使冒险也是值得的。在军纪方面，对于勇敢优秀的护卫者应该给予各种荣誉和利益。对于战死沙场的勇士也给予无上的荣誉，奉若神明。对于被俘虏的人则让敌人随意处

---

① 现代哲学中强调的“理性的有限性”更多是一种俗人的理性，这种理性只能获得意见，而不能获得知识。

理。对于逃跑的人则下放去做农民或者工匠。

苏格拉底还超越了雅典的政治局限性，着眼于整个希腊社会，提出了“泛希腊主义”的政治理想。他认为希腊人必须团结起来，消除希腊各城邦各自为政的状态。他尽力限制希腊人之间的战争，把希腊人之间的战争称为“内讧”。内战的目的只能是使对方知道自己的错误而赔礼谢罪，因此希腊人必须禁止屠杀同胞，必须“不准蹂躏土地，不准焚烧房屋”，掠夺财物也要适可而止。这样他试图以“礼仪”限制希腊内战，把礼仪和和平置于战争和屠杀之上。

在对外战争上，他认为希腊人应该一致对外，抵抗野蛮人，保护希腊文明。对外战争也是为了维护希腊文明而进行自卫反击战。希腊人只有作为文明人才是高贵的和自由的，否则希腊人就没有什么可以值得称道的。这样苏格拉底就把和平和文明，而不是战争和野蛮作为普遍的政治理想和目的。在他看来，“平天下”只能通过文明教化的方式感召天下。这和儒家的政治理想同样是一致的，而和现代强权政治不同。

第三次浪潮：哲人做统治者（471c 以下）

苏格拉底提出了最后的也是最大的浪潮即哲人王的思想。“除非哲学家成为我们这些国家的国王，或者我们目前称之为国王和统治者的那些人物，能严肃认真地追求智慧，使政治权力与聪明才智合而为一；那些得此失彼、不能兼有的庸庸碌碌之徒，必须排除出去。否则的话，我亲爱的格劳孔，我想对国家甚至对全人类都将祸害无穷，永无宁日。我们前面描述的那种法律体制，都只能是海客谈瀛，永远只能是空中楼阁而已。这就是我一再踌躇不肯说出来的缘故，因为我知道，一说出来人们就会说我是在发怪论。”（473d-e）他认为这个观点是更加荒唐可笑的，会引起世人的极大讥笑。格劳孔也表示这种观点是非常荒谬的。正如老子所说："上士闻道，勤而行之；中士闻道，若存若亡；下士闻道，大笑之。不笑不足以为道。"（《道德经》第四十一章）这意味着真理从来是掌握在少数人手里的。大多数人关心的不是真理，而是现实。但是现实包含了真理的颗粒，现实只是真理的变形而已。没有真理，就没有现实。我们必须善于从现实上升到真理。我们不能只看到残缺的颗粒，而看不到完整的真理。如果我们把常识推进到底，我们就会发现真理，就会明白现实或者常识只是真理的不完全的形式。我们就会选择真理本身，而不是片面的现实。

接下来，苏格拉底开始探讨哲人的概念。他认为哲人是智慧的爱好者，他爱智慧的全部，而不是其中一部分。哲人必定是博学的。他无所不知，无所不学。正如孔子自诩的："十室之邑，必有忠信如丘者焉，不如丘之好学也。"（《论语·公冶长》）儒家传统也讲究"儒者以一事不知为耻"。只有"学而不厌"的人才是真正的爱智者，那些猎奇者不能被称为爱智者。然后苏格拉底又指出，如果一个人不能判断什么有益，什么有害，那么他也不是一个爱学习的人。真正的好学必须是以辨别善恶、追求真理为目的的。因此真正的哲人是"眼睛盯着真理的人"。

在此，他区分了哲人和俗人。俗人是声色的爱好者，他们只关心可见的现象。他们喜欢美的影像，而不是美本身。哲人关注美本身，而不关注美的影像。因此哲人看到事物本身，他一生都在理智的清醒中。俗人一生就像是梦，他看到的只是影像，把相似的事物看作事物本身。哲人的心中具有知识，俗人心中只有意见。意见不是知识，也不是无知，而是介于知识和无知之间的东西。意见比知识阴暗，比无知要光明。可以说，意见是对知识的分有和模仿。从能力方面看，知识和意见是不同的能力。从对象方面看，知识是关于存在的，无知是关于非存在的，意见是关于既存在又不存在的。这种东西就是可见现象。知识是关于存在的认识，意见是关于现象的认识。永恒不变的理念是确定的，而现象始终处在不确定的状态中。哲人就是爱知识的人，俗人就是爱意见的人。

二、哲人的界定、教育和选拔

在第六卷中，苏格拉底继续说明他所理解的哲人究竟是什么样子。他首先对哲人和俗人进行了区分。哲人和俗人的主要区别就在于哲人是把握永恒不变的事物的人，能够看到真实的原型，能够根据原型进行复原工作，制定出关于美、善、正义的法律，并且守护这些法律。俗人不知道真实的事物，不能看到绝对真实的原型，只是关注变动不居的感官现象。他们是无知、愚蠢而又反复无常的。哲人具有知识，俗人只有意见。知识是关于存在的认识，意见是关于现象的认识。哲人就是爱知识的人，俗人就是爱意见的人。具体来说，永恒不变的东西就是至善，变动不居的东西就是善的影像。哲人始终关注善本身，虽然他的生活是变动的，但是他的内心对善的关注凝视是不变的。哲人凭借对至善的直观，超越了外在现象界的影响，内心始终和善道合一，处于高度宁静喜乐之中。正如孔子指出的："君子无终食之间违仁，造次必于是，颠沛必于是。"（《论语・里仁》）相反，俗人只是追求善的影像，他们不能分辨真假，总是“以幻为真”“颠倒梦想”，内心始终处于喜怒无常的焦灼不安的状态，他们的一生就像是在梦中，他们不能担当很大的政治责任。正如孔子指出的：“君子不可小知，而可大受也；小人不可大受，而可小知也。”（《论语·卫灵公》）

苏格拉底对哲人和俗人的划分依据的是其理性主义的根本原则。在他看来，一方面，人是理性的动物，人的本质是相同的；另一方面，人又是不同的，这种不同主要在于理性能力方面。人的自然差异性的核心就是理性的差异性。① 具体来说，哲人是天生喜好探究事物的真理的人，他们不满足于既定的传统观念，而是力求独立认识自然的真相。在这种认识活动中，他们的理性能力获得了巨大的发展，他们的人格也得到了巨大升华和完善。民众则是遵守祖传风俗的权威的人。他们满足于传统的世界观和价值观，没有强烈的理智热情，他们的热情更多指向了财富或者权力等。他们的理性没有获得很大发展，也没有获得真正的幸福和安宁。在苏格拉底看来，哲人和俗人的这种异质性是不可还原、不可通约的，也是无法通过后天的教育消除的。所谓“江山易改，本性难移”。这也意味着教育不能改变人的自然天性，只能对人的自然进行修正和完善。我们不能过高估计教育的作用。苏格拉底从未想把所有的俗人都变为哲人。对智慧和真理的爱欲永远是极少数人才有的，哲人永远只能是极少数人。

苏格拉底对哲人和俗人的划分是我们理解古典哲学的根本切入点，也是其政治哲学的基础。“苏格拉底之有别于在他之

---

① 当然人的差异性也可能在力量方面不同，但是力量方面的差异不是人所特有的差异，所以不能把这种差异作为人的差异。

前的哲人，乃因为这一事实：他在智性异质性（noetic heterogeneity）中发现了整全或自然的核心。整全不是一，也不是同质的，而是异质的。……正因为如此，苏格拉底创立了政治科学。”① 也就是说，人人都在追求善，但是只有智慧和理性才能发现至善。政治权力的正当性只能来自人的理性和智慧。只有拥有理性和智慧的人才有资格掌握政治权力，才能引导国家和人民走向至善。否则，“以盲引盲”，最终只能是害人害己。因此只有哲人才是天生的统治者或者政治家，其他人则必须接受哲人的统治和引导。这就是古典政治理性主义的基本原则。

相反，现代启蒙运动试图消灭哲人和俗人的自然区分。正如宗教改革把俗人变成了僧侣，把僧侣变成了俗人，启蒙运动的目的就是要把哲人变为俗人，把俗人变为哲人，建立一个全民性的“哲人王国”。在启蒙主义看来，人的理性差异是微小的，或者说是人为造成的，我们可以通过正确的理性的“方法论”使所有人都能够平等地发现真理。人的理性差异可以通过全民性的普及教育消除。所以启蒙主义者提出了“教育万能”的口号。启蒙主义对人为教育的作用估计过高，对人的自然差异性估计过低。启蒙运动既降低了哲学的价值和意义，又提高了政治的目标和作用。因此启蒙主义既没有真正理解哲学，也没有真正理解政治。这就对哲学和政治两方面都造成了危害。为了克服现代性的错误，我们需要重新理解苏格拉底关于人的理性差异性的观点，重视苏格拉底关于哲人和俗人的自然划分。

---

① 施特劳斯，等：《苏格拉底问题》，刘小枫编，华夏出版社，2005年版，第49页。

苏格拉底对哲人和俗人的区分和孔子对小人和君子的区分是相似的。例如孔子也指出："君子周而不比，小人比而不周。"（《论语·为政》）"君子怀德，小人怀土；君子怀刑，小人怀惠。"（《论语·里仁》）"君子喻于义，小人喻于利。"（《论语·里仁》）"君子坦荡荡，小人长戚戚。"（《论语·述而》）这种区分不是对人的分类和歧视，而是对精英教育的关注和追求。苏格拉底的哲人教育和孔子的君子教育都是精英教育。这种精英教育是一个国家社会得到维持和提升的关键。只有统治者是优秀的，整个国家才是优秀的。不论是苏格拉底还是孔子都是在确立一种新的精英人格。这种对新的精英人格的确立有三个方面的原因。第一，这是对早期的按照出身或者地位区分人的一种变革。古代社会是贵族制，贵族制是世袭制。一个人天生是奴隶，或者天生是贵族，这是无法改变的。但是贵族可能变坏，平民也可能变好，所以政治身份不能限定人的自然，不能使国家达到真正的正义。第二，只有按照人的自然划分才是真正合乎正义的。这是苏格拉底或者孔子从政治身份的层次向自然理性的回溯。人和人是不同的，人和人的不同在于他的理性的天赋。有的人理性能力强，有的人理性能力弱，统治的正当性就在于理性能力强的人统治理性能力弱的人。这才是合乎自然的正义原则。顺应自然、合乎自然是政治正义的唯一原则。通过对人性的自然的揭示，他们的政治哲学表现出更高的真理性和正义性，体现了他们对严格的政治科学的追求。第三，他们发现了人的自然差异性，对人的教育就成为他们的首要工作。他们坚持"有教无类"的原则，给不同的人以不同的教育，使他们的天性获得发展和完善，然后再把不同天性的人安排在政治社会的不同位置，使他们各得其所、各尽其能，这样整个国家的运作就是和谐有序的。否则，不顾人性的自然差异性，不对每个人进行恰如其分的教育和安置，整个国家就不可能达到和谐和幸福的状态。可以说，随着对人性的看法的改变，他们对真正的理想政治社会的看法也发生改变。

（一）哲人的理想形象

苏格拉底列举了哲人应该具备的基本条件，或者为哲人画了一个理想形象。根据这幅理想图像，我们可以说，哲人就是“完人”“真人”“原人”。只有哲人合乎人的理念，哲人是人的原型。因为哲人是纯粹理性的人，他的情感和欲望被完全驯化了，内心始终保持理性的和谐和喜乐。哲人是人性的自我实现和自我完善的顶峰。“做人就是做哲人。”做哲人才是我们最高的人生理想和终极目标，其他一切理想和这个理想相比都是低级的。

第一，哲人必须热爱和追求永恒实体的知识。哲学就是爱智慧。哲人首先是最富有爱欲的人，哲人是真正的爱者。哲人的爱欲是最强烈的。对智慧的爱要求我们必须全力以赴、废寝忘食、舍生忘死，三心二意的人不可能获得智慧。例如孔子指出：“士志于道，而耻恶衣恶食者，未足与议也。”（《论语·里仁》）在《会饮》中，苏格拉底充分展示了哲人的爱欲。哲人的爱欲指向无形无相的理念至善，和俗人的爱欲指向对象完全不同。在俗人看来，哲人似乎是没有任何爱欲的，是无情无欲的，就像是“活死人”。但这是对哲人的错误认识，俗人根本不理解哲人的爱欲活动。如果我们要理解哲人的爱欲的实质和特点，就应该读读《会饮》。可以说，哲人是唯一获得了爱欲的终极满足的人，俗人的爱欲则始终得不到满足。这是哲人和俗人在爱欲状态上的差异。另外，哲人的好学求知不同于俗人的好学求知。俗人的求知只是为了获得谋生的手段，知识或者技艺在他们那里是服务于生命欲望的，并不是最高的目标，也不是能借以改造生命的手段。在哲人那里，求知是唯一正确的生活方式，求知是改造生命、完善自我的方法。苏格拉底把一生都用在和人们讨论各种哲学问题上，其他人只是偶然地讨论哲学问题，而苏格拉底的生命重心就是哲学思考。在他那里，求知是净化灵魂的唯一方式。这是他和其他人最大的不同。孔子也把好学作为自己生命的最重要最根本的活动。“君子食无求饱，居无求安，敏于事而慎于言，就有道而正焉，可谓好学也已。”（《论语·学而》）学习也是改变自己的天性偏差的唯一方式。“好仁不好学，其蔽也愚；好知不好学，其蔽也荡；好信不好学，其蔽也贼；好直不好学，其蔽也绞；好勇不好学，其蔽也乱；好刚不好学，其蔽也狂。”（《论语·阳货》）在孔子看来，好学是完善自我的唯一方式。

第二，哲人的智慧是关于永恒不变的东西的知识。从一定意义上说，苏格拉底对“定义”的探究就是对不变的实体的探究。在他看来，这种严格的定义必须是在任何情况下都适用的。这种实体就是“变中的不变”，是“多中的一”。在柏拉图哲学中，实体就是理念，理念是永恒不变的真实存在。而智慧就是对理念实相的直观。没有这种直观，就没有智慧。哲人的爱欲在对理念的注视直观中获得了终极满足。一般人不会承认存在这种永恒不变的实体，但是，如果不存在这种永恒不变的实体，我们就不能说这个世界是变化无常的。对变化的认知本身就必须以对不变者的认知为前提。我们应该把注意力从生成者转向不变者，认识不变者，最终和不变者合为一体，这样我们的心灵就能够达到最高的智慧和幸福。否则我们的一生就是浑浑噩噩、醉生梦死。

古往今来的圣人都在追求这种不变者。当孔子说“逝者如斯夫，不舍昼夜”时，他的心灵就和不变者融为一体。他的心灵始终和不变者结合在一起，所以他才告诉曾子“吾道一以贯之”。这个“一”就是不变者。通过对不变者的认识，他最终摆脱了颠沛流离的命运，始终处于“知其不可为而为之”的智慧和“不义而富且贵，于我如浮云”的安宁超然境界中。老子的“道”也是不变者。道不是任何事物，但是道又贯穿在一切事物中，因此一切事物才能成其所是。“昔之得一者：天得一以清，地得一以宁，神得一以灵，谷得一以盈，万物得一以生，侯王得一以为天下正。”（《道德经》第三十九章）圣人就是得道之人。他超越了生灭变化的世界，不再为尘世的利益患得患失，他的内心世界始终处于“无为”的超然境界中。“是以圣人处无为之事，行不言之教。万物作焉而不辞，生而不有，为而不恃，功成而弗居。夫惟弗居，是以不去。”（《道德经》第二章）佛陀也试图引导我们摆脱和超越生灭变化的世界，达到对不变者的认识。这种不变者就是空性或者自性。所谓“诸行无常，诸法无我，涅槃寂静”。佛陀告诉我们，不要在变化之外寻找不变者，变化是唯一的不变者。如果我们始终持续地观照变化，我们就能逐渐超出变化不定的现象世界，而达到永恒不变的绝对真实的世界，这个绝对真实的世界也就是空性或者佛性真实呈现的境界。这样我们的内心也就逐渐达到了“涅槃寂静”。这种纯粹静观觉知的状态就是纯粹理性的状态，就是智慧的升起和得道。

第三，苏格拉底还认为哲人必须是博学的。他必须爱知识的全部，而不是某一部分知识。如果只爱知识的某一部分，这样的人就只是技术性的专家，他的求知仍然是服务于他的生命欲望的。哲人则学习所有知识，并且能够举一反三，触类旁通。所以哲人不是某个领域的专家和人才。在《回忆苏格拉底》中，色诺芬也强调苏格拉底的博学。“贤明的古人在他们所著的书中遗留下来的宝贵的遗产，我也和他们共同研讨探索，如果我们从古人的书中发现什么好的东西，我们就把它摘录出来，我们把能够这样彼此帮助看作是极大的收获。”① 孔子也指出：“君子不器。”达巷党人则称赞孔子：“大哉孔子，博学而无所成名。”（《论语·子罕》）子夏曰：“博学而笃志，切问而近思，仁在其中矣。”（《论语·子张》）也就是说，只有当一个人把自己的全部生命热情投入求知活动中时，他的生命才会从对名利的追求转变为对智慧的追求。通过对知识的追求，哲人超出了感官和现象的领域，达到了超感官的理性世界。这就是灵魂的净化和自我的完善。因此哲人之求知是为了完善自我和人格，而不是为了获得某种学问或者技艺。所谓“古之学者为己，今之学者为人”。现代科学一方面是“为了科学而科学”，这种研究越来越局限在一个狭小的局部领域；另一方面，其目的有时并不是为了灵魂的净化，而是为了名利心、傲慢心和虚荣心而已。

第四，哲人必须是热爱真实、追求真理的人，他必定是厌恶虚假的。真实与智慧最接近。什么是虚假呢？简单说来，现象世界的一切事物都是虚假不实的。我们总是认为感官现象世

---

① 色诺芬：《回忆苏格拉底》，吴永泉译，商务印书馆，1984 年版，第 37 页。

界的事物是真实的，是可以认识和把握的，我们可以在这个世界上获得最终的幸福和满足。因此俗人沉溺于现象“假有”之中，把这种虚假不实的事物看作是真实的，而把那些看不见摸不着的事物看作是虚幻的。在哲人看来，这就是“颠倒梦想”“认妄为真”。这个现象世界不值得我们过于专注和执着，我们应该对现象世界持一种超然的态度。正如巴门尼德对存在和非存在的区分一样，只有不可见的存在才是真实的，而可见的现象都是非存在，是不真实的。所以哲人对真实的追求必然引导他超出现象世界。哲人对虚假现象的厌恶就引发他的“出离心”。在柏拉图那里，真实的世界就是理念的世界，只有对理念世界的认识才能够获得真理。因为他对现象世界升起了出离心，所以他对政治和自己的生死命运也持一种超然静观的态度。

现象世界的虚假性同样要求我们对自己的心灵保持“真诚”。① 也就是说，我们是相信自己的感官认识，还是相信自己的理性认识。当我们不再依赖感性认识，而是依赖理性认识时，我们就能够认识现象世界的虚假性而超越现象世界，进入永恒真实的理性世界。因此对自己的心保持“至诚”就是依据理性认识而生活。一个人如果对自己的微小邪恶的欲念心存侥幸，就会逐渐在更大的事情上自欺，最终就会无法无天、为所欲为。所以一个人必须对自己的一切活动进行严格审视。俗人就是习惯于自欺欺人的人，他们总是不能真诚面对事实真相，安于浑浑噩噩、醉生梦死的生活，通过“没有真理”“人都是

---

① 尼采也特别强调理性的诚实，他把理性的诚实看作是哲学区别于宗教的主要特征。

要死的”之类的话来麻痹自己、安慰自己。这是我们不能成为哲人、圣人的根本原因。

《大学》也提出了“诚意正心”的观点：“所谓诚其意者，毋自欺也。如恶恶臭，如好好色，此之谓自谦。故君子必慎其独也。小人闲居为不善，无所不至，见君子而后厌然，掩其不善，而着其善。人之视己，如见其肺肝然，则何益矣。此谓诚于中，形于外，故君子必慎其独也。”《中庸》提出了“至诚”的观点：“诚者，天之道也；诚之者，人之道也。诚者，不勉而中，不思而得，从容中道，圣人也。诚之者，择善而固执之者也。”“天道无欺”，如果一个人对自己的理性保持至诚，把寻求真实作为自己的目标，不给自己寻找任何借口，他就能够达到“至诚如神”的天人合一的境界。在这种境界中，他就无所不知、无所不通。这就是圣人或者哲人的境界。佛教也对现象世界的虚假性和真正世界的真实性进行了反复说明。例如《金刚经》中的“凡所有相，皆是虚妄”“一切有为法，如梦幻泡影。如露亦如电，应作如是观”。实相是无形无相的，只有依靠理性才能认识。我们应该尽可能超出这个世界，才能摆脱生死轮回，获得无上正等正觉。

第五，哲人是节制的，没有贪欲。哲人没有俗人的七情六欲，没有对财富和功名的贪婪。他的欲望已经完全转向对真实知识的追求。一个人不能同时既爱财富，又爱智慧。据说，苏格拉底在市场看到很多商品，他只是说：“这么多东西啊，可我一样也不需要。”他家徒四壁，一贫如洗，每天只是乐于和人讨论哲学问题。在他看来，哲人的节制才是真正的美德，俗人的节制和美德只是出于对贪婪和恐惧的压抑。色诺芬在《回忆苏格拉底》中指出：“一个不能自制的人和最愚蠢的牲畜有什么分别呢？那不重视最美好的事情，只是竭尽全力追求最大快感的人，和最蠢笨的牲畜有什么不同呢？只有能自制的人才会重视实际生活中最美好的事情，对事物进行甄别，并且通过言语和行为，选择好的，避免坏的。”① “每一个人的本分岂不就是把自制看作是一切德行的基础，首先在自己心里树立起一种自制的美德来吗？有哪个不能自制的人能学会任何的好事，或者把它充分地付诸实践呢？”② 俗人的节制都是因为财物不足或者胆子不够大而不得不节制，这种节制不是真正的节制。俗人的欲望没有得到升华，只是被压抑了。俗人以肉体的快乐为目的，哲人关注的是心灵的快乐。古人也常说：“人到无求品自高”“无欲则刚”，这都是哲人的节制美德。因为哲人的爱欲已经在智慧中获得了终极的满足，所以他面对一切诱惑都能够处之泰然。

例如柳下惠的“坐怀不乱”并不是出于对欲望的压抑，而是因为他的爱欲已经在智慧中获得了满足，肉体的快乐对他已经没有吸引力了。孔子也说：“饭疏食饮水，曲肱而枕之，乐亦在其中矣。不义而富且贵，于我如浮云。”（《论语·述而》）“贤哉，回也！一箪食，一瓢饮，在陋巷，人不堪其忧，回也不改其乐。贤哉，回也！”（《论语·雍也》）这就是我们常说的“孔颜乐处”。宋明理学中所谓“存天理、灭人欲”的“灭”应该理解为“转向”“引导”。人的爱欲应该转向爱智慧上来。知识净化心灵，智慧净化爱欲。净化就是治疗，治疗人的欲望之疾病。佛教也把贪欲看作是人的“三毒”之一，把消除贪欲

---

① 色诺芬：《回忆苏格拉底》，吴永泉译，商务印书馆，1984 年版，第 173 页。

② 同上，第 33 页。

作为基本主题之一，提倡“以戒为师”，重视“戒”在获得内心的安定和智慧的重要性。节制是净化心灵的基本方法。

第六，哲人是心胸广大、志存高远、气象博大的。他在人和神的事情上都追求完整完全、尽善尽美。对永恒真实的世界的追求使哲人超越了人世间的成败得失、功名利禄、爱恨情仇，他对人间事务完全保持一种超然安宁的态度，处于一种“依据自然而生活”的天人合一的境界。可以说，哲人达到了无我之境。因为他没有自我，所以哲人不会像俗人那样心胸狭隘、鼠目寸光、斤斤计较。阿里斯托芬的喜剧大大地嘲笑了苏格拉底，但他不恼怒，反而乐观其成。可以说他的心中没有任何烦恼和愤恨，内心始终是安宁和平和的。他只以真理为向导，对真理的热爱超过了对自我的爱。

因此哲人没有自我夸耀之心，不会为了抬高自己而诋毁他人，也不会刚愎自用、固执己见。正如孔子所谓“子绝四，毋意，毋必，毋固，毋我”（《论语·子罕》）。颜渊喟然赞叹孔子的气象：“仰之弥高，钻之弥坚，瞻之在前，忽焉在后！夫子循循然善诱人：博我以文，约我以礼。欲罢不能，既竭吾才，如有所立卓尔；虽欲从之，末由也已！”（《论语·子罕》）叔孙武叔毁孔子，子贡辩护说：“无以为也，仲尼不可毁也。他人之贤者，丘陵也，犹可踰也；仲尼，日月也，无得而踰焉。人虽欲自绝，其何伤于日月乎？多见其不知量也！”（《论语·子张》）庄子描述的真人境界也是如此。“独与天地精神往来，而不敖倪于万物。不谴是非，以与世俗处。其书虽瑰玮，而连犿无伤也。其辞虽参差，而諔诡可观。彼其充实，不可以已。上与造物者游，而下与外死生、无终始者为友。其于本也，弘大而辟，深闳而肆；其于宗也，可谓稠适而上遂矣。

虽然，其应于化而解于物也，其理不竭，其来不蜕，芒乎昧乎，未之尽者。”（《庄子·天下》）

第七，哲人是勇敢且不怕死的。哲人不关心自己的身家性命，只关心真理，所以哲人不怕死。在《会饮》中，阿尔喀比亚德歌颂了苏格拉底在战斗中的勇敢。在《斐多》中，柏拉图展示了苏格拉底的慷慨就义。面对死亡，苏格拉底谈笑风生，无忧无惧，他已经超越了生死的感性的认识和分别，达到了“齐生死”的境界。“生又何欢，死又何哀。”在哲人看来，贪生怕死是无知的表现。在《申辩》中他就指出，如果死亡是彻底的结束，那么死亡就是最好的休息。或者死亡是新生的开始，如果我们这一世好好学习哲学，那么在新的人生中我们必定有更好的开始，我们同样不必害怕这种美好的新的人生。因此贪生怕死是无知的表现，是我们的理性灵魂被感官肉体束缚的表现。哲人的勇敢是出于理性和智慧的勇敢，因此是真正的勇敢，而俗人的勇敢只是出于无知、贪欲，因此不是真正的勇敢。在《普罗泰戈拉》中，苏格拉底试图使普罗泰戈拉认识到勇敢出于智慧，而不是在于大胆。这都是对“血气之勇”的贬低。

儒家传统讲究“无欲则刚”“仁者无敌”。真理或者仁比生命更加重要。“志士仁人，无求生以害仁，有杀身以成仁。”（《论语·卫灵公》）“仁者必有勇，勇者不必有仁。”在《中庸》中，孔子也推崇南方之强，贬低北方之强。“宽柔以教，不报无道，南方之强也，君子居之。衽金革，死而不厌，北方之强也，而强者居之。故君子和而不流，强哉矫！中立而不倚，强哉矫！国有道，不变塞焉，强哉矫！国无道，至死不变，强哉矫！”佛教也推崇“勇猛精进”，认为出家是真正的大丈夫的行为，说法也要像“狮子吼”，面对真理，不能怯懦。

对嗔恨的激情，佛教却大加贬低，认为嗔恨是三毒之一，会使人堕落地狱，所以最重要的就是消灭嗔恨。这种嗔恨是血气之勇的根源。

第八，哲人必定是讲究信誉、坚持正义、性格温和的人，而不是粗鲁暴戾的人。哲人超越了人世间的功名利禄、利害得失，他不会损人利己，没有比哲人更加可信的人。俗人之所以不可信主要就在于他关心个人的利害得失，会出尔反尔、反复无常。哲人的可信不是出于沽名钓誉，而是基于他的淡泊名利和高风亮节。他知道和珍视比世俗的物质利益更加宝贵的东西。同样，哲人的可信并不只是遵守诺言，而是对义的认识或者对真理的坚持。所谓“言不必信，行不必果，唯义所在”。哲人超出了世间的名利，达到了内心的正义和和谐。哲人不会自欺欺人，始终保持真诚。

根据色诺芬《回忆苏格拉底》的记载，在克里托布洛斯让苏格拉底把自己介绍给别人做朋友时，苏格拉底只是如实地介绍，丝毫没有溢美之词，他说：“我想当我称赞你的时候，我不能说任何一句不真实的话。”① 在他受到了不公正的判决被拘押期间，克里同试图劝说他逃跑，但是他认为必须首先进行理性的论证，证明逃跑是不是合乎法律，否则就不能逃跑。他认为一个正义的人无论在什么条件下，都绝对不能以恶抗恶，不能以非正义的行为反对非正义的行为。“一个人在任何情况下都不能作恶。”② 因此，色诺芬指出：“关于正义，苏格拉底

---

① 色诺芬：《回忆苏格拉底》，吴永泉译，商务印书馆，1984 年版，第 72 页。

② Plato. *The Collected Dialogues of Plato*. Edited by Edith Hamilton and Huntington Cairns. Princeton University Press，1963：49b，p34.

并不隐瞒自己的看法，而总是通过他的行为把自己的心意显示出来。在他的私人生活方面，他严格遵守法律并热情帮助别人；在公众生活方面，在法律所规定的一切事上他都服从首长的领导，无论是在国内或是从军远征，他都以严格遵守纪律而显著地高出于别人之上。”① 苏格拉底的性格也是非常温和的，这种温和不是天生的，而是因为学习哲学后，心灵获得了净化，达到了超然的表现。他的妻子性格粗野顽劣，经常和他大吵大闹，他人都难以忍受和理解，询问苏格拉底为什么还和她在一起，苏格拉底回答说，如果他能够和这样的人相处，那么他还不能和什么人相处呢。据说，苏格拉底在和人辩论时，对方因为辩论失败而恼羞成怒，打了他，苏格拉底并未还击，只是说：“他不知道该什么时候戴上面具从这里走出去了，他不知道怎么办才好了。”当然，这种温和并不是懦弱或者胆怯，其中自有庄重和威严。

对比孔子的教导，孔子特别强调信。“人而无信，不知其可也。大车无輗，小车无軏，其何以行之哉？”（《论语·为政》）因此孔子以文、行、忠、信作为“四教”。曾子也说：“吾日三省吾身——为人谋而不忠乎？与朋友交而不信乎？传不习乎？”（《论语·学而》）孔子也推崇正义。“君子喻于义，小人喻于利。”（《论语·里仁》）“君子义以为上。君子有勇而无义为乱，小人有勇而无义为盗。”（《论语·阳货》）孔子的性格则是“温而厉，威而不猛，恭而安”（《论语·述而》）。子贡认为孔子具有“温、良、恭、俭、让”的品德和性格。

---

① 色诺芬：《回忆苏格拉底》，吴永泉译，商务印书馆，1984 年版，第 161 页。

哲人必定聪明敏锐、记忆力强、过目不忘。人和人在学习方面的天赋确实是不同的。有的人善于学习，有的人不善于学习。哲人必须天生具有很高的理性能力。一个人如果很愚钝，理性学习能力不好，就不可能热爱学习，不可能从事哲学。苏格拉底在理性能力方面是超出常人的。他是一个天生的哲人。他善于学习各种知识，并且能够从学习中获得快乐。根据色诺芬的记载，苏格拉底认为："学习高尚和美好的事情，研究那些能以使人维护好自己的身体、治理好自己的家庭、有益于朋友和城邦，并且有制服敌人的本领——这一切不仅有益，而且还能产生最大的快乐。"① 这是苏格拉底能够实行辩证法和助产术的原因。如果没有这种超常的对知识学问的辨析能力，他是不可能进行辩证法对话的。

儒家非常重视学习。《论语》把"学而"放在第一篇。孔子也强调"学而时习之，不亦乐乎"。如果不能体会到学习之乐，就不可能具有很高的理性天赋。所以孔子的自我介绍就是："默而识之，学而不厌，诲人不倦，何有于我哉?"（《论语·述而》）孔子认为"文"的意思就是："敏而好学，不耻下问，是以谓之'文'也。"（《论语·公冶长》）孔子对于学生也强调必须善于举一反三，触类旁通。否则就不教授他。"不愤不启，不悱不发。举一隅不以三隅反，则不复也。"（《论语·述而》）

第九，哲人必定天性和谐、适度、平衡，因为适度和真理相关。适度就是合乎自然。哲人以合乎自然作为自己的唯一原则。哲人没有自己的主观性和个人性。因为中道就是以合乎自

---

① 色诺芬:《回忆苏格拉底》，吴永泉译，商务印书馆，1984 年版，第 172 页。

然为唯一原则。适度就是中道。哲人就是坚持中道的人。哲人不会做任何激进和极端的事情，也没有任何极端的思想和观点。他达到了节制、正义和和谐。可以说，苏格拉底的自知无知就是适度或者中道的体现。这种无知之知一方面解构了世俗的知识和意见，一方面又坚持了真理和知识的可能性。因此苏格拉底才能随时随地和自然、事实保持一致。通过和自然保持一致，苏格拉底消除了自我的执见和定见，达到了智慧的顶峰。

孔子也强调中道和适度的重要性，认为“过犹不及”。同时他也强调权变的重要性。因为适度和权变相关，“可与共学，未可与适道；可与适道，未可与立；可与立，未可与权”（《论语·子罕》）。他也看到了中庸之道的难得。“中庸之为德也，其至矣乎！民鲜久矣。”（《论语·雍也》）我们可以在狂狷之间寻求中道。“不得中行而与之，必也狂狷乎！狂者进取，狷者有所不为也。”（《论语·子路》）

以上是苏格拉底列举的哲人的九大品质。虽然这些论述似乎是随意的，也没有进行论证，容易被我们忽略，但是这些品质包含了哲人的本质和奥秘。其中的核心是对永恒存在和真理的追求。这种追求使哲人超出了人间世，达到了超世间的智慧。其他的品质或者德性都是从这个特点产生出来的。我们只有深入理解了哲人的这些品质和特点，才能发现哲人的本质。只有理解了“什么是哲人”，我们才能理解“什么是哲学”。我们应该从我国古代经典中寻找相似的观点来比较，这样对哲人的认识就能更加丰富，才能理解苏格拉底强调哲人永远只能是极少数人的原因，也才能克服现代以降对哲人的误解。可以说，现代性的错误就在于对哲学或者哲人的误解，尼采、海德格尔等人对哲学或者哲人的否定也是基于现代性的误解。回归对哲学和哲人的正确理解是我们克服现代性困境的关键。

（二）哲人的现实形象

苏格拉底描述的哲人的理想形象和哲人的现实形象相差太远。这遭到了阿得曼托斯的反驳，他提出了“哲人无用论”和“哲人坏蛋论”。阿得曼托斯指出，如果哲人真的如此优秀，为什么在现实国家中，哲人要么被看作是无用的，要么被看作是坏蛋。我们应该如何看待哲人的这种现实形象呢？这里体现了城邦和哲人的关系。苏格拉底分别回答了这两个问题。

1. 对“哲人无用论”的批判

苏格拉底首先用“船喻”解释了这种情况。在他看来，最优秀的人物和城邦的关系总是不愉快的。他把城邦比喻为船，把实际统治者比喻为船长，把野心家比喻为水手，把航海家比喻为哲人。航海家拥有航海知识，只有航海家才是真正的船长。但是没有人会重用航海家，船长和水手都不接受航海家。也就是说，哲学家无用是世人不重用哲学家造成的。同样，哲学家也不会为了被重用而卑躬屈膝，巴结权贵。因此哲人虽然有经天纬地之才，但他们却往往不见容于世，只能做隐士或者世外高人。“哲人无用论”体现的是哲人和城邦的疏离关系。

哲人和君主对于国家的目标有不同的看法，几乎不可能达成一致。一般统治者都是把霸业作为自己的目标，而哲人往往以王道、仁政作为政治理想，因此哲人的政治理想往往得不到认可，哲人也不得不远离政治。更有甚者，哲人的政治理想还可能触怒执政者，可能招致执政者的迫害。因此哲人和政治的关系往往是不愉快的。例如苏格拉底就始终坚持不参与政治事务。他的直接政治活动很少。他曾经以公民身份参加三次战役，在公元前 406 年曾经担任五百人会议法庭的主席，最后他受到美勒托等人的控告走上法庭。在《申辩》中，他自述他的“精灵”阻止他参与政治，如果他参与政治早就一命呜呼了。在《理想国》中，他指出，哲人只有在理想国中才有义务参与政治，在其他国家都不会参与政治。柏拉图本人也曾经三次去叙拉古，试图为之立法，但是都以失败告终。这也反映了哲人和现实政治的紧张关系。

我国的孔子、老子、孟子、庄子等圣人也不能见容于世。孔子 35 岁时，鲁昭公被鲁国掌权的三桓季孙氏、叔孙氏、孟孙氏击败，逃到齐国，孔子便离开鲁国到齐国。鲁定公九年，51 岁的孔子仕鲁，鲁国颇有起色，但是孔子与鲁公、季桓子等在道德与政见上的分歧难以弥合，孔子最终去鲁适卫。孔子率众弟子周游列国，辗转于卫、曹、宋、郑、陈、蔡、叶、楚等地，然而均未获重用。其间，在匡、宋、蒲等地，孔子一行多次被困遇险。孔子希望被重用，把自己比作待价而沽的商品。“沽之哉！沽之哉！我待贾者也!”（《论语·子罕》）但是孔子也绝不会为了被重用而违背自己的原则。“富而可求也，谁执鞭之士，吾亦为之。如不可求，从吾所好。”（《论语·述而》）所以孔子曾经发出了避世之叹：“道不行，乘桴浮于海。从我者，其由与?”（《论语·公冶长》）最终孔子弃政从文，认为从事教育就是从事政治。老子也看到了哲人和政治的紧张关系，自己的政治理想不能得到实现。“吾言甚易知，甚易行。天下莫能知，莫能行。言有宗，事有君。夫唯无知，是以不我知。知我者希，则我者贵。是以圣人被褐而怀玉。”（《道德经》第七十章）庄子也看到哲人和政治的紧张关系，不愿为了政治生活而放弃哲学生活。“庄子钓于濮水。楚王使大夫二人往先焉，曰：‘愿以境内累矣！’庄子持竿不顾，曰：‘吾闻楚有神龟，死已三千岁矣。王巾笥而藏之庙堂之上。此龟者，宁其死为留骨而贵乎？宁其生而曳尾于涂中乎？’二大夫曰：‘宁生而曳尾涂中。’庄子曰：‘往矣！吾将曳尾于涂中。’”（《庄子·秋水》）

2. 对“哲人坏蛋论”的批判

苏格拉底分析了哲人坏蛋论。哲学被误解的最大原因在于那些自称搞哲学的人败坏了哲学。他解释了哲人败坏的原因。他认为一个哲人的天赋是很难同时在一个人身上成长出来的，即使有也只能是极少数人。天赋优异之人始终是少数，这是大自然的法则。大多数人是平庸之辈。教育对一个天赋薄弱的人的影响是有限的。但是对于天赋出众的人的影响则是巨大的。这些天赋如果得到很好的教育，就会成为优异的品质；如果没有受到很好的教育，它们就会产生更坏的结果。他们对于国家或者个人的危害要远大于普通人。同样，一个天生的哲学家的成长过程也会受到巨大的干扰。人们看到他天资卓越，前途无量，于是都奉承他、巴结他、娇纵他，最后他变得妄自尊大、骄奢自满，不能听取他人的忠告和建议，最后变得败坏和堕落。或者，人们看到他走向了哲学之路，逐渐变得刚正不阿、无所畏忌，人们感到无法从他那里获得个人的私利，于是人们就会通过私人阴谋或者公开控告等手段阻止他、陷害他，这样他就不能从事哲学研究而败坏了。

在这些天生的哲人不能从事哲学后，那些天赋不适合学习哲学的“小人”就会乘虚而入，他们追求的是哲学中的名声和利益。他们只是学会了诡辩，没有任何知识。这样的人就是智者（sophists）。智者同样是天赋比较良好的人，但是他们并没有学习哲学的天赋，他们最终都成了颠倒是非、混淆黑白、能言善辩的演说家、诡辩家。他们善于掌控民众的心理和情绪，善于观察民众的喜好和意见，然后去迎合民众、操纵民众。民众喜欢的，他们就称为好的；民众不喜欢的，他们就称为坏的，他们根本不关心是非、善恶、对错。如果言辞不奏效，他们还会使用行动强加于人民，使用剥夺公民权、罚款和死刑等惩治不服从的人。智者窃取了哲人之名，损害了哲人的形象和名声。

哲人和智者是完全不同的。哲人一心追求真理，直到自己的理性和永恒不变的实体结合在一起，他的心灵才能停止追求。哲人的爱欲追求止于智慧和至善。在《会饮》中，柏拉图展示了这个过程和秘密。哲人的求知是为了灵魂净化和自我完善，而不是为了传授和获利。智者学习哲学是为了支配他人，为了获得财富和权力。哲人学习哲学是为了完善自己。当他真正获得了智慧后，就发现其实没有智慧可以传授，即使可以传授，也不是可以通过语言传达的。所以哲人才自称“无知”，他的唯一知识就是无知之知。也就是说，真正的知识是要学习者明心见性、回光返照才能获得的。相反，智者认为智慧可以通过语言传播，并且以传授他人美德和智慧自诩。他们心安理得地收取学费，获得名利。“君子学道则爱人，小人学道则易使也。”（《论语·阳货》）从表面上看，哲人和智者的最大差别在于是不是收取学费，但是实际上却是二者关于智慧的看法不同。哲人和智者很难区分，人们往往把智者等同于哲人，把智者的败坏看作是哲人的败坏，他们最终玷污了哲学的名声，使哲学成为不受欢迎的东西。

现代启蒙主义者类似于柏拉图批判的智者，现代哲学在一定意义上就是智者哲学。在现代社会中，智者赢得了哲人之名，哲学似乎成了受欢迎的角色，并试图承担拯救人类、造福人类的使命。现代哲学认为知识是可以传播的，可以最终建立起哲学的千年王国，实现全人类的幸福。但是这个哲学王国其实是智者的王国，其中学术服务于政治和欲望，科学技术成了意识形态，成为极权主义的帮凶。在哲学的意识形态化的过程中，哲学消失了。当代哲学中兴起了一个巨大的"为智者平反"的浪潮。我们应该捍卫苏格拉底和柏拉图的哲学事业，重新理解哲学生活的本质，为哲学生活的正当性进行辩护。

同样，在我国古典哲学中，智者非常类似于佞者。孔子讨厌那些佞者。"焉用佞？御人以口给，屡憎于人。不知其仁，焉用佞?"（《论语·公冶长》）这些佞者为了能够在论辩中打败对手，不惜颠倒黑白、混淆是非，根本不关心真理和事实。但是由于他们拥有极强的演说和论辩能力，他们的言辞具有很大的煽动性，能够很容易地控制和支配人民，他们对国家的危害是非常重大的。另一方面，因为孔子也到处劝说他人、教导他人，他似乎也被人看作是佞者。① 他认为自己的善辩是出于对佞者的厌恶。"非敢为佞也，疾固也。"（《论语·宪问》）孟子也是以"好辩"著称，但是孟子的好辩是为了真理和正义，而不是为了炫耀自己的言说术或者为了控制他人。所以孟子说："我亦欲正人心，息邪说，距诐行，放淫辞，以承三圣者。岂好辩哉，予不得已也。"（《孟子·滕文公下》）老子也指出，真理的言辞是朴实的、不华丽的，它不会为了说服人而采取华

---

① 同样，苏格拉底也往往被看作是智者。这是对哲人和智者的本质差异性缺乏认识的结果。

丽的言辞。那些善于论辩的人往往对真理一无所知。“信言不美，美言不信。善者不辩，辩者不善。知者不博，博者不知。”（《道德经》第八十一章）因为真理是离言绝相的，所以哲人也是“刚毅木讷”“大智如愚”的。

苏格拉底继续进行解释。剩下的学习哲学的人只有五种人。第一种是出身高贵又受过良好教育的人。他们处于流放之中，没有受到国家的腐蚀，能够学习哲学。第二种人天性卓越，又生活在一个狭小的国家中，他根本不关心政治，因此能够认真研究哲学。第三种人天性优异，自觉放弃低贱的职业和技艺，改行从事哲学。第四种人由于身体的缺陷或者病弱，不能参与政治，所以一直从事哲学。第五种人是苏格拉底式的人，他们从事哲学是出于神迹或者天意（by nature）。他们是少数人中的少数人。他们体验到了哲学的快乐和幸福，看到了政治民众的疯狂无知，知道在当前的城邦中没有什么是健康的，也没有人可以作为他的盟友来援助他们，就像一个人落入野兽群中。所谓“君子不党”。他们既不愿意参与作恶，也不能单枪匹马地对抗这些野兽，他们只能保持沉默，只求自己能够不沾染罪恶和不义，最后怀着善良的愿望和美好的期待离开这个世界。阿得曼托斯认为能够做到这一点也算不错了。

哲人的这种政治处境就是“穷则独善其身”。这样的哲人不是来自国家的培养，而是来自他们的自然理性，来自他们对真理和智慧的追求。他们自然地不喜欢功名利禄，不能在这些事物中感到满足和快乐。他们自然地产生了追求真理的冲动，并且能够最终在哲学真理中获得人性的最高完善。这样的哲人是天生的哲学家，他们擅长自我反思和自我教育。现实国家对他们没有任何功劳，所以他们不亏欠国家，没有为国家效力的义务。这样的国家对哲人是不友好的。哲人在这样的国家也是孤立的。在这样的国家中，哲人只能洁身自好，只能做隐士。“哲人做隐士”是常态。

我国就有长久的隐士传统。《论语》中就记载很多隐士，他们对孔子的政治活动并不感兴趣。孔子虽然在列国之间游走，谋求实现自己的政治抱负，但是他对隐士也是非常尊重和推崇的。《论语》中记载：“楚狂接舆歌而过孔子曰：‘凤兮！凤兮！何德之衰？往者不可谏，来者犹可追。已而，已而！今之从政者殆而！’孔子下，欲与之言。趋而辟之，不得与之言。”（《论语·微子》）在这样的国家中，哲人能够保持自己的纯洁和完美、全身而终就是最好不过的。曾子在临死时曰：“启予足！启予手！《诗》云：‘战战兢兢，如临深渊，如履薄冰。’而今而后，吾知免夫！小子！”（《论语·泰伯》）同样，老子哲学和庄子哲学更加是一种隐士哲学。老子描述了圣人的崇高气象：“古之善为道者，微妙玄通，深不可识。夫唯不可识，故强为之容：豫兮，若冬涉川；犹兮，若畏四邻；俨兮，其若客；涣兮，其若凌释；敦兮，其若朴；旷兮，其若谷；混兮，其若浊。”（《道德经》第十五章）在《庄子》中记载了很多仙风道骨、闲云野鹤般的隐士或者真人。例如在《逍遥游》中，庄子借接舆之口说：“藐姑射之山，有神人居焉，肌肤若冰雪，绰约若处子。不食五谷，吸风饮露，乘云气，御飞龙，而游乎四海之外。其神凝，使物不疵疠而年谷熟。”（《庄子·逍遥游》）他们描述的这种隐士之美好使人产生了出世想象和强烈的出世冲动，对中国士人产生了巨大影响。在佛教中，小乘佛教大多接近于出世的隐士。小乘阿罗汉的境界就是追求个人的出世和解脱，而大乘佛教强调“兼济天下”“普度众生”

的重要性。

同样，苏格拉底认为这种“独善其身”的层次和境界并不是最高的、最好的。最好的境界是哲学家获得了充分的成长，并且能够保护自己和国家的利益。所以苏格拉底构想了一个哲人王统治的理想国。在这个理想国中，所有人的自然天性都能够获得最大限度的完善，这就是“成其所是”。每个人的自我实现就是成为自己的天性所允许的那种人，而不是违反自己的自然天性。每个人都能够在国家中获得适合自己天性自然的工作岗位。这就是各得其所、各尽其能、各安其位。任何人都只擅长做一种工作，从事这个工作职位是实现他的自然的唯一方式。每个人的自然只有在政治社会中才能从潜能变为现实。没有政治国家，个人的自然只能处于潜能状态。可见政治国家对于个人的自然的实现是必不可少的。因为只有哲人才能够准确发现每个人的自然潜能，并且帮助每个人实现自己的自然，所以只有在哲人王统治的理想国中，全体人民才能达到普遍的正义和幸福。在理想国中，不但哲人达到了最高的自我完善，每个人也都在哲人的指导和教育下获得了自我实现。可以说，理想国的状态就是“达则兼济天下”。

苏格拉底同样具有这种“兼济天下”的大乘菩萨道精神。他虽然并不承担统治国家的责任，但他仍然尽可能地完善自己的国家。在《申辩》中，他把自己比作牛虻，不停地叮咬身边的公民，希望他们能够觉醒起来，提升国家的道德精神。他看到，在希腊民主化的过程中，希腊精神正在逐渐衰落，他以这种教育方式承担了对国家的义务。但是他的这种工作并未得到认可，这最终成为他被判死刑的原因。因此苏格拉底虽然强调哲人的“明哲保身”，但他更加具有哲人“兼济天下”“普度众生”的精神性。同样，孔子也是如此。他的一生颠沛流离，他的政治理想几乎不能得到认同，但他始终在为自己的政治理想奋斗。他把自己的这种生活状态定义为“知其不可为而为之”。因为他看到了自然的真理，体验到了人性的最高完善和幸福，他希望把这种人生智慧扩展到整个国家中，希望所有人都能够实现自己的自然天性。但是这种政治智慧不能得到现实国家的认可，因而始终不能得到实现。大乘佛教也坚持类似的理想。菩萨道就是自度度人、自利利他的。大乘佛教认为“发菩提心”对自我的解脱是至关重要的。一个只关心自己解脱的人是不可能有很高成就的。一个人的解脱只有和其他众生的解脱结合起来，才有可能实现。

在苏格拉底看来，现行的国家制度没有一个适合哲学家的培养和成长。它们既不关心也不鼓励哲人的成长，对哲学持不友好的态度。当前的哲学研究方式是一个人在少年时研究哲学，但在学习辩证法推理时就放弃了学习，但他却仍然认为自己已经学习了哲学，是一个哲学家了。于是，他们就满足于听听他人的哲学辩论，哲学成了消遣娱乐的活动。哲学因为这种制度而败坏，一些天生适合学习哲学的人没有机会学习哲学，而一些不适合学习哲学的人则混入哲学圈，试图从中获得好处，最终败坏了他自己和哲学本身。相反，如果哲学能够在一个理想的国家中受到公正的对待，能够建立恰当的教育和选拔机制，那么天生的哲人将来能够成长为真正的哲人。这于国于民都是最重要的。

苏格拉底设想的学习哲学的步骤是：在年少时，学习适合儿童学习的内容；在成人后，要注意身体健康，为哲学研究准备好条件；在灵魂达到成熟阶段后，加强对心灵的锻炼；在身体衰老后，就摆脱政治军事工作，专门从事哲学研究。如果一个哲人能够统治国家，那么他就能够利用自己的智慧使国家尽可能达到完善。这无疑将是人类能够建立起来的最好的国家。

这样的哲学就确实是“神物”（Holy）。这样的哲人就接近于神人。和哲学相比，其他一切都只不过是人事，而人事是微不足道的。可以说，成为哲人是最美好的人生理想，没有什么比成为哲人更加神圣和重要的了。我们应该尽可能使自己变得神圣，摆脱狭隘的、低贱的世俗气息。和哲学相比，诸神不是神圣的。在《斐德罗》中，苏格拉底也表示，诸神也只有在对神圣的理念世界的观照中才能获得纯洁和神圣。在苏格拉底的头脑中，只有哲学才配得“神圣”（Holy）之名。相比之下，我们现代人对于哲学的理解都太过于世俗化了，我们都在世俗含义上理解哲学，只是把哲学看作是各种学科中的一种。我们很少把哲学和人格塑造结合起来，更很少把哲学和神圣结合起来。如果我们只是这样理解哲学，我们就不能理解苏格拉底和柏拉图的哲学观。我们应该认真对待苏格拉底和柏拉图的哲学观，理解他们如此设想哲学的意义和意图。

阿得曼托斯认为苏格拉底的这种设想根本不可能被接受，尤其是色拉叙马霍斯之类的人。苏格拉底要求不要再挑起他和色拉叙马霍斯的冲突了，“他们刚刚交了朋友”（498d）。我们可以说，这是柏拉图对哲人和僭主的结合的暗示。按照阿尔法拉比的解释，这就是苏格拉底的方式和柏拉图的方式的区别所在。苏格拉底是完全非暴力的和非政治的，他无能处理和非哲人的关系。而色拉叙马霍斯却是善于和非哲人打交道的，他是完全政治化的。只有完全非政治化的人和完全政治化的人的结合，才能建立理想国。哲人更加适合的角色就是“帝王师”。但哲人和僭主的联合不适合公开宣讲。所以苏格拉底立刻跳过了这个问题。柏拉图也没有公开地宣扬这种结合。这就是所谓的“实与而文不与”。但哲人和僭主的结合是脆弱的，哲人几乎无法说服僭主或者强人。

接下来，苏格拉底讨论如何改变民众对哲人的看法。民众之所以难以被说服，是因为他们从来没有看到过哲人统治的城邦，他们更多看到的是现实的拙劣的城邦。苏格拉底认为我们应该告诉他们真正的哲学家是什么样子的，消除他们对哲学的厌恶。只要和风细雨、潜移默化地教育民众，他们就一定会改变对哲学家的看法。因此我们必须澄清哲人和智者的区别，不要把智者当作哲人。民众对哲学的厌恶来自智者对哲学的败坏。智者们到处都在相互争论，经常进行人身攻击。他们只在乎自己是不是能够战胜对手，而不在乎真理、是非善恶。但是真正的哲学家专心致志于真实存在，无暇关注琐碎人事，更不会和他人争吵。他的注意力放在永恒不变的理性事物上，并且尽力模仿它们，使自己尽可能变得有秩序和神圣。当哲学家把在彼岸世界看到的原型施加到国家和个人身上而去塑造它们时，他就仿佛是一个塑造节制、正义等美德的杰出工匠。哲学家对城邦和人民的塑造就像是绘画。人民的天性就是他的画板，他要先把画板擦干净，对人性进行净化。然后哲人勾画一幅政治制度的草图，接着对细节进行充实和润色，最后不断进行完善，直到达到至善完美的境界。可以说，哲人就是这种“制度画家”。在哲人的统治下，国家和人民就能获得真正的正义和幸福。如果民众相信关于哲学家的这些看法，他们就不会粗暴地对待哲学家。他们知道了哲学家的意图和方法后，肯定会心甘情愿地接受他的统治。苏格拉底指出，这样的哲学家不必很多，一个就足够了。由此可见，人民和哲人不是敌对关系，哲人和诗人、哲人和智者才是真正的敌对关系。诗人和智者才是哲人的真正敌人。说服他们比说服民众要困难得多。

（三）哲人的教育（505a 以下）

对哲人的教育不同于对护卫者的教育，对护卫者的教育虽然也是精英教育，但这种教育还没有学习辩证法，仍然是基础教育。辩证法的学习才是“最大的学习”。哲学学习的核心内容和最高层次就是辩证法。可以说哲人的教育是精英教育中的精英教育。

1. 哲人的认识对象——善的理念

为了继续揭示哲人的真相，苏格拉底开始讨论哲人的学习和教育问题。他认为最大的知识是关于善的理念的知识，最大的学习就是关于善的理念的学习。“善的理念是最大的知识问题，关于正义等的知识只有从它演绎出来的才是有用和有益的。现在我差不多深信你知道，这就是我所要论述的，你也听我说过，关于善的理念我们知道得很少；如果我们不知道它，那么别的知识再多对我们也没有任何益处，正如别的东西，虽拥有而不拥有其善者，于我们无益一样。或如我们拥有一切而不拥有其善者，你认为这有什么益处呢？或者懂得别的一切而不懂美者和善者，这有什么益处呢？”（505a）一方面，苏格拉底的这段话告诉我们，至善的知识是最重要的，其他一切知识都低于善的知识。哲学首先和根本上是关于至善的认识。其他知识只有在哲学的至善知识的引导下，才能真正具有价值和意义。对于这种观点，在《斐多》中，苏格拉底表明，他曾经陷入深刻的精神危机，他怀疑传统观念，但新的哲学也不能使他满意。他认识到至善才是世界的原因，用其他观点解释世界是不恰当的。在《蒂迈欧》中，柏拉图则把造物主作为至善的代表和象征，宇宙的创造和运行都是按照至善理念安排的，所以这是一个最好的宇宙。

另一方面，苏格拉底表明，人们关于善的知识知之甚少。这种知之甚少并不是说至善是不可知的，而是说认识至善是非常困难的。哲学是对至善的纯粹理性直观。这种理性直观的知识是离言绝相、不可言说的。所以至善知识是非概念性的、超语言的，至善知识不是科学意义上的概念知识。因此哲学关于至善的知识就是无法被普及和传达的。这是关于至善的知识的特有的“困难”。而科学是概念性的知识，这种知识是相对清晰和明确的，也是可以被表达和传授的。现代性以来的基本立场就是哲学不再把至善作为自己的根本问题，而把为现代科学奠基作为根本问题。这样一来，哲学成为科学的奴仆，哲学就不能引导科学，最终现代科学也抛弃了哲学。这种堕落使现代哲学和现代科学成为政治意识形态的组成部分，把功利主义作为自己的唯一目标，把功利或者享乐作为至善的替代物。

苏格拉底又指出：“每一个灵魂都在追求善，都把它作为自己全部行动的目标。人们直觉到它的确实存在，但又对此没有把握；因为他们不能充分了解善究竟是什么，不能确立起对善的稳固的信念，像对别的事物那样。”（505e）我们可以作如下理解。首先，他明确表达了性善论的思想。他把人的动机和意图作为理解人性的根本法则，而不是单纯通过外在行为认识人性。在他看来，只有把握了人的动机和意图，才是对人性的真正的认识。人的外在行为可能是卑劣的，但是他的动机仍然可能是善的。这就是“透过现象看本质”。这种考察方式体现了苏格拉底的理性主义乐观主义的思维方式。这种考察人性的方式是我们应该认真学习和继承的。现代性以来的人性论的基本倾向就是不再按照人的动机理解人的本性，不再按照善的理念来理解人性。我们应该再次回到苏格拉底的这种基本考察方式上来。其次，人在善的问题上是无知的。虽然人们的本性是追求善，也直觉到善的存在，但是人们对善的认识却并不是确定的。我们对于善的认识是非常困难的。因为对善的认识需要理性的直观，理性的直观只有在我们扬弃了一切概念性知识和摆脱了肉体感官干扰之后才能达到。因此，能够看到至善本身的人只能是极少数的哲人，大多数人只认识和追求善的影像。哲人认识到了至善本身，他获得了最高的智慧和幸福，而俗人只认识和追求善的影像，他们的生活充满了痛苦和不幸。

苏格拉底接下来指出，人们在善的问题上莫衷一是、众说纷纭。有的人认为善是快乐，有的人认为善是知识。但什么是快乐或者知识，他们却含糊不清。善是快乐的观点类似于伊壁鸠鲁主义的观点，也是后来功利主义的基本原则。善是知识的观点类似于斯多亚派的观点，其把德性看得比快乐更重要。但是他们把快乐和知识分开是不对的。不论把善理解为快乐还是知识，都是不全面的。在《斐莱布》中，苏格拉底探讨了善是快乐还是知识的问题，他认为善是快乐和知识的结合。知识必然带来快乐，真实的快乐必然来自知识。康德也坚持至善是德性和幸福的结合，缺乏任何一个方面都不是至善。但是康德认为这种结合在现世是非常困难的，人们只能把至善作为来世的信仰的对象。康德之所以求助于信仰，原因在于他否定了理性直观的可能性，否定了至善可以通过理性直观认识的可能性。

苏格拉底和柏拉图则肯定了理性直观的可能性，他们不需要借助于信仰作为理性的补充。康德仍然没有摆脱基督教的思维方式，没有达到古典哲学的层次。

格劳孔要求苏格拉底谈谈自己的观点。苏格拉底表示自己没有能力对善进行解释。这当然不是说苏格拉底对至善没有认识和证悟。根本原因在于，善是无相无形的，善是离言绝相、言语道断的，善是无思无为的。我们无法对善进行语言和概念的解释和描述。对善的一切描述和呈现都是象征性的、中介性的。如果我们不能亲自直观到善本身，这种对善本身的描述就是没有意义的。所谓“如人饮水，冷暖自知”。只有我们亲自看到善本身，我们才能成为哲人。哲人教育的根本目标就是看到善的理念，也就是“见道”或者“得道”。

苏格拉底表示可以通过三个比喻来说明关于善本身的理解。这种比喻的方式可以说是对至善理念的“诗意呈现”。比喻的方式就是以熟悉的事物说明不熟悉的事物。比喻的方式虽然不是对对象的直接揭示，但是我们可以借此使对象得到一定程度的显现。柏拉图大量使用这种比喻的方式，例如在《会饮》《斐德罗》等对话中。这种方式是哲学的必要补充。如果没有诗意的、比喻的方式，哲人对最高实在的解释就会十分困难。就此而言，智慧是最为丰富的，但是智慧也是非常贫乏的，所谓“大智如愚”。

（1）太阳喻

苏格拉底认为自己探讨“善的儿子”更加合适，这个“善的儿子”就是我们可见世界的太阳。“善在可见世界中所产生的儿子——那个很像它的东西——所指的就是太阳。太阳跟视觉和可见事物的关系，正好像可理知世界里面善本身跟理智和可理知事物的关系一样。”（508c）我们知道，太阳照亮了可见世界，使我们的视觉能够看到事物。否则，再明亮的眼睛也无能为力。同样，善的功能和作用就像可见世界的太阳那样，善的理念照亮了理念世界，使得理念世界能够被认识。至善不但对于认识对象，对于认识主体也是先决性条件。“这个给予知识的对象以真理给予知识的主体以认识能力的东西，就是善的理念。它乃是知识和认识中的真理的原因。真理和知识都是美的，但善的理念比这二者更美——你承认这一点是不会错的。正如我们前面的比喻可以把光和视觉看成好像太阳而不就是太阳一样，在这里我们也可以把真理和知识看成好像善，但是却不能把它们看成就是善。善是更可敬得多的。”（509a）

对于苏格拉底的这个比喻，我们可以作如下理解：

第一，作为认识对象的理念是善的理念决定的。至善是纯粹的光明。至善之光使一切理念都得以敞开自身，具有了可知性。一切理念的本质都是完美性，这种完美性就是善本身。善的理念是一切理念的共同本质。一切理念中都有善的理念。善的理念是最普遍的理念，一切理念最终都回归到善的理念之中。所谓“一是一切，一切是一”。在善的太阳的照亮下，各个理念才能够被灵魂的眼睛看到，成为可知的对象。理念的可知性来自至善理念。这意味着对一切理念的认识都是对至善本身的认识。我们必须把一切认识活动和目的最终都回溯到对至善本身的认识。只有达到对至善本身的认识才是获得了知识或者智慧。现象是对理念的分有和模仿，是不完全真实和完善的，对现象的认识不可能达到智慧。理念才是我们的真实的认识对象，现象不能成为严格意义上的认识对象。

第二，人的理性认识能力也是善的理念赋予的。认识能力就像是视觉一样，如果没有太阳光，眼睛就不可能看见任何事物。如果没有善的理念的照亮，人的理性认识能力就会变成“精神的瞎子”。“人的灵魂就好像眼睛一样。当他注视被真理与实在所照耀的对象时，它便能知道它们，了解它们，显然是有了理智。但是，当它转而去看那暗淡的生灭世界时，它便只有意见了，模糊起来了，只有变动不定的意见了，又显得好像是没有理智了。”（508d）灵魂的本质就是理性，理性的本质就是直观，在灵魂中的纯粹理性本身就是至善。对至善的认识需要灵魂获得净化，使理性从欲望和情感的束缚中解脱出来。人的灵魂越是获得了理性的净化，理性的认识能力就越强大，也就越能够直观至善本身。人的灵魂只有时刻关注善和真实，才能变得富有理性，否则灵魂习惯于关注善的影像，就逐渐变得丧失了理性。因此至善和理智是一回事。

第三，其他理念只有合乎善的理念才是有益的。只有在我们把握了善的科学知识之后，其他科学知识才是有意义的。正义的理念依赖于善的理念，善决定了正义。因为正义就是合乎自然。善就是自然的实现。我们如果没有对自然的认识和实现，就没有绝对意义上的正义。“一个人如果不知道正义和美怎样才是善，他就没有足够的资格做正义和美的护卫者。我揣测，没有一个人在知道善之前能足够地知道正义和美。”（506a）所以对善的认识是至关重要的。真正的科学是关于善的科学，真正的智慧是关于善的智慧。人类的科学知识应该把认识至善置于首要的地位。哲人必须对善具有完全的知识。哲人就是认识了善本身的人。在柏拉图理念论中，真善美是统一的。

第四，善的理念决定了美的理念，美的理念从属于善的理念，只有善的才是美的。美是善的外观和形象。善必定采取美的形象，美的形象必定内含着善。美和善是同一的，美是善的感性显现。善的一定是美的，不美的就是不善的，不善之美也不是美。认为善的理念和美的理念是无关的，或者认为善的理念从属于美的理念，都是错误的。美的理念之所以比其他理念具有优先性，在于美是可以感觉的对象，是引导我们进入理念世界的最方便的入口。柏拉图在《斐德罗》中指出："因为只有美注定了最能向感官显示，并且最为感官所爱。"① 对美的认识不是个人的主观感觉行为，而是纯粹理智行为。审美判断并不是感官判断，而是理智判断。作为理智判断，柏拉图把美的标准诉诸美的理念本身，而不是任何个人的主观感觉和判断，这样就达到了科学的精确性和严格性。正如苏格拉底在《斐多》中指出的："如果有人告诉我，一个对象所以美的原因是它有华丽的色彩或形状或任何其他这样的属性，我会蔑视所有这些解释，它们都混乱不堪，我将简单地直接地无疑是愚蠢地坚持这种解释，即美的对象之所以美在于绝对的美本身存在于其中，和它相关联，不论这种联系以何种方式出现。"②

总而言之，善是纯粹的光明，是构成理念世界的最高原则。善统摄诸理念，善是理念中的理念，是诸理念之王。善的地位和能力远远高于一切其他理念。"知识的对象不仅从善得到它们的可知性，而且从善得到它们自己的存在和实在，虽然善本身不是实在，而是在地位和能力上都高于实在的东西。"（509b）各种理念都分有善，因为按照理念的本质，每个理念

① Plato. *The Collected Dialogues of Plato*. Edited by Edith Hamilton and Huntington Cairns. Princeton University Press，1963：254d，p497.

② Ibid. 100d，p81.

都是绝对完美之物，而善是完美本身，因此一切其他理念只有分有善才是完美的。至善是现象世界和理念世界的共同本原。因为这个共同的本原，真和美才是可能的。在真善美的关系上，柏拉图认为善决定了美和真的理念。

但是现代哲学认识论却不再把至善作为认识可能性的前提条件。现代哲学认识论区分了主体和客体，然后陷入了主体和客体如何达到一致的困境。在柏拉图看来，至善是一切认识得以可能的条件。至善是认识主体和认识客体的共同本原。在这个共同本原中，根本不存在认识主体和认识客体的分离问题，不存在这种二元论困境的问题。只有在我们遗忘了至善本身之后，二元论困境才得以出现。因此我们在讨论“认识如何可能”的时候，我们都必须首先关注至善本身。没有至善，我们对世界的认识就是不可能的。善的理念决定真的问题。善高于真。没有善就没有真。离开了善本身，就没有真正的认识活动。认识的主体和客体的同一性只有在至善条件下才是可能的。至善和知识是同一性的。真正的认识就是对至善的认识。对一切其他事物的认识只有从属于对至善的认识才是正确的。

（2）线段喻

接下来，苏格拉底用线段喻说明善的理念。线段喻也同样分为认识对象和认识主体两个方面。在认识对象方面，他首先把线段分为可知部分和可见部分。可见部分又分为影像部分和实物部分，可知部分分为几何学理念和纯粹理念。这样认识对象就被分为四个等级。

苏格拉底特别对几何学理念和纯粹理念的差别进行了说明。他认为几何学、算学等是从一些假设开始的，并且需要把这些假设看成已知的，不需要对它们做任何说明。从这些假设出发，通过首尾一贯的推理，最后达到结论。虽然人们利用各种可见的图形，讨论它们，但是他们思考的实际上是这些图形所模仿的那些东西。他们所作的图形乃是实物，但是他们又把这些东西当作影像，他们实际要看到的是只有用思想才能“看到”的那些实在。因此数学研究的特点在于必须要用假设，人们不能超出这些假设，不能向上达到原理本身。在研究过程中，人们还必须利用实物作为影像。

关于纯粹理念的知识是理性凭着辩证法而达到的那种知识。在这里，假设仅仅被用作一定阶段的起点，以便从这个起点一直上升到高于假设的世界，上升到绝对原理。在达到绝对原理之后，我们又回过头来把握那些以绝对原理为根据提出来的东西，最后下降到结论。在这过程中，我们不使用任何感性事物，而只使用理念，从一个理念到另一个理念，并且最后归结到理念。在此，苏格拉底没有对这种理念知识的辩证法进行充分说明。在《巴门尼德》中，柏拉图对于这种完备辩证法进行了充分的展示。这种辩证法最终包含了对自身的扬弃，从而达到理性直观的最高阶段。

苏格拉底对认识对象的四个等级的划分是按照真实性程度区分的。影像的真实性是最低的，实物的真实性位居其次，几何学理念的实在性又高一些，纯粹理念的真实性是最高的。我们看到，数学理念和纯粹理念的差别就类似于科学和哲学的差别。

第一，科学是对事物的规律性的认识，事物的规律性确实比任何具体事物更加真实。规律控制着事物的变化和存在。但是任何规律都是某种事物的规律，随着该事物的消失，规律也会消失。从这个意义上看，规律的真实性仍然是有限的。而纯粹理念则是绝对的真实性，没有任何的依赖性。即使一切具体事物都消失了，纯粹理念的存在也不会受到影响。而善的理念的真实性又是一切理念中最高的。即使一切理念都消失了，善的理念也不会消失。这体现了柏拉图的彻底理性主义的思维方式和立场。

第二，这里还提出了数学方法和哲学方法的差异。数学方法借助于假设和图像。数学原理把握的对象仍然是有限的，仍然是“多”。哲学辩证法则要求扬弃“多”，超越一切感性事物的有限性，从假设上升到“绝对原理”，这个绝对原理应该就是“一是一切，一切是一”。任何一个个体事物的存在都以所有事物的存在为前提条件，任何一个事物都包含了所有事物的信息，各种事物虽然是差异性的，但是它们也都共同组成了自然整体性之“一”。纯粹理性的认识就是超出可见事物的差异性，达到差异性中的同一性。这种同一性也就是至善本身。在对这种同一性的至善的直观觉知中，哲人的灵魂逐渐超出了可见事物的差异性，达到了无差别的同一性的真理。这种绝对真理使哲人获得了绝对安宁和超然。在这种绝对安宁和超然中，哲人体验到最深沉的幸福和喜悦。在这种超然的喜悦中，哲人就能够无我地、自然地对待一切事物，使一切事物成其所是、各得其所。“成己成物”“参天地之化育”。因此哲人没有任何方法、没有任何立场。“法无定法。”他完全以善本身作为自己的基本原则和立场，随时随地改变自己的具体观点和立场。这就是从绝对原理下降到具体事物的含义。这意味着哲学辩证法是通过概念思辨的彻底化，扬弃一切理念和概念，最终达到对善本身的理性直观。

接下来，苏格拉底也把主体灵魂认识能力划分为四种。这种划分与对认识对象的划分是一致的。最高认识能力是理性(intellection/reason)，相当于可知世界的纯粹理念的认识对象。第二种认识能力是理智（thought/understanding)，对应于可知世界的几何学理念的认识对象。第三种认识能力是信念(trust)，对应于可见世界的实物对象。第四种认识能力是想象(imagination)，对应于可见世界的影像对象。

四种认识能力也同样对应不同程度的真实性。理性的真实性是最高的，想象的真实性是最低的。理性具有最高的真实性，理智或者知性次之，信念的真实性又低于理智或者知性。这里的“信念”对应的应该是感觉、感知。感觉并不具有很高真实性。一般都认为“眼见为实”“信以为真”，这就是把感觉和信念联系起来的表现，也就是对感觉的真实性的信念。普罗泰戈拉在说“人是万物的尺度”时，就是在推崇感觉的真实性。但是哲人不承认感觉的真实性，认为感觉认识是粗糙的、模糊的，感觉认识的对象也是转瞬即逝、变动不居的。而变化和不真实性相关。相反，纯粹理性具有最高的真实性。理性本身是不变的，至善存在本身也是不变的。纯粹理性只是单纯的静观觉知，这种静观觉知独立于一切感觉和现象。在亚里士多德哲学中，理性本身是最高的、不动的，理性本身被看作是“神”。

线段喻的含义就是指出善本身和理性的最高性和真实性。善本身处于理念世界的顶峰，它不仅属于理念世界，而且属于一切世界。理性必须从可见世界上升到可知世界，再从可知世界上升到至善本身。理性和至善是一回事。理性就是对至善的直观认识，理性只有在对至善的直观中才能完全实现。理性对至善的直观也就是灵魂的净化，即理性从欲望和情感中解脱出来。因此至善就是理性，理性就是至善，二者是一个东西。

（3）洞穴喻

在第七卷，苏格拉底提出了洞穴喻。所有人都生活在洞穴中，洞穴的本质是封闭性的。从政治生活的角度看，洞穴比喻政治世界，举着火把的人比喻政治家、诗人和智者，被囚禁者比喻人民，火光中的影像比喻政治事物，火光比喻至善之光或者真理之光，锁链比喻他们头脑中的政治、法律、道德观念。政治家、诗人和智者是政治洞穴的支配者、操纵者，人民是无法认识事物的真相的，他们把事物的影像看作是事物本身。大多数人一生都生活在这种虚假的洞穴中，从来没有看到事物的真相。只有哲人在摆脱了政治观念的束缚之后，才能认识到事实真相。

从哲学形而上学的角度看，洞穴世界比喻可见世界。举着火把的人比喻肉体和感官，被囚禁者比喻灵魂，影像比喻可见事物，火光比喻太阳光。这意味着灵魂对事物的认识都是受到肉体的限制和欺骗的。只有灵魂在摆脱肉体的限制后，才能认识事物的真相即理念世界。

不论是政治洞穴还是肉身洞穴，柏拉图的这个比喻都是非常深刻的。洞穴是人类的基本处境，所有人都首先处于洞穴之中，对真相的认识都需要通过对洞穴的超越。在这两种理解中，“政治的理解”是“哲学的理解”的基础和前提。政治是哲学的母体。政治也是我们认识一切事物的出发点。只有通过对政治人事的认识，我们才能最终上升到至善、天道的认识。不理解政治，也就不能理解哲学。

在指出了人类的洞穴处境之后，苏格拉底探讨了哲人的上升之路和下降之路，也就是哲人如何超出洞穴和如何返回洞穴的问题。这也是《理想国》的核心问题，即哲人的生成问题。如果没有这种对洞穴的超越和返回，我们就无法理解这个比喻的深刻含义。

第一阶段：哲人的上升之路

苏格拉底指出，总会有个人偶然地摆脱了锁链的束缚，能够自由地活动，他会发现自己看到的只是影像，然后他会看到火光，最终他会沿着光明之路走出洞穴，看到真实的太阳。在看到真实世界之际，他首先会不习惯，感到痛苦。他需要首先学习观看阴影，其次学习观看倒影，再次在夜里观看天象、月光和星光，最后再观看太阳本身。

这里的“太阳”就是至善本身。善本身是宇宙世界的最终实相。一切都是善的影像和显现。至善是最真实的，也是最美的。“无论如何，我觉得，在可知世界中最后看见的，而且是要花很大的努力才能最后看见的东西乃是善的理念。我们一旦看见了它，就必定能得出下述结论：它的确就是一切事物中一切正确者和美者的原因，就是可见世界中创造光和光源者，在可理知世界中它本身就是真理和理性的决定性源泉。”（517b）我们总是迷失在善的影像中，而忘记了真实的善本身。哲人和俗人的区别就在于，哲人追求和看到善本身，而俗人追求善的影像。智慧就在于看到善本身。看到善本身是非常困难的，需要付出巨大的努力，但仍然是可能的。因此柏拉图始终认为只有极少数人能够成为哲人。因为我们都习惯使用感官认识，而不习惯使用理性认识。感官只能认识善的影像，只有纯粹理性才能认识善本身。我们不能因为善本身的难以认识，就否定了人的理性认识能力。不可知论的错误就在于其认为大多数人做不到的，就是所有人都做不到的。而柏拉图区分了哲人和俗人，指出大多数俗人做不到的，极少数哲人却可以做到。

柏拉图哲学的顶峰就是对至善本身的理性直观。我们学习哲学的最终目的就是看到至善本身。看到至善本身的回报也是巨大的，那就是无上的快乐、安宁和满足，哲人的爱欲获得了终极性的满足。在《会饮》中，苏格拉底对此进行了鲜明的揭示。我们的爱欲总是追求善，但是因为无知，我们总是追求善的影像，而不是追求善本身。我们的爱欲不可能在善的影像中获得终极满足，所以我们在一生中总是感到不满足。歌德塑造的浮士德就是这种人的代表。他的生活就是不停地追逐各种目标，他无法也不能让自己的爱欲停息下来。只有在临死的幻觉中，他的爱欲才能感到一点点满足，但是这种爱欲的满足却是他的死期的到来。所以我们应该努力成为哲人，这样我们的人性才能获得最大的实现。只有爱欲获得真正满足的人才能发起菩提心和慈悲心，才能真正地自度度人、自利利他，才能进行真正的政治活动。

苏格拉底也看到，爱欲获得终极满足的哲人对于洞穴中的政治生活会感到索然无味，他们对功名利禄、荣华富贵都不感兴趣。“那些已达到这一高度的人不愿意做那些琐碎俗事，他们的心灵永远渴望逗留在高处的真实之境。”（517d）因此，苏格拉底指出，哲人不愿回到洞穴。他如果回到洞穴，会感到很不习惯。哲人说的话也不会被人民接受，人民甚至会把他抓起来处死。所以，在现实城邦中，哲人最好明哲保身做隐士，否则就可能死于非命。

苏格拉底的这段话反映了哲人和民众的冲突。哲人和民众的冲突也就是智慧和无知的冲突。民众不能真正理解哲人，民众只能按照自己的观念来理解哲人，他们会误解哲人。“庸人眼中无英雄。”这种冲突是无法消除的，我们不可能使所有人都成为哲人。最好的办法就是哲人必须善于明哲保身，尽可能隐藏自己的智慧，不和民众发生冲突。当然，哲人真正拥有智慧后，就会发现其实没有智慧可得。因为智慧是对至善实相的直观认识，当至善实相呈现出来之际，所谓的智慧就消失了，故“无智亦无得”。我们如果认为还有智慧可得，就仍然是没有智慧。苏格拉底认为自己没有智慧，这恰恰是他获得了最高智慧的表现。

接下来，苏格拉底指出，我们如果要看到善本身，就必须进行灵魂的转向，也就是灵魂的净化。“知识是每个人灵魂里都有的一种能力，而每个人用以学习的器官就像眼睛——整个身体不改变方向，眼睛是无法离开黑暗转向光明的。同样，作为整体的灵魂必须转离变化世界，直至它的‘眼睛’得以正面观看实在，观看所有实在中最明亮者，即我们所说的善者。”(518c) 这种灵魂的转向包含了两个方面。一方面是从变化的洞穴世界转向不变的实在世界。现象事物总是变动不居的，我们不可能对它们有真理性的认识。对现象的认识只能得到意见。要获得知识，我们就必须从可见世界转向可知世界，从“多”转向“一”。只有对善之“一”的认识才是最高的真理。另一方面，这种灵魂的转向也是从感性认识转向理性认识。我们习惯于使用感官认识，但是要获得真理，我们就必须转向使用理性认识。感性认识只是理性认识的初级的、低级的形式。只有在我们能够正确使用理性认识时，至善实相才会显现出来，我们才能获得知识和真理。而真理或者知识就在我们心中，知识并非从外部灌输进来的。这也是“回忆说”的基本含义。认识就是回忆，回忆就是向我们内心世界，而不是去心外寻找真理。理念实相本来就存在于我们灵魂之中。只是在我们出生后由于肉体的污染，我们逐渐忘记了理念实相，因此灵魂才只知道关注外部事物，最终迷陷无知和愚昧。虽然每个人的心中都存在理念和真理，但是这种知识只是潜在的，只有哲人才能把这种潜在的真理转变为现实的真理。只有哲人具备了超出常人的天赋才能，他能够把灵魂的眼光从变化的洞穴世界转向不变的实在世界，从感性认识转向理性认识，最终能够发现真理。所以我们要获得真理和快乐，就必须“返身而诚”“明心见性”“回光返照”，消除肉体和欲望的污染和干扰，使灵魂获得理性的净化，这样才能发现心中的真理。这里的观点和《斐德罗》《美诺》等的观点是一致的。

苏格拉底进一步说明了灵魂本身的视力或者理性直观的问题。他认为灵魂本身就具有视力。“这方面或许有一种灵魂转向的技巧，即一种使灵魂尽可能容易、尽可能有效地转向的技巧。它不是要在灵魂中创造视力，而是肯定灵魂本身有视力，但认为它不能正确地把握方向，或不是在看该看的方向，因而想方设法努力促使它转向。”（518c）苏格拉底认为心灵本身拥有视力，这种灵魂的视力就是理性。理性就是纯粹的直观觉知。这种纯粹的理性觉知就是灵魂的内在光明。理性是灵魂的真实本质，灵魂的本质就是理性之光。我们的肉体欲望却往往掩盖理性的光明。所以在大多数情况下，我们都追随肉体的欲望，使灵魂的理性之光服务于肉体欲望。

但是理性的这种纯粹觉知之光在任何情况下都仍然发生作用。例如我们闭上眼睛，我们的眼睛虽然看不到任何事物了，但是我们的理性视力仍然看到了这种“看不到”。所以一个盲人也同样完好地拥有灵魂的视力。一个失聪的人也同样拥有完好的听力。不论肉体欲望如何掩盖理性之光，这种灵魂的视力都是不生不灭的，是永远不会丧失的。“心灵的优点似乎确实有比较神圣的性质，是一种永远不会丧失能力的东西；因所取的方向不同，它可以变得有用而有益也可以变得无用而有害。”(519a) 苏格拉底认为，虽然灵魂先天地拥有视力，但是灵魂本身却不一定能够很好地使用自己的理性视力。如果灵魂的视力能够始终看到至善本身，那么他最终就能够成为哲人；如果灵魂的视力只是用来注视善的影像，那么他就是俗人。所以关键不是灵魂的视力本身的差异，而是灵魂的观看方向的差异。从理性认识能力的意义上说，哲人和俗人没有差异，他们都是理性的动物。但从爱欲的意义上看，哲人和俗人又是先天不同的。他们的爱欲的差异性导致了他们的理性视力方向的差异性。可以说，爱欲的差异性是哲人和俗人的理性差异性的决定性因素。所以灵魂转向的方法就是改变这个人的爱欲，使他从爱名利转向爱智慧。灵魂的转向也就是爱欲的转向。

苏格拉底指出，俗人的灵魂迷失的原因就在于理性被欲望和情感所遮蔽。“假设这种灵魂的这一部分从小就已得到锤炼，已经因此如同释去了重负，这种重负是这个变化世界里所本有的，是拖住人们灵魂的视力使它只能看见下面事物的那些感官的纵欲如贪食之类所紧缠在人们身上的。假设重负已释，这同一些人的灵魂的同一部分被扭向了真理，它们看真理就会有同样敏锐的视力，像现在看它们面向的事物时那样。”(519b) 如果我们总是习惯使理性混杂在情欲之中，我们的灵魂的视力就受到了束缚和损害，我们就只能沉陷在洞穴世界之中，永远不得超生。这种把灵魂的理性从欲望中解放出来的活动就是“净化”。哲学本质上就是净化。在《斐多》中，苏格拉底就把智慧和美德都称为“灵魂的净化”，认为哲人就是“活死人”，哲人就是始终追求灵魂净化的人。净化也就是治疗，治疗灵魂的欲望和无知之病。灵魂的本性是纯粹理性，是清净光明，但是因为肉体欲望的污染，灵魂变得滞重和愚昧。俗人就是灵魂得病的人，哲人就是灵魂获得治愈的人。进一步，净化和解脱的灵魂才是自由的灵魂。自由并不是情欲的随心所欲，而是理性从情欲中解脱出来的状态。被情欲控制的灵魂是不自由的。如果我们真正地热爱和追求自由，我们就应该追求自己灵魂的净化。灵魂的净化也就是灵魂的上升。灵魂只有逐渐克服沉重的欲望，才能重新获得向上飞翔的力量，最终达到天界之外看到至善至美的理念世界。这也是哲人的“出世间法”。

在苏格拉底看来，我们要认识真理，就必须“向内求”，擦拭掉灵魂上面的各种污染物，使灵魂的理性之光重新发出光明。“相信每个人的灵魂里有一个知识的器官，它能够在被习惯毁坏了迷盲了之后重新被建议这些学习除去尘垢，恢复明亮（维护这个器官比维护一万只眼睛还重要，因为它是唯一能看得见真理的器官）。”（527e）不但是肉体感官会掩盖理性之光，我们的意见和观念也会掩盖理性之光。我们要恢复理性之光，不但要消除感官情欲的局限性，还必须消除思想观念的局限性。这正是苏格拉底的“无知之知”的根本意义。无知之知就是对一切思想概念的解构和扬弃，这使灵魂获得了完全的空灵和纯净，于是纯粹理性的直观之光才能开发出来。一旦纯粹理性之光被重新激发起来，真理就会呈现出来，真理就包含在纯粹理性之中。所以，成为哲人包含两个方面，一个是要摆脱肉体洞穴的情欲的束缚，一个是要摆脱政治洞穴的观念的束缚。当然灵魂的理性之光是始终在发射光明的，不会因为我们擦拭还是不擦拭而有任何差别。我们的无知和局限是自我施加的。理性之光是最根本的、真实的存在，一切概念的、语言性的理解都是在理性直观的基础上才产生的。理性比理解更加根本。海德格尔认为理解比理性更加原始，试图以“理解”解构“理性”的观点是错误的。

柏拉图的净化说和回忆说和佛教的观点是非常相似的。在佛教看来，人人皆有佛性。诸佛和众生的自性、本心是一样的。众生和佛的区别就在于迷与悟。一迷是凡夫，一悟便是佛。我们追求智慧、洞见实相的根本方法就在于“明心见性”“打开本来面目”。在《坛经》中，神秀大师的偈颂“身是菩提树，心如明镜台，时时勤拂拭，莫使惹尘埃”就表明我们心灵中本来就存在真理，但是我们的肉体欲望却掩盖了这种真理。获得真理的方法就是净化灵魂，使内心中的真理展现出来。而慧能大师的偈颂“菩提本无树，明镜亦非台，本来无一物，何处惹尘埃”则更进一步揭示了无相的实相。灵魂的至善之光和理性之光是最真实的存在。当我们最终认识了实相之后，我们就会发现实相就是无相。所谓“一是一切，一切是一”。柴陵郁禅师也曾作了一首禅偈：“我有明珠一颗，就被尘劳关锁，今朝尘尽光生，照破山河万朵。”每个人身上都有一颗属于自己的明珠，此明珠就是成佛之正因、智慧的根本。大多数人却不能认识到这一点，往往随波逐流，丧失自我。如果有情众生能透过梵行修持、参禅体证，磨去古镜苔痕，还己神珠明光，不但能拨云见日、茅塞顿开、见诸法实相，草木山河亦因此蒙受光明。这种“明心见性”的方法是成佛的根本。

老子的认识论也和柏拉图的认识论非常相似。老子认为圣人是得道之人，是自然之道的化身。圣人致力于对道和万物的理性的静观。这种理性认识需要排除感官认识的干扰，最终达到对道本身的认识。“致虚极，守静笃。万物并作，吾以观复。”（《道德经》第十六章）所谓“致虚极，守静笃”就是要排除感官认识的干扰，使纯粹理性认识能力获得发挥。只有纯粹理性才能认识道本身。这是追求智慧和追求世俗学问的区别所在。“为学日益，为道日损。”追求世俗学问依赖的是感性的认识方式即见多识广，追求智慧依赖的是对内心世界的理性的认识。当然，对世界的认识必须最终回归到自我的认识，对事物的认识最终就是对自我的认识。所谓“不出户，知天下；不窥牖，见天道。其出弥远，其知弥少。是以圣人不行而知，不见而明，不为而成”（《道德经》第四十七章）。圣人或者哲人不迷失于外物，而是反求诸己，返身而诚，证悟了绝对的智慧。

孟子的认识论也和柏拉图的这种思想相似。所谓“万物皆备于我，返身而诚，乐莫大焉。强恕而行，求仁莫近焉”（《孟子·尽心上》）。其中，“万物皆备于我”，强调一切事物都离不开我心，外物离不开自己的心，心和物是不可分的。即使我们能够设想一种独立于心的外物，仍然是心的一种设想。这种观点并不是“外物是心的创造”的主观唯心主义，而是外物不能离开心而存在的“唯识论”。我们达到真理的方法就是返回内心世界。“尽其心者，知其性也，知其性则知天矣。”（《孟子·尽心上》）因此，对天道的认识就是对人性的认识，认识人性就是认识天道，所谓“天人合一”。对人性的认识就是对自我的认识，对自我的认识就是对理性和欲望的关系的认识。通过这种自我认识，我们就能够认识到欲望和情感并不是心灵的本质，只有理性才是心灵的本质，我们应该使理性从欲望中解放出来，使自己的灵魂获得净化。心灵获得净化后，真理或者天道就会在心灵中呈现出来。对本心或者灵魂的认识是认识天道的唯一方法。发现真理才是人能够获得的最大快乐。人的爱欲只有在这种认识中才能获得最大满足。我们要追求快乐，就应该追求真理，追求至善。

第二阶段：哲人的下降之路

苏格拉底继续指出，哲人在通过灵魂的转向和上升，在走出了政治洞穴和肉身洞穴、认识到至善真理之后，还应该回到政治洞穴。只有哲人才是唯一有资格的合乎自然的统治者，只有哲人掌握政治权力才能够实现理想国。“没受过教育不知道真理的人和被允许终身完全从事知识研究的人，都是不能胜任治理国家的。这个结论不也是很对的，而且还是上述理论的必然结论吗？因为没受过教育的人不能把自己的全部公私活动都集中于一个生活目标；而知识分子又不能自愿地做任何实际的事情，而是在自己还活着的时候就想象自己已离开这个世界进入乐园了。”(519b) 在一切国家中，人民群众没有关于至善和真理的知识，他们的理性没有发展起来，被自己的欲望和利益支配。他们没有资格掌握权力，他们掌握权力只能败坏权力，也就是“铜铁当道，国破家亡”。单纯的知识分子也不能掌握权力，他们献身于纯粹的学术生活，从中获得自己的快乐和满足，对于世间政治的权力和荣誉没有兴趣，是“出世间”的隐士。他们缺少对世道人心的认识，他们也不适合做统治者。这类人的代表就是《泰阿泰德》中的塞奥多洛和泰阿泰德等数学家。因此只有看到了至善和真理的哲人才胜任统治者的工作，才能引导人民走向正义和幸福的道路。

苏格拉底认为在理想国中，我们必须强迫哲人回到洞穴，委屈他们过一种低级的政治生活。理想国的目标并不是某个人的幸福，而是整个国家的幸福。“我们的立法不是为城邦任何一个阶级的特殊幸福，而是为了造成全国作为一个整体的幸福。它运用说服或强制，使全体公民彼此协调和谐，使他们把各自能向集体提供的利益让大家分享。而它在城邦里造就这样的人，其目的就在于让他们不致各行其是，把他们团结成为一个不可分的城邦公民集体。”(519e) 苏格拉底把整个国家的幸福作为最高目标。所有个人的幸福都必须服从于整体的幸福。

施特劳斯曾经指出，在这样一个整体上幸福的国家中没有一个人是幸福的。他为什么这么说不得而知。他似乎认为在这样的整体中，每一个个体都是作为整体的一部分被看待，而不是被作为独立的主体来看待。他似乎不同意为了整体的幸福，我们可以牺牲个体的幸福。或者说，他或许认为人的欲望是无限的，都会得寸进尺、得陇望蜀，不会满足于自己在社会中的地位和身份。而且人又是无知愚昧的，他不知道自己的自然适合什么，对哲人王的指导和安排也不会服从接受，所以他不会感到幸福和满足。但是我们可以辩护说，一个真正幸福的国家中是没有现代意义上的“个体”的。一个真正的政治共同体中没有个体的利益，没有个体的感觉，没有个体的幸福。每个个体都已经和国家共同体的利益和感觉完全地结合在一起。所谓“老吾老，以及人之老；幼吾幼，以及人之幼”。而在一切现实国家中，个体的利益和感觉都已经和国家的利益和感觉产生了某种程度的分裂和疏离。

人是群居或者城邦的动物，每个人都试图在更大的共同体中寻找到自己的位置和价值意义。政治共同体对于每个人都非常重要。人们对于理想国家的设想和追求永远都是美好的、可贵的。柏拉图设想的理想国是一个永恒的合乎自然的标本，是我们调整和改善一切现实政治生活的标准。这就是柏拉图的理想国的样板性意义。相反，犬儒主义否定了这种政治理想主义，他们通过愤世嫉俗、特立独行来证明自己的存在和意义。这种观点作为个人生活方式是可以接受的，但是作为一种政治理论就是对政治和人性的无知。所以苏格拉底曾经嘲笑第欧根尼的虚荣心。

苏格拉底是在真诚地设想理想国，他是以玩笑的方式谈论了一个严肃的问题。他的这种政治设想和儒家的大同世界、老子的小国寡民、庄子的至德之世、基督教的天国具有某种相似性。但是现代性的政治理想主义、普世主义却与之相去甚远。现代性本质上是一种政治理想主义的狂热运动。理想国可以消除人们对一切现实政治理想主义的狂热激情。苏格拉底暗示我们，这个最完美的理想国是如此完美，以至于完全超出了人力的范围，不可能通过人自己的力量建立起来。凡是凭借人力建立起来的国家都达不到理想国的完美性。和理想国相比，一切现实的国家政治都是拙劣的、低级的，都不值得人们为之奋斗和献身。理想国的重要意义就在于它通过确立一种政治理想主义，最终消除了一切政治理想主义。柏拉图告诉我们，真正值得为之奋斗的不是实现某种政治理想，而是过一种哲学生活。人只有在超出政治生活的哲学生活中，在“独与天地精神往来”中才能获得终极性满足。阅读《理想国》，有助于我们克服现代性的政治理想主义。

为了说服哲人进行统治，苏格拉底设想了如下的劝告词：“哲学家生在别的国家中有理由拒不参加辛苦的政治工作，因为他们完全是自发地产生的，不是政府有意识地培养造就的；

一切自力更生不是被培养而产生的人才不欠任何人的情，因而没有热切要报答培育之恩的心情，那是正当的。但是我们已经培养了你们——既为你们自己也为城邦的其他公民——做蜂房中的蜂王和领袖；你们受到了比别人更好更完全的教育，有更大的能力参加两种生活。因此你们每个人在轮值时必须下去和其他人同住，习惯于观看模糊影像。须知，一经习惯，你就会比他们看得清楚不知多少倍的，就能辨别各种不同的影子，并且知道影子所反映的东西，因为你已经看见过美者、正义者和善者的真实。因此我们的国家将被我们和你们清醒地管理着，而不是像如今的大多数国家那样被昏昏然地管理着，被那些为影子而互相殴斗，为权力——被当作最大的善者——而相互争吵的人统治着。事实是：在凡是被定为统治者的人最不热心权力的城邦里必定有最善最稳定的管理，凡有与此相反的统治者的城邦里其管理必定是最恶的。”(520b-d)

这是苏格拉底对哲人王理想的一种辩护。在其他国家中，哲人是自发产生的，国家没有自觉培养哲人，哲人没有义务为国家服务。当然哲人在行为上仍然会自觉地做一个好公民，尽管他在思想上并不认同国家。相反，在理想国中，哲人则有义务参加实际政治工作。因为在理想国中，哲人是国家有意识地培养教育出来的。哲人的统治可以造就国家最大的善。首先，哲人是依据自然而统治的。哲人能够最清晰地看清每个人的自然天性，然后因材施教，再把他们安排在适合其天性的工作岗位上去，使每个人都能成其所是、各得其所。这样每个人都能够幸福地度过自己的一生。所以哲人王的统治是“王道政治”“王道乐土”。哲人王的统治可以实现普遍的幸福和正义。哲人的统治是依据自然而统治，哲人的统治是“无为而治”。其次，哲人是看到了至善实相的人，哲人在这种直观至善中获得了最高的智慧和幸福，哲人对世俗的政治权力不感兴趣，他不会为了权力和人争斗。一个国家只有在消除了权力争斗之后，才能达到最好的治理。如果人们为了权力和利益进行无休止的争斗，那么这种争斗必然会败坏国家。

现代政治哲学中的三权分立制度就是承认了这种争斗的必然性，并且试图利用这种争斗达到某种相互制衡。三权分立具有实践上的可行性，但是我们不能把这种原则作为最好的政治原则。三权分立是为了可行性而牺牲了理想性。相反，柏拉图的理想国则是强调“德位合一”的政治理想主义原则。有德必有位，有位必有德。如果人们都能够自觉地遵守这种原则，使权力和智慧结合起来，那么这无疑是政治生活的最高成就。即使这个原则在实践上不能被人们接受和实行，我们也不能因此否定它的真理性和至善性。我们只有在思想上始终坚持这种原则，始终以这种理想原则衡量我们的政治实践生活，我们才有可能认识到自己在实践上的不完美性，才有可能逐渐消除这种不完美性，提高政治生活的道德和智慧水平，否则我们就会逐渐沉沦在拙劣的政治生活中。如果因为这个政治理想是不现实的而放弃这个理想，去选择一个更加现实的、可行的理想或者原则，这是“取法乎下”的方法。而古代哲人坚持“取法乎上”的原则。“取法乎上，仅得其中”，“取法乎下”还能够获得什么呢？儒家的圣人政治就是强调德位合一的政治理想。儒家传统中推崇“禅让制”的原因就是有德者居之，强调“德位合一”的政治理想主义原则。

最后，苏格拉底指出：“只有当你能为你们未来的统治者找到一种比统治国家更善的生活时，你才可能有一个管理得好的国家。因为，只有在这种国家里才能由真正富有的人来统治。当然他们不是富有黄金，而是富有幸福所必需的那种善的和智慧的生活。如果未来的统治者是一些个人福利匮乏的穷人，那么，当他们投身公务时，他们想到的就是要从中攫取自己的好处，如果国家由这种人统治，就不会有好的管理。因为，当统治权成了争夺对象时，这种自相残杀的争夺往往同时既毁了国家也毁了统治者自己。”（521b）在他看来，除了哲学生活而外，没有什么生活方式能使人轻视政治权力。只有哲人才能视金钱和权力如浮云和粪土。人民只有让不爱权力的哲人掌权，才能消除政治对手之间的争斗。所谓“大道之行，天下为公”。

在这里，苏格拉底明确区分了两种生活方式，即政治生活和哲学生活。政治生活是世间生活，其主要目标就是财富和荣誉。哲学生活是出世间的生活，其主要目标就是智慧。哲学生活才是最好的、最神圣的生活。哲人不会追求世间政治权力。政治生活是哲学生活的基础，没有了稳定的政治生活，哲学生活是不可能的。哲学生活也是政治生活确保自己的健康发展的前提条件。哲学生活不断为政治生活输入理性的因素，尽可能不陷入追逐利益和荣誉的狂热之中。因此，维护哲学生活，也就是维护政治生活。所以柏拉图才不遗余力地为哲学生活辩护，确立哲学生活的地位和意义。①

综上所述，洞穴喻包含了哲人的上升之路和下降之路。哲人的上升之路是哲人的培养和形成之路，主要方法就是回忆说所暗示的“自我教育”。成为哲人并不是单纯的博览群书，最

① 庄子推崇出世的哲学生活的政治意义也在于此。

重要的是学会观察自己的内心活动，摆脱虚假的欲望和观念的支配，超出肉身洞穴和政治洞穴，使自己安住在纯粹理性的直观和觉察之中，并且获得最大的安宁和快乐。这是人的理性能够达到的顶峰，是人性的最高实现。哲人的下降之路则是表明哲人是天生的统治者，是最合乎自然的统治者。只有在他的统治下，一切人和物才能实现自己的自然，达到自己的完美性。只有在理想国的条件下，哲人的教育和生成才摆脱了偶然性和自发性。理想国的最终目的是哲学和理性的利益。

我们现在有了现代大学，似乎有了实现哲人的教育和培养的必要条件，似乎可以在最大限度上维护哲学的利益。但是如果我们看到，只有在通过辩证法学习扬弃了一切语言概念，扬弃了一切欲望和情感的束缚，通过纯粹理性直观到至善本身之后，真正的哲人才能生成，那么我们对此就不会过于乐观了。这些外在条件并不是培养哲人的决定性条件。哲学教育的根本是自我教育，外在条件只是诱因。这意味着哲人的教育和出现仍然无法摆脱偶然性。在现代性的条件下，培养哲人的任务甚至变得更加遥不可及了。现代性以科学和自由的名义扼杀哲学。我们同样必须穿越现代性的特有愚昧和无知，才能成长为一个哲人。愚蠢的俗人永远是大多数的，这是大自然的法则，不可能通过科学的进步或者人为的教育有所改变。

2. 哲人的学习科目

哲人的学习内容分为两个层次。

第一个是预备性科目，主要是学习数学、几何学、立体几何学、天文学、和声学。学习这些内容的目的都是为了使哲人的灵魂能够离开可见世界，转向可知世界。“除了研究实在和不可见者外我想不出任何别的学习能使灵魂的视力向上。”

(529b) 苏格拉底借助数学说明可感事物和可知事物的区分。例如我们看到一个手指，这是感官认识能够确定的，但我们要说大小、轻重、多少、软硬等时，感官认识就不能清楚地确定了。这时我们就需要借助理性的思考和判断。感官认识天生是粗糙的、有缺陷的。这也包含了对普罗泰戈拉等智者的相对主义和感觉主义的批判。如果我们把个人的感觉性质转换为数学值，那么个人感觉的含混性就被消除了，从而达到了科学研究的精确性。① 同样，理性的数学研究可以帮助我们将灵魂从感官世界上升到理智世界，这就是灵魂的净化。毕达哥拉斯学派也把数学研究看作是灵魂净化的方法。柏拉图继承了这种看法。在天文学方面，苏格拉底认为天文学仍然是对可见事物的研究，这种研究根本不能起到净化灵魂的作用。研究天文学的目的应该是为了从运动变化的事物中发现绝对不变的比例关系。因为天体运行法则是最接近数学的理性主义的，所以苏格拉底推崇天文学，推崇太阳、月亮等宇宙天体。但是和纯粹数学相比，天体运行法则也不是精确的。在和声学研究方面，他认为毕达哥拉斯学派浪费了很多精力去研究声音，真正的和声学也应该是研究音符中的比例关系。总而言之，一切学习科目的总原则就是："如果它迫使灵魂看实在，它就有用。如果它迫使灵魂看产生世界，它就无用。" (526e) 总而言之，在柏拉图那里，科学研究具有净化灵魂的作用和意义，它并不服务于功利主义的目的，而是具有净化灵魂的目的。因为柏拉图如此理解科学研究，他的科学研究避免了现代科学的意识形态化倾向。我们应

---

① 康德的《纯粹理性批判》的重要意图也是把模糊的感官性质转变为精确的数学性质。

该复兴柏拉图的这种科学观，克服现代性以来的科学观。

第二个学习科目和层次是辩证法学习。科学研究对应的仍然是可知世界中的第一部分，仍然没有上升到对纯粹理念和善本身的研究。这些科学研究的目的最终都应该指向辩证法的学习。“如果研究这些学科深入到能够弄清它们之间的相互联系和亲缘关系，并且得出总的认识，那时我们对这些学科的一番辛勤研究才有一个结果，才有助于达到我们的既定目标，否则就是白费辛苦。”（531d）这种关注纯粹理念或者概念之间的相互联系的研究就是哲学辩证法。辩证法学习才是真正的哲学学习。学习哲学就是学习辩证法。

我们应该如何理解柏拉图的哲学辩证法呢？

第一，辩证法的本质。辩证法是纯粹理性的概念推理，不依赖于任何感性。“当一个人企图靠辩证法通过推理而不管感官的知觉，以求达到每一事物的本质，并且一直坚持到靠思想本身理解到善者的本质时，他就达到了可理知事物的顶峰了，正如我们比喻中的那个人达到可见世界的顶峰一样。”（532a）也就是说，辩证法和感性现象无关，辩证法是对理念之间联系的认识。柏拉图最初设想的理念是独立的、自在的，理念之间并不是相互依赖的。例如大的理念并不依赖于小的理念，大之为大并不是因为小。应该看到，柏拉图肯定理念的实在性和独立性是为了克服智者派的相对主义。如果我们只是坚持理念之间的独立性，不能看到它们之间的相互依赖性和联系性，那么就仍然没有达到最高的智慧。通过辩证法的学习，我们就可以认识各个理念之间的联系，最终认识到一切理念都是相互联系的，每个理念的存在都以其他一切理念的存在为前提，理念之间构成了一个统一性的整体。这样，辩证法就达到了哲学的最高原理或者第一原理，即“一是一切，一切是一”。“辩证法是唯一的这种研究方法，能够不用假设而一直上升到第一原理本身，以便在那里找到可靠的根据。”（533c）在《巴门尼德》中，柏拉图展示的“完备的辩证法”就是对“一切是一，一是一切”的论证。他通过揭示一切理念之间的相互联系，最终扬弃了一切理念。

第二，辩证法的目的。辩证法的目的就是看到实在，即直观至善本身。“只有辩证法有能力让人看到实在，也只让学习过我们所列举的那些学科的人看到它，别的途径是没有的。”（533a）实在或者至善是辩证法始终必须瞄准的终极性目标，否则辩证法就会变为诡辩术。当辩证法达到了“一切是一，一是一切”的绝对原理后，辩证法就会认识到这个“太一”就是至善。至善的理念蕴含在一切理念之中。至善的实在性高于一切理念的实在性。至善才是最高的实在，其他一切事物都是至善的影像。一切差异性的事物都是影像性的，是介于存在和非存在之间的。只有作为“一”的至善才是唯一的存在和实在。辩证法最终就是要扬弃一切语言概念名相的差异性，达到对一切事物的最普遍本质即至善的认识。可以说，至善才是事实本身或者自然本身。对至善和事实本身的认识才是智慧。辩证法和智慧是一回事。

第三，辩证法的特征。辩证法要求我们必须扬弃一切知性概念和范畴。至善本身是没有名相的。对至善的认识也必须超越一切名相。一切概念都是有限的和人为的。如果我们只是局限在概念中认识事物，那么我们的认识就仍然受到了主观性的限制。要认识事实本身或者至善本身，我们就必须扬弃一切语言概念，通过纯粹理性直接直观事实本身。辩证法最终达到的就是纯粹理性直观。只有辩证法才是纯粹理性的认识方式，是合乎至善实在本身的认识方式。“意见是关于产生世界的，理性是关于实在的；理性和意见的关系就像实在和产生世界的关系，知识和信念的关系、理智和想象的关系也像理性和意见的关系。”（534a）这种纯粹理性直观就是灵魂净化的最终目的。在我们扬弃了感性认识和概念认识之后，灵魂的理性认识就变得清晰和精确，就像是老子的“玄鉴”，至善或者事实本身最终就能够在理性心灵的明镜中映现出来。辩证法也是灵魂净化的根本方式之一。辩证法也必然包含了对自身的扬弃。当我们能够在纯粹理性直观事实本身之际，在我们的灵魂和至善达到绝对同一之时，一切人为的方法论包括辩证法都必须丢弃掉。因此辩证法在最高层次上是超概念、超语言的，是达到纯粹理性直观的唯一方式。

第四，辩证法的地位。辩证法是一切科学和哲学研究之顶峰。“辩证法像墙头石一样，被放在我们教育体制的最上头，再不能有任何别的学习科目放在它的上面是正确的了，而我们的学习课程到辩证法也就完成了。”（534e）在这里，柏拉图区分了三种学问。第一类是实用的技术科学。“一切其他的技术科学则完全或是为了人的意见和欲望，或是为了事物的产生和制造，或是为了在这些事物产生出来或制造出来之后照料它们。”（533b）这种实用性的技术科学总是和感性事物相关，总是为了满足人们的欲望和需要而产生。现代技术就是柏拉图所说的这类东西。现代技术是实用主义、功利主义和享乐主义的表现。第二类是作为辩证法的准备性科目的纯粹理论科学。“至于我们提到过的其余科学，即几何学和与之相关的各学科，虽然对实在有某种认识，但是我们可以看到，它们也只是梦似地看见实在，只要它们还在原封不动地使用它们所用的假设而不能给予任何说明，它们就还不能清醒地看见实在。因为，如果前提是不知道的东西，结论和达到结论的中间步骤就也是由不知道的东西组成的，这种情况下结果的一致又怎能变成真正的知识呢?”（533c）纯粹理论科学不是对至善本身的认识，还不是最彻底和最终极的。柏拉图所说的这种理论科学相当于现代学科分类中的“基础学科”。当然现代科学是实用性的技术和纯粹理论科学的结合。第三类最高的科学是哲学辩证法。只有辩证法能够最真实地认识最高的实在。“一个能正确论证每一事物的真实存在的人你不赞成把他叫作辩证法家吗？一个不能这样做，即不能对自己和别人作出正确论证的人，你不赞成说他没有理性，不知道事物的实在吗?”（534b）如果一个人能用辩证法把善的理念和其他一切事物区分开来，并给它作出定义，能够根据实在本身而不是用意见来考察一切事物，能够在正确的方向上将论证进行到底，这样的人才拥有真正的知识，这样的人就是真正的哲学家。辩证法是对最高实在的认识。只有辩证法才能被称为是真正彻底严格的哲学。辩证法、理性、实在、至善是同一性的关系。

我们比较一下康德和黑格尔关于辩证法的观点，以利于我们对柏拉图的辩证法的理解。康德对辩证法的理解是消极性的。在他看来，理性的认识对象是理念。但是理念不能通过范畴或者概念认识，理性一旦使用知性概念去认识理念，就产生了先验幻相。康德最后列举了四组二律背反，我们对这些相反的判断无法做出最终的定论。康德虽然看到了我们对理念的认识必须是非概念化的，但是康德否定了理性直观，认为这种非概念化的认识不是科学的认识。他把现代科学特别是数学和力学作为科学的典范，科学的认识必须是通过范畴进行的。这样一来，康德对于科学的理解就偏离了柏拉图关于严格科学的理解。从最终意义上说，辩证法就是“通过概念超越概念”。黑格尔辩证法同样是对柏拉图辩证法的一种变形。他积极地理解辩证法，试图打造一个概念辩证法的思辨体系。他的辩证法把绝对精神作为基础，主张“实体就是主体”。他把感性和知性都看作是理性的阶段，打破康德关于现象和本体、理性和知性的二元划分。但是黑格尔的辩证法并没有扬弃概念本身，没有进入理性直观的最高阶段。黑格尔哲学仍然局限在概念思辨之中，甚至把实在和概念等同起来了。这恰恰是违反了辩证法的根本目标即扬弃范畴概念，以纯粹理性直观至善实在本身。黑格尔只是通过正反合的辩证法为现代意识形态进行辩护。

柏拉图的辩证法和孔子的中庸之道可以进行比较。孔子曾经作了“十翼”来阐明《周易》的辩证法，把卜筮之书《周易》改变为人文之书，把《周易》的辩证法运用到人文精神的领域。“天下何思何虑？天下同归而殊途，一致而百虑。天下何思何虑？日往则月来，月往则日来，日月相推而明生焉。寒往则暑来，暑往则寒来，寒暑相推而岁成焉。往者屈也，来者信也，屈信相感而利生焉。尺蠖之屈，以求信也；龙蛇之蛰，以存身也。精义入神，以致用也；利用安身，以崇德也。过此以往，未之或知也；穷神知化，德之盛也。”（《周易·系辞》）易教的目的就是达到“洁净精微”的纯粹理性状态。在这种洁净精微的纯粹理性状态中，就能够使至善实相本身直接呈现出来。借助于至善实相的认识，我们就能够扬弃一切概念和意见，达到“中道”。孔子说：“君子之于天下也，无适也，无莫也，义之于比。”（《论语·里仁》）只有在纯粹理性直观的状态中，我们才能完全以事实本身为标准，才能摆脱一切观念和想法的束缚。当事实本身发生变化时，我们的思维和立场也随之变化。这就是“变中的不变”。所以圣人没有个人的观念，圣人就是至善和天道的化身。孔子同样看到中道是难以实现的。因为扬弃一切概念和思维，达到纯粹理性本身，是非常困难的。如果我们不能始终保持中道，我们就只能在过和不及之间保持中道。“不得中行而与之，必也狂狷乎！狂者进取，狷者有所不为也。”（《论语·子路》）只有始终以至善和事实本身为依据，使用中道辩证法，我们才能消除自己的主观性和概念性的局限。

柏拉图的辩证法和老子的辩证法也可以进行比较。“天下皆知美之为美，斯恶已；皆知善之为善，斯不善矣。有无相生，难易相成，长短相形，高下相盈，音声相和，前后相随，恒也。是以圣人处无为之事，行不言之教，万物作而弗始，生而弗有，为而弗恃，功成而弗居。夫唯弗居，是以不去。”（《道德经》第二章）圣人同时看到事物的两端，不会偏执于任何一端。圣人会根据事物的现实状态，不断调整自己的观点和立场，引导事物向至善状态发展。当事物达到自己的至善状态后，圣人不居功自傲，这不过是事物本身的自我实现而已。

柏拉图的辩证法和庄子的辩证法也可以进行比较。“物无非彼，物无非是。自彼则不见，自知则知之。故曰彼出于是，是亦因彼。彼是方生之说也。虽然，方生方死，方死方生；方可方不可，方不可方可；因是因非，因非因是。是以圣人不由，而照之于天，亦因是也。是亦彼也，彼亦是也。彼亦一是非，此亦一是非。果且有彼是乎哉？果且无彼是乎哉？彼是莫得其偶，谓之道枢。枢始得其环中，以应无穷。是亦一无穷，非亦一无穷也。故曰莫若以明。以指喻指之非指，不若以非指喻指之非指也；以马喻马之非马，不若以非马喻马之非马也。天地一指也，万物一马也。”（《庄子·齐物论》）庄子认为一切事物都是相互对立、相互依赖而存在的，这也就意味着任何事物都没有最终的真实性。最终的实在就是超越一切差异性的存在。这个实在就是道本身。真正的智慧就是超越一切差异性，达到对绝对同一性的认识。俗人迷失在事物的差异性和多样性中，圣人扬弃了事物的差异性和多样性，把握了“多中的一”“变中的不变”。

佛教的辩证法就是缘起性空论。《阿含经》给“缘起”下的定义是：“此有故彼有，此生故彼生，此无故彼无，此灭故彼灭。”宇宙间一切事物都没有绝对存在，都是以相对的依存关系、相互和合而存在。其中若欠缺某一些因素条件，这一法就不会生起；生起之后，若是某一些因素条件发生变化，这一法的本身也随之发生变化。具体而言，缘起法的依存关系有同时的和异时的两种。异时的依存关系就是“此生故彼生，此灭故彼灭”。此是因而彼是果。同时的依存关系，就是“此有故彼有，此无故彼无”。此是主而彼是从。前者是指纵的时间，后者是指横的空间。因此，所谓宇宙就是一个层层无尽的因果之链。在这个因果之链中，没有绝对意义上的原因和结果。在时间上说，是因果相续，因前复有因，因因无始；果后复有果，果果无终。在空间上说，是主从相联，主旁复有主；没有绝对的中心；从旁复有从，没有绝对的边际。佛教指出，凡是缘起的事物，都是没有不变的自性的，因此一切事物便处于“空性”的状态。空性是千差万别的各种事物的最普遍的共同性。这也意味着空性就是最实在的实相。在对事物的空性的认识中，我们就能够超越这个生灭变化的世界，达到对不变的实在世界的认识。我们最终应该超越和扬弃一切事物的差异性，专注于事物的普遍实在和空性。佛教的空性就等同于柏拉图的至善。

3. 哲人的学习阶段

哲人早期的学习和其他护卫者的学习是相同的，包括音乐教育、初等数学、军事和体育教育等。苏格拉底强调对孩子的教育不能采取强迫的方式，而是要用做游戏的方法，就是“寓教于乐”的方法，使孩子在游戏中快乐地学习。教育者应该在游戏中细致地考察他们的天性，对不同天性的孩子进行不同的教育。哲人的学习阶段大致包含四个阶段。

第一次选拔是从 20 岁起，挑选出那些具有学习天赋的孩子，要求他们把小时候分散学习的各种课程内容加以综合，研究各种知识间的联系以及它们和事物本质的关系。这个阶段的学习不是辩证法学习，而是学习预备性科目，即数学、几何学、立体几何学、天文学、和声学。虽然这些科目是不同的，但它们都指向同一个目的，即借助于图形来认识不可见的理念。学习这些内容的目的是使哲人的灵魂能够离开可见世界，上升到可知世界。当研究者逐渐认识了理念世界的真理后，他就能够达到辩证法的最高原理“一切是一，一是一切”。这是能获得真正知识的唯一途径，也是研究者有无辩证法天赋的最主要的试金石。辩证法就是能在联系中看事物。现代科学也是从分门别类的研究开始的，形成了各种学科门类。当代科学正在逐渐走向综合性和交叉性的研究，这也是对事物之间的必然联系的认识的结果。但是只有达到“一切是一，一是一切”的最高原理，才是达到了真正知识。当代科学的综合性并不意味着它们达到哲学的第一原理。现代科学如果还依赖逻辑、数学、概念等工具，就不能达到纯粹理性直观，不能直接认识至善本身。

第二次挑选是选出其中最富辩证法天赋的青年，在他们30岁的时候，用辩证法考他们，看他们能不能不用感官，达到实在本身。在这里，苏格拉底指出了辩证法蕴含的危险，即搞辩证法的人可能违反法律。他用“养子喻”说明这个问题。养子是指潜在的哲人，阿谀奉承之徒是智者，父母是城邦及其法律。潜在哲人由于受到智者的教育，认为城邦的法律并不是神圣的真实的。“当他多次被驳倒并且在许多地方被驳倒时，他的信念就会动摇，他会变得相信，光荣的东西也不比可耻的东西更光荣；而当他在关于正义、善以及一切他们主要尊重的东西方面都有了同样的感受时，你试想，此后在尊重和服从这些传统方面他会怎样行事呢？他一定不会还跟以前一样地尊重和服从了。”（538e）他不再忠诚于自己的城邦，而对其他城邦的习俗、法律充满好奇，并且采取那种生活方式，于是他就成为一个违法者。所以苏格拉底认为：“不让他们年纪轻轻就去尝试辩论，这不是一个很重要的预防办法吗？我认为你一定已经注意到了，年轻人一开始尝试辩论，由于觉得好玩，便喜欢到处跟人辩论，并且模仿别人的互驳，自己也来反驳别人。他们就像小狗喜欢拖咬所有走近的人一样，喜欢用言辞咬人。”（539b）误用辩证法的结果是损坏了自己和哲学的信誉。要么变为厌辩症，要么变为诡辩术。但是一个年龄大些的人就不会这样疯狂，他宁可效法那些为寻找真理而进行辩驳的人，而不会效法那些耍嘴皮子的人。因此苏格拉底要求只有到一定年龄阶段才能学习辩证法。学习辩证法的目的就是扬弃一切理念或者概念，无所依凭地直接使用理性去认识善本身。

第三次挑选是他们在35岁完成理论学习之后，参加实践工作的锻炼和选拔。他们被派到洞穴里去，负责指挥战争或其他适合青年人干的公务，让他们获得足够的实际经验，在这些公务中接受考验，看他们是否能在各种诱惑面前坚定不移或者看他们是否会畏缩、出轨。正如孟子所说的："故天将降大任于是人也，必先苦其心志，劳其筋骨，饿其体肤，空乏其身，行拂乱其所为，所以动心忍性，曾益其所不能。人恒过，然后能改。困于心，衡于虑，而后作。征于色，发于声，而后喻。入则无法家拂士，出则无敌国外患者，国恒亡。然后知生于忧患难，而死于安乐也。"（《孟子・告子下》）只有能够经受艰苦考验的人才是合格的护卫者和统治者。因为通过哲学的学习，他们的灵魂已经发生了转向，得到了净化，能够摆脱自己个人利益和荣誉的诱惑，内心世界始终和至善结合在一起。这样的人也就是孟子所说的"大丈夫"。"富贵不能淫，贫贱不能移，威武不能屈：此之谓大丈夫。"（《孟子・滕文公下》）

第四次选拔是他们50岁之后，达到最高知识即至善知识的人就可以进入统治者行列。那些在实际工作和知识学习的一切方面都经受了最后考验的人们，将被要求把灵魂的目光转向上方，注视着照亮一切事物的至善之光。在看见了善本身的时候，他们以它为原型，管理国家、公民和他们自己。在剩下的岁月里，他们用大部分时间来研究哲学；但是在轮到值班时，他们每个人都要不辞辛苦管理政治事务，为了城邦的幸福而走上统治者的岗位。当他们培养出了像他们那样的继承人，可以取代他们充任卫国者的时候，他们就可以辞去职务，专心研究哲学，直到进入天国乐土。在他们死后，国家将为他们建立纪念碑，像祭神那样地祭祀他们。他们在生前享受了人生的最大幸福，死后也受到了最大的爱戴，所以做一个哲人是人生唯一正确的追求。

第四节　哲学生活的辩护

第四轮辩论是从第八卷到第十卷，讨论从哲学的高峰下降到现实的城邦，主要是讨论现实城邦政体的更替、城邦与个人的同构性、对僭主的批评、对诗人的批评等问题，其宗旨是对哲学生活的辩护。

苏格拉底重新回到第四卷结尾的问题，探讨其他邪恶的政体。他区分了五种政体，其中哲人王政体或者贵族政治是唯一正确的政体，其他四种政体依次是荣誉政体、寡头政体、民主政体和僭主政体。

一、城邦政体的更替

苏格拉底再次强调政体和灵魂的同构性，指出有多少种不同类型的政制就有多少种不同类型的性格。政治制度是从城邦公民的习惯里产生出来的，习惯的倾向决定其他一切的方向。不同政体就意味着不同的人民及其德性。对于苏格拉底的这段话，我们可以作如下理解。第一，政体即政治的形式，表明国家是以何种关于善的原则建立起来的。政体决定了人民的生活方式。我们知道，政治必然划分为统治者和被统治者。民主政治也不能取消这个问题。因此谁统治谁就成为政治的根本问题。

同时，政体的优劣决定于统治者的品质，而不是被统治者的品质。任何政体的划分都是根据统治者的价值导向来区分的。统治者的价值导向决定了人民的价值取向，决定了整个国家和人民的生活方式。这就是所谓的“上行下效”的政治原则。在《论语》中，季康子问政于孔子曰：“如杀无道，以就有道，何如?”孔子对曰：“子为政，焉用杀？子欲善，而民善矣。君子之德风，小人之德草；草上之风必偃。”（《论语·颜渊》）第二，如果说人民是政体的质料，这种质料是无限的，人类历史会一直延续下去。但政治的形式即政体是有限的，因此人类的历史也是有限的。柏拉图对政体演变史的讨论也就是对人类的历史可能性的讨论。柏拉图已经穷尽了人类历史的可能性。所谓的未来的、全新的历史可能性是不存在的。人性是不变的，人避苦求乐的天性是不会改变的，人类对幸福的体验和想象也是不变的。人类历史不过就是这几种政体形式的循环往复而已。

现代性的历史进步主义或者历史的无限可能性观点是片面的。正如孔子指出的：“殷因于夏礼，所损益，可知也；周因于殷礼，所损益，可知也。其或继周者，虽百世，可知也。”（《论语·为政》）我们往往简单化地看待苏格拉底关于政体演变史的论述，其实，这里蕴含了深刻的“历史哲学”的奥秘。我们不能被历史表面上的差异所迷惑，而应该学会透过现象看本质，看到人类历史的有限性。这样我们就明白历史不过是政治的表现形式。没有独立于政治的历史问题或者历史规律。这样我们才能走出“历史的洞穴”，才能克服现代性的历史主义。

(一) 贵族政体——荣誉之善

苏格拉底首先分析理想国衰败的可能性。动摇和颠覆理想国是不容易的，但是一切有产生的事物必有灭亡，理想国也是不能永久的，也是一定要解体的。理想国从完美的顶峰状态走向衰败，表明世间的完美从来都是短暂的。因此完美的政治生活也是不可贪恋的。和哲学生活的美好相比，理想国也是不值得追求的。我们不能过分热衷于政治制度和政治成就，而应该更多关注永恒的至善世界。这种对至善世界的关注可以使我们的灵魂超出轮回，进入永恒的至福之地。

苏格拉底指出，政治国家衰败有自己的特殊原因，这个原因就是统治者本身的败坏。“政治制度的变动全都是由领导阶层的不和而起的。如果他们团结一致，哪怕只有很少的一致，政治制度变动也是不可能的。”（544e）这也揭示了一个基本的政治事实，即国家的衰败都是从统治者的败坏开始的。人民群众败坏的危害是有限的、微小的，而统治者败坏的危害是巨大的。统治者掌握了更多的权力和资源，他们的一切作为都会放大，会自觉或者不自觉地被人民加以效仿。所以治理国家的根本就是治理统治者，只要统治者不败坏，国家就能够长治久安。

1. 起源：苏格拉底指出，理想国的统治者的败坏原因在于血统的败坏。统治者虽然是智慧的，但他们有时会弄错，在错误的时节生了一些孩子。这些孩子并不优秀，从他们中选拔出来的最优秀者也算不上优秀。当他们执掌了权力成为护卫者时，他们便开始蔑视最初的教育，先是轻视音乐教育，然后轻视体育锻炼，愈来愈缺乏教养。从他们中挑选出来的统治者丧失了分辨金种、银种、铜种、铁种的能力。铁和银、铜和金一经混杂起来，便产生了不平衡、不一致和不和谐，这样必然引起他们之间的仇恨和战争。这种冲突就是“血统的冲突”。在这种冲突中，统治者内部分化为两种集团。铜铁集团趋向个人的私利，金银集团则趋向美德和传统秩序。他们在经过相互斗争后取得某种妥协，把土地房屋据为私有，把原先的朋友和供养人变成边民和奴隶。

这里，苏格拉底强调了血统的败坏导致理想国的衰败。按照我们前面的理解，金、银、铜、铁的划分是根据理性能力的高低等级划分的，因此血统的混杂根本上就是理性和非理性的混杂。血统的败坏也意味着教育的败坏。理性能力高的人越来越少，能够进行辩证法和灵魂回忆的人越来越少。国家逐渐不能培养出哲人王，不再能维持理性的统治。非理性开始和理性分庭抗礼，开始追求自己的利益，而置理性的至善于不顾，最终颠覆了理想国的政体。

2. 特点：第一，尊崇统治者，不让战士阶级从事农业、手工业和商业活动，实行公餐制，统治者终身从事体育锻炼、竞技和战争。这些方面和理想国的制度是一致的。第二，不让智慧者执掌国家权力，这时已经很难找到智慧者了。他们宁可选择较为单纯而勇敢的人来统治国家。他们大部分时间都在从事战争。第三，这种统治者爱好财富，他们有收藏金银的密室，花钱也很吝啬。但是他们很高兴花别人的钱以满足自己的欲望。这和寡头制度下的统治者相似。第四，他们只重视体育而放弃音乐教育，重视强制教育而不是说服教育。他们不能真正地节制欲望。他们避开法律的监督，秘密地寻欢作乐。

3. 荣誉型个人：第一，他们是好胜、好荣誉的人，把胜利和荣誉看得高于一切。第二，比较自信和缺乏文化教养，但是喜欢文化。他们对奴隶严厉，对自由人和蔼，对长官恭敬。他们喜欢体育，不善言辞。第三，爱财，缺乏理性。

我们看到，苏格拉底描述的这种荣誉政体就是斯巴达和克里特的政体。斯巴达政体在希腊城邦中独树一帜。在其他城邦的民主化浪潮中，斯巴达以他们的荣誉政体抵制了民主政体。他们虽然在文化上没有什么建树，但是在政治实践上为后人树立了范本。卢梭的理想国的设想在很大程度上就是以斯巴达为蓝本的。在《法律篇》中，雅典客人就是与斯巴达人和克里特人进行了关于法律的对话，这意味着《法律篇》中的“次好的国家”是以斯巴达和克里特为原型的。这也和《理想国》中的政体次序一致。在这种政体中，对个人荣誉的爱超过对公共之善的爱。这也是理想国分裂的根源。在“义利之辨”上，他们还在以荣誉抵制对财富的贪婪，还能够维持人性的尊严。因此他们还表现出了一定的理想主义，虽然这种理想主义和理想国相比大大降低了。

我们可以把荣誉政体和后来的中世纪英国贵族政治进行比较。英国贵族是中世纪英国社会的天然主人，具有强烈的主人意识、荣誉感和社会责任感。他们拥有十分广泛的政治、经济和社会权力，在财富、权力、社会政治地位、价值取向和文化生活等方面处于优势地位。他们的行为规范和价值标准成为社会的主导价值取向，能像贵族一样生活是人们的普遍目标。他们以崇尚法律、追寻自由、强烈的主人意识和社会责任感为核心。这种贵族政治文化成为英国的国粹，促成了西方近现代政治文明如分权原则、法治原则、行政从属于立法、政府向选民负责等原则的出现。

（二）寡头政体——财富之善

1. 起源：统治者对私人财产的贪婪逐渐破坏了荣誉政治。

他们开始互相模仿，挥霍浪费，违法乱纪，无恶不作。长此下去，他们越来越看重财富，越来越瞧不起荣誉和善德。终于，好胜的、爱荣誉的人变成了爱钱财的人。在政治选举上，他们规定一个最低限度的财产数目，只有达到这个标准的人才能当选。他们用武力或者恐吓建立起自己的政府后，又建立了寡头政制。

2. 特点：第一，寡头制是一种根据财产资格分配政治权力的制度，富人掌握政治权力。这个标准的问题在于，富人并不一定是有智慧的人或者有德性的人。根据财产分配权力不符合理性主义的原则。第二，国家是分裂的。这样的城邦必然不是一个，而是两个，即富人的国家和穷人的国家。他们住在一个城里，总是在互相阴谋对付对方。在这种制度下，城邦很可能无法进行战争，统治者要打仗，就必须武装人民群众，但是他们害怕人民甚于害怕敌人。第三，他们又贪财而吝啬。当然和民主制、僭主制相比，他们的贪婪和吝啬还受到节制。第四，一人兼有多种不同的职业，既做农民，又做商人，还要当兵。他不可能完全做好任何一种工作。第五，城邦允许一个人出卖自己的全部产业，也允许别人买他的全部产业。这就形成了穷人阶层或依附者阶层。贫富差距极度分化。

3. 寡头型个人：第一，崇拜金钱，寸利必得，不断地积攒，“理性和激情将被迫折节为奴。理性只被允许计算和研究如何更多地赚钱，激情也只被允许崇尚和赞美财富和富人，只以致富和致富之道为荣耀”(553d)。第二，省俭和勤劳。他们但求满足基本需要，绝不铺张浪费，其他一些欲望均被视为无益而加以抑制。寡头知道区分合理的和不合理的欲望，较好的欲望能够控制较坏的欲望。但是他们也往往在许多欲望之间摇摆。第三，没有文化。他们不像荣誉政体还有对文化的爱好，对财富的追求占据了他们所有的时间和精力。第四，自我控制。在交易往来和签订契约方面，他们似乎有诚实的名声。但是他们的自我控制不是出于劝导和说服，而是用强迫和恐吓，他们是为了保住财产才小心谨慎的。他们是某种双重性格的人，内心充满了贪婪和节制的矛盾，在他们身上找不到心灵的和谐一致。当然他们较善的部分总能战胜较恶的部分，他们要比许多其他的人更体面些、可敬些。第五，他们因为省俭吝啬，在城邦里往往是软弱的竞争者，难以取得胜利和光荣。他们不肯花钱去争夺名誉，他们只肯花费一小部分钱财进行孤家寡人般的战斗。他们宁可失败，也要保全财富。

寡头型个人的特点就是对财富的爱超过对荣誉的爱，但是他对于财富的爱受到了适当的节制。这种人使我们想到韦伯在《新教伦理和资本主义精神》一书中对清教徒的描述。他认为清教徒的信仰使他们一方面对财富和工作充满狂热，一方面保持勤劳和节俭。正是这种清教徒成了最初的资本家，资本主义就是被这样的人拉动起来的。我们可以推测在资本主义创生阶段，寡头型的人在整个社会中发挥了重要作用。但是随着财富的积累，这种精神也逐渐衰退，贪图享乐逐渐成为时代精神。韦伯似乎想通过这本书为没落的资本主义精神寻找新的人格理想。罗伯特·米歇尔斯在《寡头统治铁律》一书中也揭示了一种新的寡头制，提出了“组织意味着寡头统治”的观点。米歇尔斯从组织自身、大众与领袖、社会心理、民主与寡头的关系几个方面论证了寡头倾向在现代组织中的不可避免性。他认为大众为了实现自己的目的就必须采取组织的手段，为了使组织能够良好运转，就必须选举领袖。领袖在长期在位的过程中，逐渐把组织变成了实现自己目的的工具。因此“组织产生寡头”的倾向是组织自身、领袖以及大众三者相互作用的结果。组织提供了孕育寡头的基础，领袖主导了寡头的内在运行机制，而大众的特性也促成了寡头的形成。米歇尔斯认为在现代民主制社会中寡头的产生似乎是无法消除的，关键是如实地面对民主体制中的寡头化危险。

（三）民主政体——自由平等之善

1. 起源：寡头统治者逐渐败坏，他们通过收买浪荡子的产业变得愈来愈富有。他们一方面崇拜金钱，一方面又铺张浪费。破产的世家子弟变成为无产的贫民，像有刺的雄蜂，急切地希望革命。寡头的后辈也变得娇惯放纵，四体不勤，无所用心，对于道德不闻不问。于是穷人和富人相互仇恨、互相妒忌，逐渐分成了穷人的团体和富人的团体。最后贫民在党争中胜利，他们把敌党的一些人处死，一些人流放国外。其余的公民都有同等的公民权及做官的机会。官职由抽签方式决定。这样穷人推翻富人的统治建立民主制。

2. 特点：第一是自由。城邦充满了行动自由与言论自由，每个人都想做什么就做什么。每个人都有自己的一套过日子的计划，爱怎么过就怎么过。“如果你有资格掌权，你也完全可以不去掌权；如果你不愿意服从命令，你也完全可以不服从，没有什么勉强你的。别人在作战，你可以不上战场；别人要和平，如果你不喜欢，你也可以要求战争。”（557e）于是，这个城邦里就会有最为多样的人物性格，有如锦绣衣裳，看上去确实很美。第二是宽容。民主制对建立理想国家时所宣布的庄严原则是蔑视的。民主制度以轻薄浮躁的态度践踏所有这些理想。一个人只要从政时声称自己对人民一片好心，就能得到尊敬和荣誉，完全不问这个人的品行如何。这是一种使人人满意的无政府状态的管理形式。第三是平等。“在这种制度下不加区别地把一种平等给予一切人，不管他们是不是平等者。”(558c) 一切人、一切价值、一切快乐都是平等的，没有高低贵贱之分。

3. 民主型个人：民主型的个人就是放纵自己欲望的人。穷人推崇自由平等的实质是对放纵欲望的推崇。寡头型个人还能控制自己的欲望，民主型个人则不能控制自己的欲望，不能区分必要的欲望和不必要的欲望。不必要的欲望逐渐获取了年轻人的心灵，他们没有理想，没有学问，没有事业心。于是虚假的、狂妄的理论和意见乘虚而入，占领了他的心灵。这些错误理论“把行己有耻说成是笨蛋傻瓜，把自制说成是懦弱胆怯，把适可而止和有秩序的消费说成是不见世面，将这些美德都驱逐出境”(560d)。它们率领着傲慢、放纵、奢侈、无耻，“称傲慢为有礼，放纵为自由，奢侈为慷慨，无耻为勇敢”。年轻人在一生其余的时间里，将平均地花费钱财、时间、辛劳在那些不必要的欲望上。“他将建立起各种快乐间的平等，在完全控制下轮到哪种快乐，就让那种快乐得到满足，然后依次轮流，机会均等，各种快乐都得到满足。如果有人告诉他，有些快乐来自高贵的好的欲望，应该得到鼓励与满足，有些快乐来自下贱的、坏的欲望，应该加以控制与压抑，对此他会置若罔闻，不愿把堡垒大门向真理打开。”(561b) 他会说，所有快乐一律平等，应当受到同等的尊重。他一天又一天地沉迷于轮到的快乐之中。“他的生活没有秩序，没有节制。他自以为他的生活方式是快乐的、自由的、幸福的，并且要把它坚持到底。”(561b)

应该说，苏格拉底对民主制社会的描述犀利准确、入木三分。他的这些描述似乎就是在描述我们自己。我们不就是生活在这样一个社会之中吗？在民主制社会中，个人主义、感觉主义、自由主义、平等主义、多元主义、享乐主义、无政府主义大行其道。每个人都是以自我为中心的，把个人作为唯一真实的存在。每个人的感觉和欲望都被无限放大。只有肉体的享乐是唯一真实的，除此之外他不关心其他的事情。这样他的理性能力越来越微弱，越来越没有德性和智慧。人们普遍认为不存在绝对的、唯一的真理，各种思想和观念都是正确的，各种生活方式也无所谓对错好坏，是非、善恶、美丑的标准被取消了。个人的欲望和快乐成了唯一的标准和权威。整个社会处于一盘散沙的状态，根本不是一个真正意义上的国家。他们没有因为自由和平等强大起来，反而由于自我放纵，他们的心智极大地萎缩了。他们越来越容易被欲望和情感支配，变得越来越无能和渺小。一旦遇到风吹草动，他们就会吓得瑟瑟发抖，寻求强者的保护。这就是所谓的“羊群效应”。这就为僭主制的出现准备了条件。

（四）僭主政体——自我保全之善

1. 起源：僭主政治是指通过非法手段、利用武力夺取最高权力而建立的独裁政体。民主制社会逐渐让邪恶的人掌权，那些领导像平民，平民像领导的人受到普遍赞扬。如果那些正派的人要约束人民，不再放纵他们，他们就会反对他，那些服从国家法律的人被说成是奴隶，受到辱骂。这样自由就走到了极端。这种自由还会向家庭和动物蔓延。“在家庭中，父亲尽量使自己像孩子，甚至怕自己的儿子，而儿子也跟父亲平起平坐，既不敬也不怕自己的双亲。”（563a）在学校里，教师害怕学生，迎合学生，学生反而漠视教师。“年轻人冒充老资格，分庭抗礼，侃侃而谈，而老一辈的则顺着年轻人，说说笑笑，态度谦和，普遍地像年轻人一样行事，担心被他们认为可恨可怕。”（563b）奴隶与主人、男人与女人之间完全平等和自由。连动物在这种城邦里也不知自由多少倍。“所有这一切使得这里的公民变得非常敏感，只要有谁建议要稍加约束，他们就会觉得受不了，就要大发雷霆。”（563d）到最后他们不要任何人管，连法律也不放心。但是物极必反，从极端的自由中产生出来极端的奴役。“不顾一切过分追求自由的结果，破坏了民主社会的基础，导致了极权政治的需要。”（562c）“无论在个人方面还是在国家方面，极端的自由，其结果不可能变为别的什么，只能变成极端的奴役。”（564a）因为雄蜂式的强人会在民主社会中大量产生，并且处于主宰地位。富人巴结讨好雄蜂。穷人则受到了二者的盘剥，于是穷人选举元首，劫掠富人。富人反抗穷人，穷人的元首为穷人提供保护，元首因此获得了绝对权力。僭主政治就是从“自我保护”的根上生长出来的。所以僭主政治依据的善的根基就是“自我保护”。最后，人民领袖控制着轻信的民众。他诬告别人，谋害人命，或将人流放域外，或判人死刑；或取消债款，或分人土地。最后，这种人或被敌人杀掉，或由人变成了豺狼，成了一个僭主。

2. 特点：第一，僭主在早期都是亲民的。“对任何人都是满面堆笑，逢人问好，不以君主自居，于公于私他都有求必应，豁免穷人的债务，分配土地给平民和自己的随从，到处给人以和蔼可亲的印象。”（566e）第二，僭主总是首先挑起一场战争，好让人民需要一个领袖。第三，铲除异己。如果他怀疑有人不愿服从他的统治，他便会寻找借口，把他们送到敌人手里，借刀杀人。第四，建立私人卫队，把这个卫队作为他绝对可靠的工具。第五，镇压人民，与人民为敌。僭主是杀父之徒。这时人民才发现自己跳出油锅，又入火炕。他们不受自由人的奴役，反受到奴隶的奴役。他们本想争取过分的极端自由，却不意落入了最严酷、最痛苦的奴役之中。这是不正义的极端状态，是非人的极端状态。

3. 僭主型的个人：僭主是无法无天的欲望的化身。在第九卷，苏格拉底首先探讨了欲望的问题。他和弗洛伊德一样，也认为梦是欲望的象征。通过观察人的梦境，就可以知道一个人的最真实的欲望。当然苏格拉底和弗洛伊德的目的是不同的。弗洛伊德似乎在为欲望辩护，认为欲望才是最真实的，理性文化都是派生的，文明应该顺应我们的欲望。但是苏格拉底是理性主义者，他贬低欲望，强调欲望必须接受理性的指导。真正的文化是理性引导欲望的结果，是欲望和理性的结合。但是理性比欲望更具有优先性，如果没有理性的引导，欲望的升华就是不可能的。他通过梦的现象指出，“可怕的强烈的非法欲望事实上在每一个人的心里，甚至在一些道貌岸然的人心里都有。它往往是在睡梦中显现出来的”（572b）。因此对欲望的监管和引导就至关重要，如果不受到良好的教育和塑造，那么每个人都可能成为无法无天的暴徒。这种欲望也许就是“潘多拉的盒子”。它是迷人的，也是可怕的。人类欲望的特点是它的无限性。动物的欲望和想象力都是有限的，被天然地限制在它们的种族特性中，而人类的欲望则借助于想象力而获得了无限扩大，使得我们难以获得欲望满足的快乐和安宁。我们一生最重要的任务就是驯服欲望。而哲人就是彻底征服了欲望的人，僭主就是被自己的欲望征服的人，他们是极端相反的人。

应该看到，这种非法的、强大的欲望在民主社会中会获得极大的放纵。每个人都开始变得无法无天、为所欲为，理性被逐渐驱逐出去。随着理性的放逐和削弱，激情也变得败坏了，激情开始和欲望结合在一起，进一步导致了欲望的膨胀，直到变得疯狂。所以一个僭主型的个人就是一个没有理性的极端欲望化的人，这样的人类似于醉汉、疯子或者色鬼。他们的生活就是铺张浪费、纵情酒色、放荡不羁等等。他们在欲望和激情的控制下无恶不作，最终把有最强大的欲望的人扶上僭主的宝座。但是僭主并不因此就成为快乐幸福的人，他被自己的欲望控制，成了欲望的奴隶，他根本体会不到自由和快乐。真正的自由是理性统治非理性的状态，是获得了最真实的智慧和至善才能达到的。同样，他也体会不到友爱，他不信任任何人。他的内心充满了怀疑、猜忌和恐惧。他不停伤害他人，也时刻害怕被他人伤害。

我们知道，古希腊雅典的第一位僭主是庇西特拉图（约公元前 7 世纪末～前 527)。他虽然出身贵族，却通过打击贵族势力获得了平民的信任，利用平民阶层的力量，夺取了雅典的最高统治权，实现了自己的政治野心。上台后的庇西特拉图在政治、经济、文化等方面颁布和实行了一系列有利于平民利益和发展的统治措施，制定过一系列奖励农工商的政策，大规模海外贸易建设雅典，支持文化，对于继承和发展梭伦改革的成果、壮大雅典工商业奴隶主的经济实力以及对雅典走向繁荣起到了巨大的作用。在现代政治中，最著名的暴君或者僭主应该是希特勒。当然现代暴君和古代僭主不同的地方在于现代暴君同时是理论家，他能够以新理论证明自己的合法性、正当性，因此他不会怀疑自己的正当性、合法性。而古代僭主则不是理论家，他的行为受到更高的理论的限制，因此他知道自己的非法性和不正当性。所以现代暴君和古代僭主相比是有过之而无不及的。

综上所述，苏格拉底描述了五种政体和五种人格类型，提供了一种“政治类型学”和“人格类型学”。其等级次序的基本标准是理性和欲望的对比关系。越好的政体就越富有理性，越坏的政体就越没有理性。这五种政体的基本规律就是理性越来越削弱，欲望越来越强烈。这是柏拉图确立的一个纯粹的理性主义的政体等级秩序。合乎理性就是合乎自然，合乎自然就是合乎至善。哲人王政体是理性占据最高地位的政体，它是最好的、最合乎自然的政体。荣誉政体是激情的政体，这时激情开始摆脱理性的引导。但是激情仍然没有屈从于低俗的欲望，它仍然和尊严荣誉结合在一起。在寡头政体中，理性进一步衰败，欲望开始上升，但理性仍然能够对欲望进行一定的制约。但是对财富的追求已经成为人们的首要目标。在民主政体中，穷人比富人更缺少理性，人民变得越来越放纵无度，欲望开始变得无法无天、为所欲为，理性和法律都丧失了对人民的支配权。在僭主制中，欲望达到了最大的放纵，僭主就是欲望的化身，这时已经没有任何理性可言。所有人都被自己的欲望所支配，都成了欲望的奴隶，因此这是一个最没有幸福的、最可悲的社会。从对智慧的推崇，到对荣誉的追求，到对财富的追求，再到对自由放纵的追求，再到对权力欲望的追求，这是一个欲望逐渐增大、理性逐渐衰败的过程。这也就意味着任何政治国家的完善都是以理性的注入为根本的。只要一个国家能够拥有更多的理性，这个国家就是一个接近完美的国家，否则就是名不副实、徒有虚名。

苏格拉底在此描述了一种“社会发展史”。这种视角和我们现在习惯于从生产力的发展说明社会发展的视角非常不同。他的观点是一种政治心理学和政治伦理学的考察。他把政体的演变归因于人心或者价值观的变化。他认为政体更迭的基本原因在于“儿子造反老子”。儿子不再崇尚老子的价值观，不再愿意按照老子的生活方式生活。在苏格拉底看来，“人心向背”决定了政体的基本走向。如果人心对“什么是好”的认识发生了变化，他们追求的价值目标就会发生变化，整个社会风气就会随之改变，这样他们就会改变自己的政治制度。柏拉图从来都是把政治和人心结合在一起思考的。这和前面他强调政体和人心的同构性是一致的。我们不能离开人心思考政治。公共政治生活不过是人心的外在投射和扩大。

柏拉图对社会发展史的心理学和伦理学的解释方式强调的是人心的价值取向对政治政体的决定性作用，而不是强调某些抽象的政治理念的重要性。所谓“世事洞明皆学问，人情练达即文章”。对世道人心的观察和认识是我们思考政治问题和哲学问题的基础。没有这种观察和认识，就不可能有真正的政治哲学。但是现代人都坚持和信奉某种抽象的“政治理念”，都试图按照某种理念改造政治制度，而没有考虑人心的变化。这是舍本逐末、不懂政治生活的本质和规律的表现。政体不是一个单纯的理念。政体是塑造人心人性、关系到生活方式的东西，我们应该把着眼点从政体转向人心。人心才是我们应该关心的首要目标，而人心的首要问题就是如何培养理性、驯服欲望的问题。只有哲学生活才能实现这个目的。因此，柏拉图对不正义的现实城邦的讨论本质上也是对哲学生活的辩护。他暗示我们，即使是再完美的政治城邦也是不值得追求的，唯一值得追求的就是过哲学生活。

二、回应格劳孔

苏格拉底开始和格劳孔讨论哲人最快乐、僭主最不幸的问题，以及正义对正义者不利，对不正义者有利的问题。这是对第二卷中格劳孔的第三个问题的回应。

（一）“谁更快乐”的证明

苏格拉底的观点是最恶的人也是最不幸的人。他执掌的专制权力愈大，掌权的时间愈长，他的不幸也就愈大，不幸的时间也愈长。“没有一个城邦比僭主统治的城邦更不幸的，也没有一个城邦比王者统治的城邦更幸福的。”（576e）他从三个方面进行了证明。

1. 社会学证明（577c 以下）

僭主式个人的心中充满奴役和不自由，他的理性受着狂暴的欲望的控制。他永远处在疯狂的欲望驱使之下，充满了混乱和悔恨。僭主的心灵也是最无能的，最不能做自己想做的事情。僭主式的心灵充满了恐惧、痛苦、忧患、怨恨、悲伤。在暴君统治下的他人心灵也必定是贫穷的和不满足的。所以一个僭主型的人是所有人中最不幸的。他是一个依赖和巴结恶棍的最卑劣的奴隶。他的欲望永远无法满足，他是真正的穷人。他一天到晚提心吊胆，权力使他更加妒忌，更不可信，更不正义，更不讲朋友交情，更不敬神明。他不仅使自己成为极端悲惨的人，也使周围的人成了最为悲惨的人。国家的状况反映了其统治者的境况，他的国家也充满了动荡不安和苦痛。

苏格拉底以此告诫我们不要被欲望所支配，特别是不要被权力欲望所支配。如果我们试图通过政治权力获得个人的幸福，那么在我们达到权力的顶峰之时，这种不顾一切追求权力的结果并不能带来幸福和快乐，只能带来最大的不幸。通过追求政治权力来获得幸福是无知和愚蠢的。我们对政治权力的追求只能是为了天下苍生的幸福，而不是为了自己的幸福，否则我们只能害人害己。这一点同样适用于现代极权主义暴政。我们不得不佩服柏拉图对政治和人心的观察。人性是不变的，这种观察在千年之后仍然准确，在未来的人类政治生活中也普遍适用。

2. 心理学证明（580d 以下）

在这个证明中，苏格拉底使用了灵魂的三分法，即把灵魂分为理性、激情和欲望。这三个部分分别对应不同的快乐。欲望对应爱金钱，激情对应爱胜利，理性对应爱智慧，三个部分也分别对应着爱利者、爱胜者和哲学家三类人。他认为哲人的快乐最多，他不但体验到金钱带来的快乐，还体验到激情带来的快乐，更加体验到智慧带来的快乐。“看到事物实在这种快乐，除了哲学家而外别的任何人都是不能得到的。”（582c）这种实在就是至善本身。对至善的直观和认识可以给我们带来最纯粹和最深刻的快乐体验。对生灭之物的体验则不能给我们最深刻的快乐体验。这和柏拉图在《会饮》中关于对美本身的直观的观点也是一致的。对美本身的直观可以带给我们至乐。体验到真理的快乐的人是“死而无憾”的。“朝闻道，夕死可矣。”（《论语·里仁》）从这个意义上看，对真理的追求是最值得的。哲人体验到了三种快乐，其中最重要的是理性带来的快乐。哲人是最快乐的人。“三种快乐之中，灵魂中那个我们用以学习的部分的快乐是最真实的快乐，而这个部分在灵魂中占统治地位的那种人的生活也是最快乐的生活。”(583a)

我们可以对比庄子关于“至乐”的论述。庄子描述的这种至乐也就是柏拉图的哲人的至乐。“天下有至乐无有哉？有可以活身者无有哉？今奚为奚据？奚避奚处？奚就奚去？奚乐奚恶？夫天下之所尊者，富贵寿善也；所乐者，身安厚味美服好色音声也；所下者，贫贱夭恶也；所苦者，身不得安逸，口不得厚味，形不得美服，目不得好色，耳不得音声。若不得者，则大忧以惧，其为形也亦愚哉！夫富者，苦身疾作，多积财而不得尽用，其为形也亦外矣！夫贵者，夜以继日，思虑善否，其为形也亦疏矣！人之生也，与忧俱生。寿者惛惛，久忧不死，何之苦也！其为形也亦远矣！烈士为天下见善矣，未足以活身。吾未知善之诚善邪？诚不善邪？若以为善矣，不足活身；以为不善矣，足以活人。故曰：‘忠谏不听，蹲循勿争。’故夫子胥争之，以残其形；不争，名亦不成。诚有善无有哉？今俗之所为与其所乐，吾又未知乐之果乐邪？果不乐邪？吾观夫俗之所乐，举群趣者，硁硁然如将不得已，而皆曰乐者，吾未之乐也，亦未之不乐也。果有乐无有哉？吾以无为诚乐矣，又俗之所大苦也。故曰：‘至乐无乐，至誉无誉。’”(《庄子·至乐》)

3. 本体论证明（563b 以下）

苏格拉底试图说明真正的快乐是什么，证明除了有智慧的人而外，别的任何人的快乐都不是真实的、纯净的，只是快乐的一种影像。他指出，有人认为痛苦和快乐只是相对存在的，没有痛苦就没有快乐，没有快乐就没有痛苦。这种观点是错误的。还有人认为快乐就是没有痛苦，快乐仅仅是痛苦的缺失。

这种观点也是错误的。因为俗人没有看到至善实相，所以他们对快乐和痛苦的看法也是错误的。在他看来，第一，只有真实的东西才能带来真实的快乐。第二，真实的东西是永恒不变的东西，生灭变化的东西没有真实性。第三，永恒不变的实在必定是可知的，生灭变化的东西不具有可知性。第四，心灵比身体具有更高的实在性。身体不具有心灵的实在性，满足身体需要的东西不如满足心灵需要的东西具有真实性。第五，如果受到充实的东西和用以充实的东西越实在，我们所感到的快乐也就越真实；反之，如果这种东西缺少实在，我们就不能得到真实可靠的充实满足，就不能感受到可靠的、真实的快乐。第六，爱利的部分和爱胜的部分只有受到爱智慧的部分的支配才是快乐的。“如果爱利和爱胜的欲望遵循知识和推理的引导，只选择和追求智慧所指向的快乐，那么它们所得到的快乐就会是它们所能得到的快乐中最真的快乐；并且，由于受到真所引导，因而也是它们自己固有的快乐，如果任何事物的最善都可以被说成最是自己的话……如果作为整体的心灵遵循其爱智部分的引导，内部没有纷争，那么，每个部分就会是正义的，在其他各方面起自己作用的同时，享受着它自己特有的快乐，享受着最善的和各自范围内最真的快乐。”（576d-e）第七，那些被欲望控制的俗人聚在一起只知寻欢作乐，他们徒劳地用不实在的东西满足心灵的那个不实在的、无法满足的部分，他们的快乐之中必然混杂着痛苦，不过是真快乐的影子和画像。同样，那些充满激情的人如果不假思考、不顾理性地追求荣誉、胜利或意气，那么他的爱荣誉、爱胜利和意气的满足只能导致嫉妒、强制和愤慨。

最终苏格拉底证明，哲人王的有秩序的欲望离法律和秩序最近，僭主暴君的欲望离法律和秩序最远。僭主暴君离真正的快乐最远，哲人王者离它最近。“最善者和最正义者是最幸福的人。他最有王者气质，最能自制。最恶者和最不正义者是最不幸的人。他又最有暴君气质，不仅对自己实行暴政而且对他的国家实行暴政。”（580c）

（二）“谁更有利”的证明

苏格拉底继续向格劳孔证明“正义对正义者有利，对不正义者不利”的观点。他用多头怪兽、狮子和人形的组合体来回答这个问题。多头怪兽象征欲望，狮子象征激情，人形象征理性。如果认为正义对正义者不利，就意味着放纵和加强多头怪兽和狮精的力量，让人忍饥受渴，变得十分虚弱。正确的做法是人应该调解两个精怪之间的纠纷，使它们和睦相处，而不是任其相互吞并残杀而同归于尽。因此，“我们的一切行动言论应当是为了让我们内部的人性能够完全主宰整个的人，管好那个多头的怪兽，还要把狮性变成自己的盟友，使各个成分之间和睦相处，从而促进它们生长”，“所谓美好的和可敬的事物乃是那些能使我们天性中兽性部分受制于人性部分（或可更确切地说受制于神性部分）的事物，而丑恶和卑下的事物乃是那些使我们天性中的温驯部分受奴役于野性部分的事物”（589d）。也就是说，正义本身就是有利的，不正义本身就是不利的，并不在于它们带来的后果。我们不能愚蠢地认为通过不正义的手段可以获得很多利益，认为这些利益可以给我们带来真正的快乐。这些不正义的行为本身只会给我们带来不幸，因为我们已经被欲望所支配了，成了欲望的奴隶。和那些利益相比，这种奴役和不幸才是更大的。正如孔子所说：“饭疏食饮水，曲肱而枕之，乐亦在其中矣。不义而富且贵，于我如浮云。”（《论语·述而》）在此，柏拉图再次揭示了智慧、美德和幸福的一致性。在他看来，第一，智慧才是美德，智慧是美德的基础。没有智慧就没有美德。第二，美德就是幸福，正义就是幸福。没有正义和美德就不可能幸福。只有哲人才是真正的正义者，只有哲人才是真正幸福的人。最后，他表明正义本身就是可欲的，不正义本身就是最不可欲的。最终的结论是“正义有利说”是对的，“不正义有利说”是错的。

接下来，苏格拉底论述了哲人王统治的正当性。哲人首先在自己的心灵中建立了理想国，并且使他的整个生活都围绕这个目的秩序展开。第一，他会重视那些能在他心灵中培养起这种品质的学问，通过这种学习加强自己的理性能力，弱化一切非理性的能力。因此学习和好学是哲人的首要特点和品质。正如孔子所说：“君子食无求饱，居无求安，敏于事而慎于言，就有道而正焉，可谓好学也已。”（《论语·学而》）第二，哲人也进行身体的锻炼，但他的目的不是寻求强壮、健康或美，而是为使自己心灵达到和谐和自制精神。征服心灵必须首先征服身体。正如孔子所说：“射不主皮，为力不同科，古之道也。”（《论语·八佾》）第三，在财富问题上，哲人在追求财富时会注意和谐和秩序的原则，注视自己心灵里的理性宪法，不让财富的过多或不足引起任何纷乱。不论他是富贵还是贫贱，都不会影响他对于理性智慧和人格完善的追求。正如孔子所说：“君子素其位而行，不愿乎其外。素富贵，行乎富贵；素贫贱，行乎贫贱；素夷狄，行乎夷狄；素患难行乎患难，君子无入而不自得焉。”（《中庸》）第四，在荣誉问题上，如果荣誉能使哲人的人格更完善，他就高兴地接受；如果荣誉可能破坏他的理性秩序，他就避开它。哲人对于荣誉也是超然的。正如孔子所说："素隐行怪，后世有述焉，吾弗为之矣。君子遵道而行，半涂而废，吾弗能已矣。君子依乎中庸，遁世不见知而不悔，唯圣者能之。"（《中庸》）

哲人在自己心灵中建立了理性秩序的正当性和神圣性，接受哲人的统治也就是正当的神圣的；哲人是快乐的人，接受哲人的统治也是快乐的；哲人是最幸福的人，接受哲人的统治才能获得幸福。"我们所以说这种人应当成为一个最优秀的人物（也就是说，一个自己内心有神圣管理的人）的奴隶，其目的不是为了使他可以得到与一个最优秀人物相同的管理吗？我们这样主张并不是因为，我们认为奴隶应当（像色拉叙马霍斯看待被统治者那样）接受对自己有害的管理或统治，而是因为，受神圣的智慧者的统治对于大家都是比较善的。当然，智慧和控制管理最好来自自身内部，否则就必须从外部强加。为的是让大家可以在同一指导下成为朋友成为平等者……制订法律作为城邦所有公民的盟友，其意图就在这里。我们管教儿童，直到我们已经在他们身上确立了所谓的宪法管理时，才放他们自由。直到我们已经靠我们自己心灵里最善部分的帮助，在他们心灵里培养出了最善部分来，并使之成为儿童心灵的护卫者和统治者时，我们才让他们自由——我们这样做的目的也就在这里。"(590c-591a) 因此，接受哲人王的统治，才是合乎自然、合乎正义的。只有理性的哲人能够很好地升华自己的欲望，哲人或者圣人才是引导我们走向幸福生活的精神导师。如果我们反对哲人或者圣人，就会像迷失的羔羊，最终会被自己的欲望所伤害。欲望虽然不是危险的敌人，但是要驾驭欲望却是非常困难的。在我们自己还不能驾驭自己的欲望之前，我们只能接受哲人的理性的统治。只有在我们已经发展了理性之后，我们才能不需要哲人王的统治而实现自我治理。这种自我治理才是真正自由的核心。为所欲为只是奴隶，不是自由。

现代自由主义和民主主义的问题之一在于否定了统治的必要性、正当性。现代政治的这种特点是由现代政治特有的“抗争性”决定的。第一，现代政治的产生伴随着民族国家的建立。近代民族国家的建立首先需要排除罗马天主教会的控制，所以现代政治理论具有强烈反对基督教的立场。这导致了现代政治特有的世俗化倾向。第二，现代政治的反专制性来自它对封建等级制的反对，现代政治理论的建立者和拥护者更多来自第三等级，他们反对封建特权，特别推崇民主主义和自由主义。现代政治特有的这种抗争性决定了现代政治特有的片面性和局限性。在追求自由和民主的过程中，现代政治否定了国家或者政府的决定性作用，力图限制国家或者政府的权力，消除国家对个人可能产生的危害。所以现代性认为“政府是必要的恶”，提倡“最小政府”的原则。它认为人人都是自由和平等的，每个人应该按照自己的愿望生活，每个人都有能力解决自己面临的问题。所以现代个人不需要国家的教育和引导。国家或者政府的作用只是在于协调人和人在追求个人利益时可能产生的冲突和矛盾。这样，现代政治就否定了国家政府的教育功能，否定了统治的必要性和正当性。这进一步导致了现代政治中特有的无政府主义和极权主义的两极分化。

最后，苏格拉底指出，“或许天上建有它的一个原型，让凡是希望看见它的人能看到自己在那里定居下来。至于它是现在存在还是将来才能存在，都没关系。反正他只有在这种城邦里才能参加政治，而不能在别的任何国家里参加”（592b）。这段话表明，第一，苏格拉底的真实意图也许是把理想国建立在人的心灵中，关键是在我们的心中建立理想国，而不是在地球上建立理想国。如果我们不能在内心中建立理想国的秩序，我们就不可能在现实中建立理想国。在内心中建立理想国就意味着使自己成为一个哲人。我们不能对《理想国》的理解太过于政治化。第二，苏格拉底并不关心理想国能否在现实中实现。这也恰恰体现了柏拉图讨论理想国时的着眼点并不在于政治，而在于哲学。哲学的本质是心灵的净化。我们应该首先关注自己的灵魂，而不是政治世界。只有在人们不重视内心的理想国时，人们才关心现实世界的理想国。古典哲学更多关注的是理想的真理性问题，而不是理想的可行性问题。

这和现代以来的哲学家例如霍布斯等人是不同的。霍布斯把《利维坦》的可行性作为首要问题。这种对可行性或者实践性的关心导致霍布斯降低或者放弃了政治中的理想性和真理性。现代哲人主动迎合政治需要，现代哲学也自觉或不自觉地成了政治意识形态。这都是现代哲人背离古典哲学精神，而逐渐走向媚俗和堕落的体现。近现代哲人已经遗忘了哲学生活的超政治意义，已经不知道如何走出政治的洞穴。他们的哲学思考都是在“政治洞穴”中进行的，都是为“政治洞穴”服务的。如果古典哲人是为了哲学而关心政治，那么现代哲人是为了政治而关心哲学。

三、回应阿德曼托斯

在第十卷中，苏格拉底主要回应阿德曼托斯的问题。虽然阿德曼托斯并未出场，但从对话内容看，这部分是对他的问题的回答。

（一）对诗人的批评

苏格拉底重新提到了哲学和诗歌的争吵。他表示，虽然他对荷马怀有敬意，但是不能把对个人的尊敬看得高于真理。在他看来，诗人的诗歌对人的心灵具有腐蚀性。他对诗人进行了三个批判。

1. 本体论证明

苏格拉底根据实在性把存在者分为三个层次。首先，最实在的是理念。理念是“多中之一”“变中的不变”。理念类似于种或者类的概念，种总是比个体具有永恒性和真实性。因此对事物的认识就是对种类或者理念的认识。种类或者理念不是感官认识的对象，只能是理性认识的对象。所以古典哲学的自然不是感官对应的现象，而是理智的对象即理念。理念就是“作为自然的自然”，即真正意义上的自然。理念就是自然，自然就是理念，二者是一回事。所有理念中最真实的是至善理念。至善高于一切其他理念。至善是严格意义上的自然，自然和至善是一回事。所以我们必须改变通常意义上的自然概念，从感官现象意义上的自然上升到理性至善意义上的自然。其次，真实的是现象界的实物。苏格拉底认为实物是对理念的分有和模仿，实物在真实性上低于理念。实物是变化的，变化的东西只有不完全的真实性，是介于存在和不存在之间的东西。对现象实物的认识只能获得意见，而不能达到真理。最少真实性的东西是画家画出来的形象。这种形象是对现象实物的模仿，是更加不真实的。艺术和诗歌在真实性上和哲学的对象相比差了三层。诗歌艺术只是幻相的制造者。诗人只是模仿者，是对影像的模仿，是对模仿的模仿，所以诗人的模仿是最不真实的。我们应该献身于真实的东西，而不是献身于模仿的东西。

他进一步从战争和指挥问题、城邦治理问题和人的教育问题等方面批评荷马。他把荷马和立法者如斯巴达的莱库古、雅典的梭伦等进行比较。他认为立法者是人民的教育者，荷马从来不是合格的教育者。没有哪个城邦是因为荷马而治理好的。荷马不是战争的指挥者，也不是任何技艺的发明者。他也没有像智者那样创立私立学校，使学生们愿意跟随他学习，从而形成一种“荷马楷模”。而毕达哥拉斯则受到崇敬，他的继承者把这种生活方式称为“毕达哥拉斯楷模”。在他看来，如果荷马真能教育人、提高人的品德，就应该有许多青年跟随他、敬爱他，而不会让他或赫西俄德流离颠沛，以卖唱为生。因此从荷马以来所有的诗人都只是美德或其他东西的模仿者，他们完全不知道真实。诗人除了模仿技巧而外一无所知。他们只是能以语词为手段描绘各种技术，只知道通过词语认识事物，而他和听众一样对这些事情一无所知。

2. 知识论证明

苏格拉底又把技艺分为三种，即使用者的技术、制造者的技术和模仿者的技术。使用的技艺是人与自然所创造一切的目的，一切器具、生物和行为的至善、美与正确都与使用有关。因此，使用者才是对该事物最有经验的，使用者把该事物的性能好坏通报给制造者，然后制造者才能进行制作。只有使用者才真正拥有知识。制造者只是具有信念，需要听从使用者。

这里，苏格拉底又把使用的技艺放在知识问题的核心。在他看来，人和自然制造事物的目的就是为了使用。这是一种目的论的观点。在《欧绪德墨》中，苏格拉底就专门讨论了使用的技艺。他认为只有哲人才真正掌握使用的技艺。因为哲人认识到事物和个人的真实自然，掌握了智慧和真理，所以哲人能够做到物尽其用，人尽其能。如果我们不学会使用的技艺，那么制造的技艺就会成为一种灾难。我们制造了大量商品，却不知道如何正确使用，就会放纵欲望，“被物所役”。同样，诗人并不制造任何实物，也不是任何事物的使用者。诗人最多只是语词的使用者。但是语词只是事物的指示者。语言并不具有任何本体论的真实意义。我们掌控了语言并不意味着我们掌握了真实的东西。诗人沉迷于语词之中，就是沉迷于幻象之中。因此诗人没有任何真实的技艺，他没有任何知识。

3. 心理学证明

苏格拉底又指出，模仿是心灵感性部分的能力，认识是其理性部分的能力。感性的部分是低贱的，理性的部分是高贵的。我们应该信赖理性，而不是信赖感觉。“模仿术乃是低贱的父母所生的低贱的孩子。”（603b）诗歌作为模仿术就是旨在打动心灵的低贱部分。诗歌总是模仿行动着的个人，这种行动的人总是被欲望和情感所支配，内心充满了各种冲突，其中最大的冲突就是理性和非理性的冲突。他身上同时表现出两种相反的势力：一部分是准备听从智慧和法律指引的理性部分，一部分是一味回忆受苦和只知悲叹的非理性部分。相反，一个高贵的、智慧的人会尽可能消除欲望和情感的支配，而听从法律和智慧的劝告。“法律会以某种方式告知：遇到不幸时尽可能保持冷静而不急躁诉苦，是最善的。因为，这类事情的好坏是不得而知的；不作克制也无补于事；人世生活中的事本也没有什么值得太重视的；何况悲痛也只能妨碍我们在这种情况下尽可能快地取得我们所需要的帮助呢!”（604c）也就是说，我们的各种欲望和情感活动都是因为我们过于看重利害得失，而这样的人对真正的利害得失是无知的。正如老子所说：“祸兮，福之所倚；福兮，祸之所伏。孰知其极？其无正。正复为奇，善复为妖。人之迷，其日固久！是以圣人方而不割，廉而不刿，直而不肆，光而不耀。”（《道德经》第五十八章）哲人听从理性和智慧的指导，超越了感官现象层面的利害得失，他在情感、欲望和行动上都是淡然的、超然的。哲人的内心始终处于和谐而安宁的不动心状态。这种和谐而宁静的不动心状态是人性可能达到的最高境界。

哲人的这种理性境界是诗人所不能理解的，也是诗人不能描述模仿和展示的。“那个理智的平静的精神状态，因为它几乎是永远不变的，所以是不容易模仿的，模仿起来也是不容易看懂的，尤其不是涌到剧场里来的那一大群杂七杂八的人所容易了解的。”（604e）哲人的生活是沉思的生活，是最没有戏剧性的故事情节的生活，因此诗人根本无法描写哲人生活。在《会饮》中，柏拉图通过间接和象征的方式展示了苏格拉底的沉思。哲人的沉思是对内心的静观觉知，其本身是没有任何内容的纯形式。因此这种沉思本身是贫乏的，不能用语言描绘的。但是这种纯粹理性的沉思最接近于神的境界，是人性成就的巅峰。在柏拉图看来，只有理性的部分才是值得我们推崇和模仿的，情感和欲望的非理性部分应该是尽可能抑制的。但是诗人却不是模仿心灵的理性部分，他为了赢得广大观众的好评，总是尽力模仿暴躁的、多变的性格。诗人总是迎合人的低贱部分，促进低贱部分的发展。因此悲剧带来的怜悯和喜剧带来的笑都是不好的。诗人教育出来的人也是多愁善感、不能控制自我的人。不能自我控制的人就是小人，就是低贱的人。而君子则是能够进行自我控制的人。所谓“自胜者强”“克己复礼为仁”“不喜亦不惧”。因此苏格拉底说：“我们完全有理由拒绝让诗人进入治理良好的城邦。因为他的作用在于激励、培育和加强心灵的低贱部分毁坏理性部分，就像在一个城邦里把政治权力交给坏人，让他们去危害好人一样。我们同样要说，模仿的诗人还在每个人的心灵里建立起一个恶的政治制度，通过制造一个远离真实的影像，通过讨好那个不能辨别大和小，把同一事物一会儿说大一会儿又说小的无理性部分。”（605b）由此可见，苏格拉底反对诗歌是因为诗歌的非理性特征，这种非理性特征和哲人的理性品格是完全对立的。如果诗人能够听从哲人的教导，把道德和法律的精神贯穿到诗歌作品中，那么苏格拉底也是允许诗歌进入城邦的，城邦是需要这种诗歌的。良好的诗歌不是放纵欲望和情感的靡靡之音，而是歌颂理性正义之人的颂歌。“我们只许可歌颂神明的、赞美好人的颂诗进入我们城邦。如果你越过了这个界限，放进了甜蜜的抒情诗和史诗，那时快乐和痛苦就要代替公认为至善之道的法律和理性原则成为你们的统治者了。”（607a）柏拉图在《法律篇》中就把自己的作品看作是真正的诗歌，是所有诗人和教师都应该学习的典范。

综上所述，哲人和诗人之争关系的是教育什么样的人的问题，是我们应该如何度过自己的一生的重大问题。因此苏格拉底指出：“这场斗争是重大的。其重要性程度远远超过了我们的想象。它是决定一个人善恶的关键。因此，不能让荣誉、财富、权力，也不能让诗歌诱使我们漫不经心地对待正义和一切美德。”（608b）如果我们把荷马史诗和柏拉图对话进行对比就可以发现它们之间的巨大差异。荷马史诗是英雄史诗，它是对希腊民族的早期历史的回忆和怀念，是希腊民族自我意识形成的关键。但是荷马史诗只是英雄史诗，它推崇的人格理想是英雄，或者是有勇无谋、只会逞一时匹夫之勇的阿基里斯，或者如老谋深算、老奸巨猾的奥德修斯。这些英雄都不是建立在对人性的完整认识和考察之上的，都缺乏对人的理性本质的深刻认识。而柏拉图对话则重点展示了苏格拉底的哲人形象。这种哲人形象才是柏拉图设想的真正完美的人的典范，他不是以民族性眼光和角度来构思完人的形象的，而是以超政治的理性认识达到的。只有哲人形象才合乎人性的自然。苏格拉底最终以哲人的人格理想取代了荷马的英雄的人格理想。他推崇智慧，而贬低勇敢。所以诗人和哲人之争涉及人格理想的认识，关系到什么人才是完美的人、我们应该做什么样的人的问题。

关于柏拉图构想的哲人的完美形象，我们可以在古代哲学中普遍看到。当然这种哲人形象在现代哲学中已经丧失殆尽了。《老子》中指出：“天地不仁，以万物为刍狗；圣人不仁，以百姓为刍狗。”（《道德经》第五章）“五色令人目盲；五音令人耳聋；五味令人口爽；驰骋畋猎，令人心发狂；难得之货，令人行妨。是以圣人为腹不为目，故去彼取此。”（《道德经》第十二章）《论语》中指出：“《关雎》，乐而不淫，哀而不伤。”（《论语·八佾》）“恭而无礼则劳，慎而无礼则葸，勇而无礼则乱，直而无礼则绞。君子笃于亲，则民兴于仁。故旧不遗，则民不偷。”（《论语·泰伯》）《中庸》中指出：“喜怒哀乐之未发，谓之中；发而皆中节，谓之和；中也者，天下之大本也；

和也者，天下之达道也。致中和，天地位焉，万物育焉。”《孟子》中指出：“我四十不动心。”不动心的目的就是“养浩然之气”，“其为气也，至大至刚，以直养而无害，则塞于天地之间。其为气也，配义与道；无是，馁也。是集义所生者，非义袭而取之也。行有不慊于心，则馁矣”（《孟子·公孙丑上》）。《庄子·至乐》中记载：“庄子妻死，惠子吊之，庄子则方箕踞鼓盆而歌。惠子曰：‘与人居，长子、老、身死，不哭亦足矣，又鼓盆而歌，不亦甚乎！’庄子曰：‘不然。是其始死也，我独何能无概！然察其始而本无生；非徒无生也，而本无形；非徒无形也，而本无气。杂乎芒芴之间，变而有气，气变而有形，形变而有生。今又变而之死。是相与为春秋冬夏四时行也。人且偃然寝于巨室，而我噭噭然随而哭之，自以为不通乎命，故止也。’”范仲淹的“不以物喜，不以己悲”“先天下之忧而忧，后天下之乐而乐”的人格形象也是哲人不动心的表现。

（二）灵魂的神话

1. 灵魂的本性

苏格拉底进一步讨论正义最大的报偿。这种最大的报偿与灵魂的不死相关。当他提出“灵魂是不死的”时，格劳孔对这个观点感到非常吃惊。可见，当时希腊人没有灵魂不死的观点。泰勒认为苏格拉底使灵魂不死的观点成为一个主导性的观念。主张灵魂存在和不死，和苏格拉底主张对感官现象世界的超越是一致的。如果我们要超越肉体感官的世界，要追求永恒不变的世界，我们就不能不主张灵魂的不死。否则，随着肉体的死亡，整个世界也随之消失，那么我们对永恒真理的追求就是不可能的。因此主张灵魂不死是理性主义的必然结论。

所以苏格拉底指出，他“应该”这样主张，格劳孔也“应该”这样主张。因为合乎理性的就是应该的，合乎理性的就是合乎人性的，合乎自然的。因此康德才认为至善的实现需要灵魂不死的信仰，我们必须信仰灵魂的不死。康德还认为“应该”就是“能够”。因为“应该”是我们理性的要求，理性是我们的先天能力，二者在理性中统一起来，所以我们不能借口自己能力有限而不去做，不能为自己的任何不合乎理性的行为进行辩护。正如孔子所说：“我未见好仁者，恶不仁者。好仁者，无以尚之；恶不仁者，其为仁矣，不使不仁者加乎其身。有能一日用其力于仁矣乎？我未见力不足者。盖有之矣，我未之见也。”（《论语·里仁》）

但是苏格拉底的灵魂不死观点并不是一种康德式的假设，灵魂的存在和不死在我们的心灵获得净化后是可以直接认识到的。这也就是佛教中开示的“明心见性”的真理。因此，对于哲人或者圣人来说，灵魂的存在和不死是一种完全清楚明见的事实。但是俗人只能依靠信仰来支持灵魂的存在和不死，通过信仰的引导，俗人也能够净化自己的灵魂，达到对灵魂不死的见证。在《斐多》中，苏格拉底试图以理性的方式说服西米等人相信灵魂不死，但是没有成功。最终，他只好要求他们信仰灵魂不死，这种信仰是正确的，值得冒险。而哲人在自己活着的时候，已经达到了最高的智慧，获得了完全的至善，达到了“齐生死”的境界。他并不需要信仰灵魂不死，他已经彻底认识了灵魂的实相。

接下来，苏格拉底对灵魂不死进行了论证。第一，每一个事物都有其特有的善与恶。恶是能够毁灭事物的东西，善是能够保存事物的东西。对于灵魂来说，不正义是灵魂特有的恶。但不正义并不能够毁灭灵魂。因为不正义者不是死于不正义本身，而是死于他人施加的惩罚。如果恶不能杀死灵魂，那么灵魂就是不死的，是永恒存在的。第二，灵魂在数量上也是不增不减的，没有一个灵魂会灭亡，也没有一个会出生。第三，灵魂是单一的，不是复合的。灵魂内部没有矛盾，不会分解。

柏拉图在此对灵魂不死的证明是非常简略的。如果我们要详细理解柏拉图的灵魂观点，我们还需要结合《斐多》《法律篇》《斐德罗》等对话。

2. 灵魂的净化

苏格拉底接下来指出，灵魂是不死的、单一的、纯净的，但灵魂的真相始终是被掩盖的。为了认识灵魂的真相，我们必须靠理性的帮助，剥离附着在灵魂上面的肉体或者恶的东西，看清楚它在纯净状况下的样子。这样，我们就能够发现灵魂真实的美，关于正义和不正义的问题也会更加清晰。他认为灵魂就像海神格劳卡斯像一样，被海水浸泡冲刷得断离碎散，身上又盖上了一层贝壳、海草和石块之类，已经变得面目全非。我们必须把目光转向它的理性部分。理性是灵魂中神圣和纯洁的部分，是人的灵魂中最高贵的东西。灵魂正是凭借理性能够和纯粹神圣的理念世界交往。

柏拉图非常关注灵魂的净化。在《会饮》中，他讨论了灵魂如何从爱欲中获得净化，如果爱欲能够顺从理性，追求至美和至善，爱欲和灵魂就能获得净化。哲人就是灵魂的爱欲获得理性净化的人。在《斐多》中，他讨论了灵魂如何从对死亡的恐惧中获得净化。如果灵魂是不死的，那么对死亡本身的恐惧就没有意义。关键在于净化灵魂，而不是害怕死亡。《斐多》

是一篇洋溢着哲人慈悲心的伟大作品。而《理想国》讨论的也就是国家的净化问题。国家的净化依赖于每个人的净化，最终依赖于哲人的自我净化。归根到底，柏拉图认为哲学是灵魂净化的方式。智慧和美德都是对于灵魂的净化。通过学习哲学，我们的灵魂从感官世界中摆脱出来，“除去身上的石块和贝壳”，逐渐认识了永恒不变的美好世界，这样我们的一生才是美好的、值得的。所以，理念世界的存在、灵魂的不死都是针对灵魂的净化问题而提出来的，是柏拉图给我们心灵开出的药方。

柏拉图在此关于灵魂的污染和真相的观点和佛教关于自性或者真心的观点非常一致。佛教认为我们的自性真心是不生不灭、不增不减、无染无垢的，因为我们不知道心灵的本来面目，被无始以来的无明所支配，总是不断造业，妄心逐渐遮蔽真心。所以成佛的关键就是明心见性，找回自己的真心。佛教的基本精神就是“诸恶莫作，众善奉行，自净其意，是诸佛教”。柏拉图哲学和佛教哲学具有深刻的一致性。而儒家和道家的教导也莫不如此。

3. 正义者的回报

在说明了灵魂的真相之后，苏格拉底指出，我们不必祈求正义的报酬和美名，正义本身就是最有益于灵魂自身的。做人应当正义，无论他有没有古各斯的戒指，或者哈得斯的隐身帽。接着，他详细说明了正义灵魂的报偿。

灵魂在肉体活着时能够获得最大的回报。首先，正义者将得到神的赐福。神爱正义者，恨不正义者。神必将造福于他所爱的人。“我们必须深信，一个正义的人无论陷入贫困、疾病，还是遭到别的什么不幸，最后都将证明，所有这些不幸对他

(无论活着的时候还是死后）都是好事。因为一个愿意并且热切地追求正义的人，在人力所及的范围内实践神一般的美德，这样的人是神一定永远不会忽视的。”（613a）一个正义的人将只关注自己的正义和美德，而不关注自己的吉凶祸福。一个人既关注灵魂的德性，还关注自己的利害得失，这样的人肯定不是推崇智慧和美德的人。正如孔子指出的：“士志于道，而耻恶衣恶食者，未足与议也。”（《论语·里仁》）对于一个正义的人，美德就是至善，美德就是幸福，他不需要再从尘世间获得功名利禄的奖赏。他会认为加之于他的一切都是美好的。他不会怨天尤人，患得患失。正如赫拉克利特指出的：“在神看来一切都是好的，只有人才认为有好有坏。”因为神是整全的视野，他没有分别地对待一切。而人则是有分别的，他才区分好坏。哲人类似于神，他也不区分好坏。在他的心中没有邪恶的事物。他的心达到了超然的、无我的状态，从这种超然无我的境界中，他体验到了神一般的至乐和幸福，这就是他所能够获得的最大的回报。正如孔子指出的：“贤哉，回也！一箪食，一瓢饮，在陋巷，人不堪其忧，回也不改其乐。贤哉，回也!”（《论语·雍也》）他会以感恩的心对待世间的一切。哲人是没有命运的，他完全超越了自己的命运。这种观点后来被斯多葛派哲人继承下来。而世俗之人患得患失，终日忧心忡忡，从来也没有体验过这种至乐，世俗之人的生活是可悲的、不幸的。其次，正义者还会从人间得到回报。当然这种回报已经不重要了。但是苏格拉底还是指出，“正义者随着年龄的增长，只要愿意，就可以治理自己的国家，要跟谁结婚就可以跟谁结婚，要跟谁攀儿女亲家就可以跟谁攀亲家”（613d）。总之，他可以获得格劳孔曾经给予不正义者的一切好处。不正义者最后会被捉住受到嘲弄，受到外国人和本国人的唾骂。

灵魂在肉体死后的回报。苏格拉底讲述了一个死后灵魂的故事。这个故事来自勇士厄洛斯的死后见闻。死后的亡灵都经历了三个阶段。

第一阶段是亡灵首先来到灵魂的聚集地，这是一片草地。在这里，天上两个洞口，地下两个洞口。有正义的灵魂从天上下来，有不正义的灵魂从地狱出来，它们都是因为受完了相应的业报准备重新投生的。每个亡灵都根据生前善恶接受10倍的报偿。天上来的亡灵讲述天上的美好生活，地下的亡灵讲述地下的痛苦生活。其中僭主生活是最悲惨的，他们困在地狱中不得出来。

第二阶段是亡灵的选择。亡灵共同来到“必然的纺锤”的地方，选择来世的生活方式。“必然的纺锤”由八个女妖守护，还有“必然”的女儿“命运三女神”，即拉赫西斯、克洛索和阿特洛泊斯。拉赫西斯唱过去的事，克洛索唱当前的事，阿特洛泊斯唱将来的事。她们共同合唱，形成一个和谐的音调。在此，柏拉图还构想了一个新的宇宙模型。亡灵们来到拉赫西斯面前，拉赫西斯从膝上取下阄和生活模式，登上一座高坛宣布另一轮回的新生即将开始，每个人都将自己选择命运，而不是神决定他们的命运。其中的生活方式各种各样，既包括人的，也包括动物的。“谁拈得第一号，谁就第一个挑选自己将来必须度过的生活。美德任人自取。每个人将来有多少美德，全看他对它重视到什么程度。过错由选择者自己负责，与神无涉。”(617e) 这里暗示了每个人的命运都是自己的选择，每个人都是自作自受，所谓“祸福无门，唯人自招”。把不幸的命运归因于神的安排是无知愚蠢的体现。苏格拉底认为：“这个时刻看来对于一个人是一切都在危险中的。这就是为什么我们每个人都宁可轻视别的学习而应当首先关心寻师访友，请他们指导我们辨别善的生活和恶的生活，随时随地选取尽可能最善的生活的缘故。”（618c）他认为，在这个时刻，我们应该学习理性地“计算”，评估各种事物对善的生活的影响，能够在较善的生活和较恶的生活之间做出合乎理性的选择，不能被各种所谓的幸福和权力富贵等诱惑。① 他列举了一个在天上享受完了福报的亡灵最终选择了僭主的生活方式。他的前世生活虽然是善的，但是他的善只是由于风俗习惯、循规蹈矩、安分守己而已，不是因为学习哲学智慧，所以他没有真正摆脱愚蠢和贪婪，他的善是不可靠的，不能真正抵御来自权势、富贵的诱惑。虽然这个亡灵马上后悔了，但是为时已晚。

苏格拉底还指出，那些来自天上的亡灵大多经受不住这种诱惑，都选择了恶的生活方式。这是柏拉图对所谓的“道德楷模”的贬低。大多数道德楷模都只是安分守己的人，他们没有理性和智慧。这同时也是对哲学生活的颂扬。也就是说，只有通过哲学生活获得的智慧和美德才是真实的、可靠的，可以帮助我们在这个时刻不被权力和不正义所诱惑。他还指出，那些来自地狱的亡灵则受过极大痛苦，不再被荣华富贵所诱惑，大多选择了善的生活。可以说，在这个时刻，亡灵们的善恶出现了互换。他们的选择都是由于他们前世的“习性”决定的。这和佛教的业力轮回观点非常接近。只有业力消除了，才能不再受到业力的支配而做出错误的选择。苏格拉底列举了几个灵魂

---

① 这种理性的计算在《普罗泰戈拉》中进行了充分的论证。这种理性的计算不能看作是功利主义的观点。

的选择。例如奥尔菲斯选择了天鹅的生活，阿伽门农选择了鹰的生活，奥德修斯没有忘记前生的辛苦劳累，抛弃了雄心壮志，选择了无人问津的普通公民的生活。

第三阶段是亡灵的投生。在所有亡灵都选择好了自己的生活方式后，他们列队走到拉赫西斯跟前。她给每个灵魂派出一个监护神，引领他们度过自己的一生。监护神把灵魂领到克洛索处，她手下方的纺锤在旋转中批准了选择的命运。然后，监护神再把灵魂引领到阿特洛泊斯旋转纺锤的地方，使命运之线不可更改，最后每个灵魂头也不回地从“必然”的宝座下走过。在他们走到勒塞的平原，喝过了忘川之水后，他们便忘了一切。他们睡着了。到了半夜，雷声隆隆，天摇地动。所有的灵魂便全被突然抛起，像流星四射，向各方散开去重新投生。厄洛斯被禁止喝这河的水，他不知道自己是怎样回到自己肉体的。在他睁开眼睛时，天已亮了，他正躺在火葬的柴堆上。

最后，苏格拉底指出：“如果我们相信它，它就能救助我们，我们就能安全地渡过勒塞之河，而不在这个世上玷污了我们的灵魂。不管怎么说，愿大家相信我如下的忠言：灵魂是不死的，它能忍受一切恶和善。让我们永远坚持走向上的路，追求正义和智慧。这样我们才可以得到我们自己的和神的爱，无论是今世活在这里还是在我们死后（像竞赛胜利者领取奖品那样）得到报酬的时候。我们也才可以诸事顺遂，无论今世在这里还是将来在我们刚才所描述的那一千年的旅程中。”(621c-d)

关于这个神话，我们可以说：

第一，这个死后的神话也是苏格拉底的“神道设教”，它和前面的“高贵的谎言”一起构成了理想国的意识形态。“高贵的谎言”是关于生的，“死后的神话”是关于死的。相信灵魂不死对于国家的道德生活至关重要。如果人们不相信灵魂不死，认为死亡可以勾销一切，他们就可能不再遵纪守法。好人也会因为不能获得报偿而不再愿意行善。如果他们相信灵魂是不死的，相信“善有善报，恶有恶报，不是不报，时候未到，时候一到，一切都报”，那么他们就会尽力遵纪守法、弃恶从善，在这种弃恶从善中获得人生真正的幸福。所以道德、法律本身不是对人性的压抑和约束，道德法律是人生幸福的必要条件。没有道德法律，人们永远不可能获得幸福。所以即使灵魂不死是一种善意的谎言，也是对人心有益的谎言。有益的就是真实的。可以说灵魂不死就是一种认识人心的本性而得出的真理。

第二，这个故事的主旨仍然是哲学的颂歌。他暗示只有哲人才能在生前死后获得最大的报偿。只有哲学生活才是值得追求的。我们应该把全部热情投入哲学生活之中。这可以说是苏格拉底所有对话的共同教导。但是哲学生活的美好“如人饮水，冷暖自知”，只有切实把哲学作为一种生活方式的人才能真正体验哲学的美好，站在哲学门外的人永远也不可能。只有歌颂哲学的诗歌才是真正美好的诗歌。因此真正的诗歌神话只有“一个”，它必须合乎人性的自然，必须合乎理性的法则，真正的诗歌就是哲学的颂歌。否则，只是为了追求新奇而不顾人性的理性真理的诗歌或者神话必然是错误的。

现代的浪漫主义、后现代主义等诗歌可以说或多或少都是片面的，他们背离了古典诗学“文以载道”的基本原则。尼采、海德格尔等人都试图以非理性的诗歌取代柏拉图的理性诗歌。他们一方面认为我们不能认识世界的真相，否定了哲学的可能性；另一方面认为我们的生活需要诗歌或者神话，新诗歌神话的创造就是为了生存而进行的随心所欲的创造。他们认为诗歌神话没有是非对错的观点是错误的。我们应该看到，在诗歌神话的问题上，同样存在是非对错，同样存在真理和谬误。诗歌并不是随意的，没有章法的。只有以哲学为核心的诗歌才是唯一的和真正的诗歌。可以说，柏拉图的全部对话都是哲学的颂歌，是“诗中的诗”“歌中的歌”。

小结

下面总结一下《理想国》的基本观点。第一，理想国的自然性。理想国是依据自然建立起来的。这是理想国区别于依据传统习俗建立的国家的本质特征。这个自然不是物理学意义上的自然，而是人心的自然，即每个人心灵中理性和爱欲的关系。自然分为潜在的自然和实现的自然。潜在的自然是一切文化教育的基础。我们不能创造也不能违背这个自然，我们只能顺应潜在的自然使之成为实现的自然。第二，理想国的正义性。潜在的自然的实现就是正义。这种正义性是自然的正义，自然的正义就是每个人的天性通过适当的教育转变为美德和技艺，这是自然的完成和正义的实现。自然的正义就是绝对的正义，它高于法律和习俗的正义。第三，理想国的幸福。幸福是个人的自然的实现和完善。正义是幸福的实质内涵，幸福是正义的主观感觉。正义就是和谐，和谐就是幸福。和谐既包含外在秩序的和谐，更包含内心秩序的和谐。这种和谐是理性和非理性的和谐。第四，理想国的同一性。理想国是国家的理念，是一个整体性的有机体，同一性是有机的整体性。个人是国家有机体的组成部分。这种同一性是自然的正义和幸福的实现，而不是强制的同质化。第五，理想国的等级性。这种等级性排除了社会性的等级性，只是依据自然的等级性。这种等级性是国家的同一性和有机整体性的必然形式。第六，理想国是哲人王的统治。哲人是万物的尺度，理想国就是“放大的哲人”。理想国就是一个哲人的“政治学模拟”，正如《蒂迈欧》中的宇宙是哲人的“宇宙学模拟”一样。个人、国家和宇宙在本质上是具有同构性的。这可以称为“推人事以明天道”。正是在这个意义上，施特劳斯才说“政治哲学是第一哲学”。

第二篇　哲人的“中和之道”

——《政治家》释义

《政治家》虽然篇幅短小，但是内容复杂丰富，思路峰回路转，整部作品显得像是一个迷宫，柏拉图的写作意图使人捉摸不透。人们对《政治家》的评价一向不高。例如萨拜因在《政治学说史》中就指出：“由于文笔方面的缺陷，与《理想国》相比，阅读《政治家》的人一向很少，也许还一直存在着一种把这部作品文笔质量下降的现象与知识力量下降的问题相混淆的倾向。”① 他对《政治家》的论述几乎一笔带过。但是施特劳斯则认为：“《政治家》似乎比《理想国》更清醒。可以说，《政治家》比《理想国》更科学。”② 他认为《政治家》中说出了《理想国》中没有说出的思想。一般认为《理想国》阐述了人治的原理，而《法律篇》则阐述了法治的原则，《政治家》从写作时间上看介于《理想国》和《法律篇》之间，《政治家》似乎就是柏拉图从人治到法治转变的著作。但是通过对《政治家》的解读，我们将会发现并不存在这种转变。相反，柏拉图通过对人治和法治的比较，更加深化了他在《理想国》中曾经阐述的人治的政治理想，对哲人王统治的正当性进行了

① 萨拜因：《政治学说史（上卷）》，邓正来译，上海人民出版社，2008年版，第101页。

② Leo Strauss，Joseph Cropsey. *History of political philosophy*. Rand McNally Company，1963：p43.

充分的辩护。柏拉图最终暗示只有哲学家才是真正的政治家，这和《理想国》的主题是一致的。可以说，《政治家》是最接近《理想国》的一篇对话。

第一节　对政治家的初步探讨

对话的主要人物是异邦人和小苏格拉底。从对话中我们可以看到，这篇对话是在《泰阿泰德》之后写作的。泰奥多洛是苏格拉底和异邦人的引介人。这个“异邦人”可以理解为是真正的哲学家。哲学家对于任何国家都是异邦人。因为哲学家超出了普通人。普通公民总是低于国家，哲学家是高于国家的。哲学家认识到了一切国家和法律的本质，在理性上超出了国家的法律和习俗。但是哲学家仍然也是某个国家的公民，哲学家在行为上仍然遵守国家的法律，甚至比普通公民更好地遵守法律，一个哲学家同时也是最好的公民。但是他不是一般意义上的国家公民，哲学家是一切国家的异邦人。

一、问题的提出

泰奥多洛表明异邦人会非常精彩地以言谈“制作”政治家和哲学家。苏格拉底显然并不认可泰奥多洛的说法。泰奥多洛把政治家、数学家和哲学家相提并论。而苏格拉底认为他们三者的地位和境界相差甚远。他的言外之意是，哲学家是最高的，政治家其次，数学家最低。泰奥多洛并不理解苏格拉底的这种观点。哲学家是人性可能性的顶峰，他的本质和形象远远超出了一般人的想象力，所谓“大象无形”。只有通过理性化的诗意的想象力才能构想哲学家的本质和形象，而一般人对哲学家的认识都太片面和狭隘了。哲学家是“人极”“原人”，理解了哲学家的本质和形象，我们就能理解人性和宇宙的奥秘。柏拉图的全部著作就是在展示哲学家的本质和形象。在《美诺》中，柏拉图指出，最好的政治家是凭借“正确的意见”而不是知识进行统治的，最好的政治家也不如哲学家。这也意味着只有哲学家才是真正的政治家。数学家的智慧和地位就更低了，我们可以从《泰阿泰德》中苏格拉底对数学家的批判看到这一点。他们只是研究数学领域的问题，这些问题相对于人类的公共生活而言并不重要，他们的研究方法也是凭借“假设”而不是原理进行的。柏拉图在《理想国》的线段喻中也表达了这种观点。数学的这种假设性说明数学不可能是最高等的科学。哲学是凭借“原理”进行思维的。这种哲学原理才是绝对真理。绝对原理就是“一是一切，一切是一”。只有达到了这个绝对原理，我们才是达到了真正的严格科学。在《巴门尼德》中，柏拉图对这个绝对原理进行了论证。现代科学的基础是数学和实验，和哲学的绝对原理相比，现代科学在认识真理方面是极其有限的。

接下来，泰奥多洛问异邦人是先谈政治家还是哲学家。政治先于哲学，当然是先谈政治家。异邦人不想和泰阿泰德进行对话，而是想让小苏格拉底和他对话。苏格拉底表明两个年轻人都和他有亲缘关系。泰阿泰德和他的相貌相似，小苏格拉底则和他同名。相貌相似只是外在的，同名则暗示了更大的一致性。可以说，小苏格拉底和苏格拉底更加一致和接近，这个小苏格拉底就是苏格拉底的另外一个面相。异邦人和小苏格拉底的关于政治家的对话可以说是对苏格拉底的一种政治教诲。从历史的层面看，如果柏拉图对真实的苏格拉底持有某种批判意见，这种批判意见应该就是苏格拉底不懂政治。正如在《巴门尼德》中巴门尼德对青年苏格拉底进行了哲学启蒙，在《政治家》中异邦人对小苏格拉底进行了政治启蒙。

二、政治家是牧者

《政治家》的目标是定义“什么是真正的政治家”。异邦人采取的方法论是“二分法”。二分法可以说是定义法和辩证法的一种形式。定义一般就是种加属差。这种对种和属差的划分类似于二分法。我们对一个观点或者事物进行定义，就是对这个观点或者事物进行本质的考察。这种定义使我们不断反思事物或者观点的本质，因此定义法可以说是一种“本质直观”。这种本质直观最终会要求我们超出一切语言文字去直观事物的本质。这就是“回忆说”所表达的灵魂对自身内部的事实和真理的认识和直观。

异邦人首先从知识开始划分。他依据知识和行动的关系，把所有知识区分为实践的和认知的两个“种”。例如数学知识和木匠的知识。这种划分类似于我们现在所谓的“理论知识”和“实践知识”。政治家的技艺属于认知的技艺，而不是实践的技艺。其根据在于如果一个人不是政治家，但是却拥有治国之术，或者政治家应该拥有的知识，那么这个人就是真正的政治家。异邦人认为只要具有了政治知识，不论他是不是拥有政治权力，都可以成为王者。“不论谁拥有统治的知识，不论他是实际的统治者，还是一介布衣，难道他的技艺无论如何不都应该被正确地看作与王者的技艺严格一致吗?”① 在异邦人看来，真正的统治者并不是掌握政治权力的人，而是具有政治知识的人。

只有知识才能引导我们正确地决策和行动，如果没有知识，人类的行为就和动物的行为没有区别。柏拉图强调了知识或者智慧对于政治生活的首要性。这里的知识是对事实—自然的直接认识，和现代科学知识是具有本质差异的。同时，柏拉图对知识的强调也贬低了财富和势力对于政治生活的重要性。我们衡量一种政治生活好坏的标准不是财富和势力，而是这种政治生活所凭借的知识。在现实的政治生活中，财富和权势则占据了主导性的地位。这反映了人们对于幸福和至善的无知。如果政治生活被财富和权势控制，那么政治生活的败坏就是不可避免的。

异邦人关于王者的这种定义几乎和中国儒家传统中的“素王”观念是一致的，也和佛教中的“法王”观念是一致的。儒家传统认为在上古时代，德位合一，统治者和圣人是同一的。后来德位分离，有德者没有位，有位者没有德。圣人只能是没有位的圣人即素王。孔子就是这种素王的代表。儒家传统始终认为，素王是“大成至圣先师”，是“万世师表”，是“王中王”，一切实际的统治者都必须效法素王。真正的统治者首先必须具有智慧，其次必须具有德性。在没有智慧的情况下，德

① Plato. *Statesman*. Translated and with Commentary by Seth Benardete. The University of Chicago Press，1986：259b.

性是最好的保障，否则一个没有智慧和德性的统治者就是“昏君”。昏君则是“独夫民贼”，不能被看作是君主。

异邦人还指出，治国和齐家没有本质不同。“在我们刚才考察的所有事物中，存在着处理这些活动的知识。而这一门知识，无论称之为王者的、政治的还是家政的，在我们看来，并没有什么不同。”(295c)① 这种观点和色诺芬的观点是一致的。色诺芬在《回忆苏格拉底》中也指出：“不要轻视善于管理家务的人，尼各马希代斯，因为管理个人的事情和管理公众的事情只是在大小方面有差别，在其他方面彼此是很类似的；最重要的是二者都不是不用人就管得好的，而且也并不是个人的事用一种人经管，公众的事用另一种人经管；管理公众企业的人所用的人和管理私人企业所用的并不是另一种人而是同样性情的人，凡是知道怎样用人的人，无论是私人企业或公共企业都能管理好，而那些不知道怎样用人的人在两方面都要失败。”②而亚里士多德则批判这种观点，他在《政治学》中指出：“主人的权威异于政治家的权威，各种权威（统治制度），并不像有些思想家所说，全部相同。政治家所治理的人是自由人；主人所管辖的则是奴隶。家务管理由一个君主式的家长来掌握，各家家长又以君臣形式统率其附从的家属；至于政治家所执掌的则为平等的自由人之间所付托的权威。”（《政治学》255a15)③ 他认为家长统治的是奴隶，政治家统治的是自由人，所以家政和治国不是一回事。在柏拉图看来，我们不能根据一个人的政治社会身份去定义人性的本质。如果一个政治身份意义上的自由

① 柏拉图：《政治家》，洪涛译，上海人民出版社，2006年版。

② 色诺芬：《回忆苏格拉底》，吴永泉译，商务印书馆，1984年版，第96页。

③ 亚里士多德：《政治学》，吴寿彭译，商务印书馆，1965年版，第1页。

人不能根据理性原则生活，而是按照非理性原则思考和行动，那么这个人仍然是一个奴隶，而不是自由人。也就是说，只有理性的人，或者理性完全支配了非理性的人才是自由人。一切真正的人性活动都是理性指导行为，理论指导实践。一个奴隶主管理家庭和一个政治家管理城邦，都是以理性指导非理性，使非理性的情感欲望合乎知识和理性。只有这样才能使家庭和国家都达到整体的和谐和幸福。相反，亚里士多德更多强调了政治社会因素在人性的定义中的重要性。可以说，亚里士多德在苏格拉底和柏拉图的哲学革命面前退缩了。

中国古代的儒家传统也把齐家和治国看作是一回事，把“国”和“家”看作是一回事。一个真正美好的“国”就像是一个“家”。家庭是社会的细胞，国家是由无数家庭组成的，如果家庭治理好了，那么就会逐渐扩展开来，在整个国家形成好的风气，国家不需要直接管理就自然和谐了。如果家庭不和谐了，国家不可能和谐。这种国家观包含了深刻的政治哲学智慧。但是我们现代人已经很难理解这种国家观了。不但如此，修身和齐家、治国也是一致的，因为它们都是按照理性统治非理性的原则进行的。《大学》认为：“自天子以至于庶人，一是皆以修身为本。其本乱而末治者否矣。其所厚者薄，而其所薄者厚，未之有也。此谓知本，此谓知之至也。”一个修身达到了最高境界的人才是真正的主人和政治家。如果一个人不能自我统治，也就是自律，他就不可能真正地统治他人。在柏拉图看来，一个哲学家就是一个真正实现了自我统治的人，他才能是一个真正的主人和政治家。

接下来，异邦人对认知的技艺进行了划分。认知的技艺又分为指导的和分辨的，王者的技艺属于指导的技艺。指导的技艺可以分为指导他人的和自我指导的。政治家在城邦中是最高的，不可能从其他人那里获得指导，他是自我指导的，并且是城邦中一切人的指导者。政治家的技艺既包括自我指导的技艺，也包括指导他人的技艺。政治家的技艺首先是自我指导的技艺，这种自我指导的技艺就是修身的技艺，也就是自律的技艺。这种自我指导的核心是提高自己的理性能力。正如《理想国》中指出的，提高自己的理性能力需要非常艰苦的努力，只有极少数哲人才能达到纯粹理性的境界。这种纯粹理性的境界就是直观到至善理念实相的境界。哲人凭借这种实相智慧超越了人世间利害得失的忧患，达到了人性的最高境界。同时，政治家不是离群索居的隐士，他的工作就是需要对他人进行指导。这种指导的目的就是帮助他人成为自己，获得自我实现，达到真正的幸福和至善。所谓"大海航行靠舵手"。所谓"仁者爱人""成己成物""与物为春"。"统治者，凡是我们所能想象的，都要进行指导并发布命令，其目的在于使某些类型得以生成。"(261a) 可以说，真正的政治家就是大乘佛教中的既成就自己也成就他人的"菩萨道"。

其次，异邦人又从被指导者（生成者）方面进行划分。被指导者分为有灵魂的和没有灵魂的，对有灵魂的动物的指导分为对个体动物的指导和对群体动物的指导。异邦人认为政治家的技艺属于对群体"动物"的指导。这里本应该明确称为"人"，但是异邦人却用了"动物"一词，这就暗示了异邦人对人类的蔑视。真正的哲人总是对人类持有蔑视或者慈悲的态度的，因为哲人远远高出人类之上，他更加看重的是理性、智慧和自由，不是单纯地为了生存而争斗的人类。小苏格拉底则认为："在言说时无论取哪一个名称都行。"这说明小苏格拉底对人类也持俯视的态度，也是最接近哲人的境界的。

所以异邦人对小苏格拉底非常赞许：“说得漂亮，苏格拉底！倘若你警惕，不对名称太当真的话，那么，你步入晚年时，将会更富有智慧。”（261e）也就是说，如果我们始终把人类看作一种动物，始终保持超越人类的视野来思考和生活，那么我们就能够超出人类的意见和习俗，而过一种超越世俗的哲学生活。如果我们始终沉溺于人类事务之中，满足于其中的意见和习俗，那么我们就不可能获得超人世的知识和智慧。我们如果要成为一个哲人，就必须时刻提醒自己不要“人性的，太人性的”。但是哲人也并不是反人性的，哲人始终使自己保持清醒的理性觉知，不让欲望和情感左右和支配自己。哲人才是人性的真正实现者，并且能够引导众人接受理性的统治。另外，我们也可以说，这里还包含了要超越语词直接认识事物的要求。人类总是习惯于按照语词认识事物，这种认识方式并不是最严格和真实的。语词可能揭示事物，也可能掩盖事物。如果我们总是习惯于依据语词认识事物，那么我们就可能错失事物的本质真相。在《克拉底鲁》中，苏格拉底说明了超越语言认识事物的认识论的重要性。这种认识方式就是“就其自身而认识”的方法。这种认识是离言绝相、无关文字的最高认识和智慧。对理念的直观就是这种认识方法的一种表达。

当小苏格拉底把群体动物分为人和动物时，异邦人打断了他的划分，认为他太心急了，没有严格遵守二分法的原则。因为他拿出比较小的一部分和较大部分对立，这是不顾“种”进行划分。“仅切下极其微薄的一片是危险的。从中间来进行分割是安全的。在中间你更有可能遭遇到各种相。正是这造成了在探究中的所有不同。”（262c）这段话大致包含了两层意思。

第一，他认为小苏格拉底仍然把人类看得太重要了。在他看来，人类不过是众多群居动物中的一种。一个超越人类的哲人应该平等地关心人类和其他动物。正如老子所说："天地不仁，以万物为刍狗；圣人不仁，以百姓为刍狗。"过多地关心人类恰恰会损害人类的利益，现代人道主义恰恰显示了这种弊端。第二，是对方法论的说明。真正的二分法是一种坚持从中间进行划分的方法，这种方法可以说是对后面提到的"中道论"的一种表述。这种中道论要求认识者保持一种不偏不倚的态度，始终客观地认识事物的本质。

异邦人进一步把群体动物分为驯养的和野生的，人属于驯养的动物。经过复杂的二分法，最终异邦人认为人作为驯养的动物，是和猪最接近的。"我们人类与最高贵、最随和的一类维系在一起"，猪的高贵在于它总是被当作献祭品，猪的随和是猪的自然特征。这里异邦人似乎在暗示民众是像猪一样的人，政治家是人民这种像猪一样的动物的牧者。"牧—人的技艺现在很清楚了，可以把政治家和王者置于牧群之上，就好像他是一位御者，把城邦的缰绳交给他，因为人民是属于他的牧群，他具有牧—人的知识。"（*Statesman*，266e）这可以说是柏拉图对普通人的蔑视，也是他对人类本性的认识。如果我们联系到《理想国》中的"猪的城邦"就能够很好地理解这种观点了。当苏格拉底构想了一个小国寡民的满足于口腹之欲的城邦后，格劳孔蔑视地把这种城邦称为"猪的城邦"，苏格拉底认为这是真正的国家、健康的国家。正如老子所认为的："不尚贤，使民不争；不贵难得之货，使民不为盗；不见可欲，使民心不乱。是以圣人之治，虚其心，实其腹；弱其志，强其骨。常使民无知无欲。使夫知不敢弗为而已，则无不治。"（《道德经》第三章）人生的目标就是追求幸福，幸福就是心满意足。小国寡民能够最简单有效地使人获得心满意足，因此小国寡民是最好的国家。其中包含了对人性的最深刻的观察和思考。相反，在一个繁荣昌盛的国家中，人人都欲壑难填，不再安分守己，他们就越来越难以获得心满意足的幸福了。可以说这是老子和苏格拉底都推崇小国寡民的原因，也是柏拉图把人民比作猪，把政治家比作牧者的原因。这里我们也可以看到，异邦人还进一步把人类区分为政治家和民众，政治家和民众是不同类型的人。这种区分和《理想国》中关于哲人和俗人的区分也是一致的。柏拉图暗示真正的政治家就是哲学家。

三、政治家是照料者

异邦人开始反思自己关于“政治家是人民的牧者”的定义。他发现这个定义仍然是不精确的。在城邦中有很多人例如商人、医生、农夫等人也都自称是民众的牧者。我们可以说，这种政治家身份的模糊在民主时代尤其严重。在民主时代，统治者和被统治者的身份不再明确，每个人都自认为是国家的主人和统治者。什么是真正的政治家就无人知道和关心了。苏格拉底和柏拉图面临的就是这种“政治危机”。这也是柏拉图写作这篇对话的原因。为了区分那些真正的政治家和自称的政治家，把真正的政治家和模仿者、竞争者区分出来，就必须对“牧者”进行精确定义。

为此，异邦人借用神话来说明什么是真正的牧者。他首先提到三个神话故事，即阿特柔斯使太阳倒转的神话，克洛诺斯王国的传说和早期人类从大地中诞生的神话。这三个神话分别对应于宇宙学神话、政治学神话和人类学神话。然后，他对这三个神话进行了重构，改编为宇宙三个阶段的神话。这是“古事新编”“旧瓶装新酒”。他试图以此精确地定义王者—牧者的概念。

异邦人认为宇宙经过了三个阶段，克洛诺斯王国的神牧时代、宇宙倒转的自治时代和神治、人治相结合的宙斯时代。

第一个阶段是克洛诺斯时代。克洛诺斯时代是黄金时代，那时造物主和守护神共同治理宇宙各个部分和人类，守护神精确地照料各种生物，包括人类。在守护神的精心治理下，人类处于最幸福的状态，没有政治，没有私有制，没有对过去的回忆，衣食无忧，无须劳作，始终处于闲暇之中，没有任何痛苦。这时人类的出生就像是种子发芽一样，是直接从大地中出生的，而不是以两性生殖的方式出生。每个灵魂都必须经受若干次回归，直到穷尽他出生的次数。

第二个阶段是自治时代。在人类灵魂穷尽了自己的轮回次数之后，神牧时代终结了，造物主离开了，进入了纯粹观照状态中①。而诸守护神察觉造物主离开后，也离开了自己分管的领域。宇宙进入自治时代或者无神论的时代。宇宙在惰性的物质欲望冲动的引导下，开始按照相反的方向旋转，这种动荡导致大量动物种类陷入毁灭。然后宇宙进入和平稳定的状态，宇宙独自照料各种事物，成为万事万物的权威和主宰。这个时代的最大特点就是返老还童，即虽然一切生物仍然从大地中直接出生，但是都是从老年逐渐回到童年，最终消失。一开始宇宙

① 类似于自然神论的神。

还记得造物主的教诲，能够精确地照料万事万物。但是随着时间的推移，宇宙中的物质因素和无序性的、不和谐的力量逐渐占据了支配地位，宇宙慢慢陷入差异性的混乱状态，宇宙及其自身内部的各种生物面临毁灭的危险。

第三个阶段是宙斯时代。为了避免宇宙的毁灭，造物主又重新回来照管宇宙，他消除了自治时代的种种错误和混乱，反转了宇宙的旋转方向，各种生物又恢复了从小到老的生命过程，宇宙重新达到了不朽。但是这个时代不同于黄金时代。首先，它们的生殖方式是不同的，黄金时代是直接从大地中出生的，宙斯时代应该是两性生殖的方式。两性生殖的方式是对立统一的形式，是合乎现在宇宙的基本原则的。现代的宇宙就是一个对立统一的庞大体系，一切事物都按照对立统一的方式产生和消失。其次，在这个时代中，守护神没有随之而来，宇宙各个部分包括人类仍然只能独立自治。人类丧失了守护神的精确照料，只能自己照顾自己，人类的生活变得艰难困苦。这种生存的艰难要求人类必须通过技艺来保护自己。而在黄金时代，人类在守护神的精确照料下根本无需任何技艺。所以诸神将各种自然能力、指导和教育给予人类，例如取火、炼铁、农业种植等各种技艺，使人类得以维持和安排自己的生活。这就是当前人类的生活状态。人类的技艺是人类自我照顾的标志，也是脱离了守护神照料的标志。

这个神话故事包含很多内容，可以和《蒂迈欧》《普罗泰戈拉》《法律篇》中的相关神话进行比较。

第一，这个神话故事和赫西俄德的五代故事非常相似。克洛诺斯时代对应的是黄金时代，宙斯时代对应的是黑铁时代。它们都是一种“历史衰败论”。赫西俄德要求黑铁时代的人们要勤劳善良，努力维持自己的生活。但是柏拉图始终以哲学的兴衰来考察各个时代。

第二，对哲学的歌颂。柏拉图认为如果黄金时代的人们利用他们的闲暇从事哲学研究，那么他们的幸福就比现在的人类高出一千倍。如果他们只是满足于口腹之欲，不从事哲学研究，那么他们的幸福就是不足称道的。相反，在宙斯时代，人类的生活变得艰难，但是因为拥有哲学，所以宙斯时代比克洛诺斯时代更加幸福。从纯粹政治生活角度看，克洛诺斯时代更加幸福。这就是哲学的幸福和政治的幸福的差异。

第三，从哲学概念角度，神治时代是同一性的状态，自治时代是差异性的状态，宙斯时代是对立统一的状态。同一性状态是最高的、最初的存在状态，一切事物都产生于原初的“太一”。差异性状态是“太一”分裂的状态，是从“太一”的本体、本原中脱离出来的状态。而对立统一的状态是同一性和差异性进行辩证结合的状态，也就是当前宇宙和一切事物的存在状态。这个过程就像老子所说的“一生二，二生三，三生万物”。

第四，我们可以把这三个阶段和黑格尔的辩证法进行比较。神治时代对应的是绝对精神的肯定阶段，自治时代对应的是绝对精神的否定阶段，宙斯时代对应的是绝对精神的否定之否定阶段。神治时代万物都达到并且保持了最完美的状态，在自治时代万物丧失这种完美状态，在宙斯时代万物努力重新恢复完美状态。

第五，柏拉图确立了三类存在。神是纯粹灵魂或者精神的存在，宇宙是灵魂和物质、质料和形式共同构成的存在，肉体是纯粹物质的存在。这三类存在和《蒂迈欧》中关于三类存在的观点是一致的。柏拉图认为灵魂是纯粹形式的方面，是理性和秩序的根源。物质是惰性的方面，是非理性的和无序的根源。宇宙就处于这种理性和非理性、有序和无序的中间状态。

第六，从政治哲学的角度看，神治时代是哲人依据智慧直接进行统治的时代，自治时代是没有哲人统治的民主制时代，宙斯时代是代理制时代，即依据哲人的法律进行统治的时代。可以说，神治时代对应的是讲授哲人王的《理想国》，宙斯时代对应的就是讲授法治的《法律篇》。

第七，对技艺的反思。在黄金时代，在守护神的精心养育下，人类不需要技艺，正如在牧人的照料下，牛羊不需要技艺一样。也就是说，黄金时代接近于“猪的城邦”，真正合乎自然的人类是不需要技艺的。技艺的产生是人类脱离了自然、丧失了原初的幸福的标志。技艺是人为之物，人们越是信赖技术，就越是不信赖人性。对技术的要求和期待越高，对人性的要求和期待就越低。这必然导致人性的堕落，而堕落了的人性则不可能掌握他发明的技术。正如《欧绪德谟》中指出的，制造的技艺是一回事，使用的技艺又是一回事。所以我们就能够理解，老子、庄子对技艺的批判就是因为看到了技艺的人为性及其蕴含的危险。

在讲完这个神话后，异邦人却立刻指出这个故事存在两个错误：一个是他们谈论的是神，而不是人。第二个是他们还没有讨论政治家的统治方式。对于第一个错误，他认为只有守护神才能被称为真正的牧者，而作为人的政治家不能享有这个名称，政治家作为人不能做到像守护神那样精心照料人类。所以和守护神相比，人类的王者不是牧者，他几乎和其他人类是一样的，仍然是被统治者，而不是统治者。“我认为神圣牧者的形象仍然太伟大了，与国王并不一致。这里的那些政治家，就其自然而言，与被统治者更相似，而不是神圣牧者。他们接受的教育和培养更接近于他们的被统治者。”（*Statesman*，275c）也就是说，神圣牧者的技艺是一种养育（nurture）的技艺。养育的技艺是一种精确的技艺。这种精确性和严格性来自诸神的智慧。这种智慧使得诸神可以全心全意和准确无误地完全认识和顺应人类牧群的自然天性，使每个人都得到最完美的成长和实现。因此“牧者”（herdsman）的称呼过于伟大和神圣，只适合于诸神，不能把“牧者”这个词给予政治家。

异邦人认为使用“照料”（caring）似乎更加符合实际。照料是一种粗略的方式。这种粗略来自人类智慧的有限性。也就是说，政治家不能精确地完全按照每个人的自然天性对之进行完美的教化和指导，所以政治家的统治方式只能称为一种照料。从这个意义说，政治家的技艺是对守护神的技艺的模仿。

这里暗示了异邦人对政治家的贬低。一方面我们必须“崇高地”设想政治家，没有政治家的治理，人类的生活将是混乱严酷的；另一方面，我们也必须“低下地”设想政治家，政治家只能被称为人民的照料者，不能精确地养育每个人。因此现实的政治家不符合“牧者”的定义。只有哲人王才最接近“牧者”的定义，哲人凭借其智慧无限地接近于诸神。

针对第二个错误，异邦人认为必须进一步把照料的技艺区分为强制的和自愿的，也就是把君主的统治和僭主的统治区分开来，不能把它们视为同一个类型。僭主的技艺就是对屈从于强制的人的照料，君主的技艺就是对自愿被统治的人的照料。只有君主的技艺才能被称为政治家的技艺。

第二节　对政治家的再次探讨

前面的讨论没有涉及知识和自然。在这部分对话中，柏拉图重点探讨了知识和自然的概念。知识和自然问题的出场是探讨政治家的定义的关键。

一、中道与自然

在把政治家定义为人民的照料者之后，异邦人感到这个定义仍然不够完美。同样存在很多人和政治家争夺“照料者”的名号。我们仍然不能把真正的照料者和虚假的照料者区分开，必须进一步探讨政治家的精确含义。

他认为对于伟大的事物必须使用“范例”（paradigm）来说明，而前面的神话的范例对于一般民众是难以理解的。他认为应该通过更加日常的、平易近人的范例来说明政治的技艺。这种范例就是编织的技艺。在他看来，王者的技艺和编织的技艺是最相近的。在把编织的技艺和梳毛工技艺、漂洗技艺、生产工具技艺等区分开来之后，他认为编织技艺就是对经线和纬线进行编绕的技艺。政治的技艺类似于编织的技艺。

这时，异邦人意识到自己冗长的言说可能让人感到厌烦，也容易忽视对话的最初目的。所以，他转而关注和反思自己的言说，认为现在的言说之所以是冗长的，乃是因为我们思考的问题是复杂而重要的，这样他对自己的言说进行了辩护，并且插入了关于“中道”的说明。

言说是一种显示的技艺，通过言说我们可以理解对象。但是言说也可能是一种遮蔽，在言说中我们可能只关注语词，忘记了对象本身。真正的言说必须能够完全严格地显示对象本身，“就其自身显示自身”，没有过与不及。言说的正当性在于和所谈的对象相称。这种正当性就是中道的含义。中道的技艺也就是一种度量的技艺，能够区分适度、过和不及。

异邦人认为度量的技艺可以分为两个部分：一个是大小彼此相对而言的，即“大”是相对于“小”而言的；另一个是大小就其自身而言的，即“大”本身就是大，无须与“小”相比较才是大。前者是强调大小的相对性，后者是强调大小的绝对性。中道就是相对于事实本身的绝对性而言的。“在言说中，或许还有在行动中，都有相对于中道之自然的过，据中道而言的不及——接着，我们是否认为，中道就其存在而言乃是生成性的，在它之中，好人与坏人有着最为显著的差别。”(283e)

柏拉图这里的中道论观点非常晦涩。我们可以说，这种中道论和柏拉图的理念论是一致的。理念论强调的是事物本质的独立性和绝对性。例如大本身、美本身、善本身等。这种本质是不依赖于和它相反的对立之物的，否则这种本质就是没有确定性和规定性的。这种本质的独立性和绝对性是哲学科学得以成立的前提，严格的哲学科学就是对独立和绝对的本质之物的认识。同样，中道论也是强调事物本质的独立性和绝对性，强调我们对事物的认识必须合乎事物本身。如果我们的言说和行为合乎事物的独立本质，那么我们的言说和行为就合乎中道。二者的区别在于，理念论更多是一种本体论的理论，中道论更多是一种方法论的理论。理念论是理论科学的最高概念，中道论是实践理性的最高概念。

是不是肯定理念论和中道论是区分辩证法和诡辩论的重要标准。辩证法和诡辩论的区别就在于辩证法坚持理念论和中道论的原则，诡辩论以相对主义否定了中道论和理念论。诡辩论认为一切事物的存在和规定都是相对的，没有绝对的存在。大之所以是大是因为和小相对，小之所以是小是因为和大相对，大小本身没有自己的本质规定性。普罗泰戈拉的“人是万物的尺度”可以说是这种相对主义的典型代表。柏拉图在很多对话中对这个观点进行了批判。相反，科学哲学原则认为每个事物都有其独立的规定性，我们认识的目的就是精确地认识每个事物的独特规定性，并且按照这个事物的独特性而对待之、引导之，使之最终达到至善。哲人和智者的区别就在于此。哲人是坚持中道论和理念论的，强调对绝对实相的认识。智慧就是认识中道，持守中道。智者否定了绝对实相的存在，沉溺于相对主义的诡辩论中，否定了一切科学认识的可能性。

异邦人认为中道和技艺相关。首先，一切技艺的好坏在于技艺是不是适合对象本身。好的技艺适合于对象的自然本身，否则就是坏的技艺。中道强调技艺和对象本身的一致，因此中道和技艺是一回事。“如果中道存在，则诸技艺存在；如果诸技艺存在，则中道存在，二者中若有一方不存在，另一方亦不存在。”（*Statesman*，284d）作为直面事物本身的严格技艺，合乎中道就意味着合乎自然，这是中道论的绝对性原则。此外，每个事物都是独特的，为了合乎事实本身，任何普遍的规定和法则都必须及时改变，以保证达到随时和个别对象保持一致，一切固执不变的做法都可能表现为过和不及，过和不及都是恶，中道则是善。这是中道论的相对性原则。可以说，中道论是绝对性和相对性相结合的原则，缺一不可。中道把事物本身作为技艺的最高标准，这要求我们的一切行为和规定都应该以事物本身为中心，尽可能做到“按照事物本身对待事物”，尽可能降低和弱化自己的主观意志对事物本身的干扰。因此遵守中道的人就是好人，因为他能够做到合乎事物本身。而违反中道的人就是坏人，因为他固执己见、不顾实际。

其次，中道也是原则性和灵活性相结合的。一方面，中道本身是不变的，合乎中道是一切技艺的最高标准和原则，一切其他原则都必须合乎中道原则，中道是“以不变应万变”。另一方面，中道的技艺要求我们的具体认识和行为随事物本身的变化而变化，不应该固守任何保守性的观点和规定，这是中道论的灵活性。

最后，中道是一个质和量相统一的概念。中道是一个量的概念，任何事物都是大小、长短等数量规定性。中道也是一个质的概念，任何量都是某种具有质的事物的量。离开了这个事物的质，我们就不能精确地认识事物的量。因此中道要求我们同时对事物进行定性和定量的研究。技艺的本质就是合乎中道或者合乎自然。概而言之，中道论的核心就是“解放思想，实事求是”。

基于中道的这种特点，中道原则是很难把握和实行的。但是只有通过严格维护中道才能制定出一切善与美的东西。“合乎中道乃是一个难题。恰恰是严格地通过这一方式，即维护中道，才能制作出一切善和美的东西。”（284b）可以说，智慧就是合乎中道。中道体现的是对事物客观性和绝对性的尊重和认识。对于一个政治家而言，他必须具有超人的智慧、勇敢和经验，才能坚持中道论的原则。否定了中道论，就否定了技艺的可能性，否定了政治技艺的可能性。这种中道原则对于理解下面的技艺和法律的关系具有重要意义。

我国古代哲学中对中道非常重视，中道是智慧的核心。孔子有很多中道相关的言论。“君子中庸，小人反中庸，君子之中庸也，君子而时中；小人之中庸也，小人而无忌惮也。”（《中庸》）“天下国家可均也，爵禄可辞也，白刃可蹈也，中庸不可能也。”（《中庸》）“不得中行而与之，必也狂狷乎！狂者进取，狷者有所不为也。”（《论语·子路》）“中庸之为德也，其至矣乎！民鲜久矣。”（《论语·雍也》）

老子的道从方法论的角度看也是支配万物周而复始运动的中道。“反者，道之动；弱者，道之用。”（《道德经》第四十章）也就是说，物极必反，万事万物都要向自己的对立面转化。所以万物都在围绕一个中心运动。这个中心就是道。所以道是支配一切对立统一的东西。道就是在万事万物的对立统一中体现自己的作用。“天下皆知美之为美，斯恶已；皆知善之为善，斯不善已。故有无相生，难易相成，长短相较，高下相倾，音声相和，前后相随。”（《道德经》第二章）万物都遵循中道的原则，万物都是对立统一的存在，这是一切事物本身最高和最普遍的原则，也是我们认识和把握一切事物的根本方法论原则。

庄子的《齐物论》中似乎体现了很多诡辩论的思想。例如“物无非彼，物无非是。自彼则不见，自知则知之。故曰彼出于是，是亦因彼。彼是方生之说也，虽然，方生方死，方死方生；方可方不可，方不可方可；因是因非，因非因是。是以圣人不由，而照之于天，亦因是也。是亦彼也，彼亦是也。彼亦一是非，此亦一是非。果且有彼是乎哉？果且无彼是乎哉？彼是莫得其偶，谓之道枢。枢始得其环中，以应无穷。”但是我们要善于体会庄子的言外之意，庄子试图通过揭示事物的相对性，使我们不再固执于自己的主观成见，从而使事物本身显现出来。因此庄子的意图是使我们直面事物本身，达到对事物的真理性和客观性认识，而不是根据自己的主观成见去认识事物。这和柏拉图中道论的观点是一致的。

佛教也充分表达了中道论的思想。例如龙树菩萨在《中论》中指出：“不生亦不灭，不常亦不断；不一亦不异，不来亦不出；能说是因缘，善灭诸戏论；我稽首礼佛，诸说中第一。”《坛经·付嘱品》中也指出：“出语尽双，皆取对法，来去相因，究竟二法尽除，更无去处。”而现代哲学和现代科学都对中道论的思想十分陌生了。

最后，异邦人把度量的技艺分为两个部分，“一个适当的部分是所有有关对数量、长度、深度、宽度、速度及其相反之对应关系的度量技艺，另一个适当部分则是所有那些相关于中道、适宜、时机、需要以及所有安于中庸而远离极端之度量技艺”(284e)。我们可以说，第一种技艺是科学的技艺，第二种技艺是政治的技艺和哲学的技艺。现代科学的基础是数学，数学是对事物的数量性质和关系的认识和研究。现代科学只有把事物转换为数量因素才能对事物进行认识，或者说，现代科学只能认识事物的数量性质。这里体现了现代科学的根本局限性。

政治家的技艺则是面对复杂的人事局面，能够做到审时度势、当机立断、顺势而为。所谓“时势造英雄”。真正伟大的政治家都善于认识和把握复杂的政治形势，最终引导政治形势向有利于自己的方向发展。但是政治家在政治活动中往往受到各种利益的限制和诱惑，也受到自己理性能力的限制，往往不能完全按照合乎事实本身的中道原则行事，或者说，往往只是根据正确的意见行事，不能保证自己的政治认识和政治决断都始终是正确的。

而哲学家的技艺则是最高的技艺，哲学家精准地认识到了事物的本质实相，也超越了一切世俗利益，不被任何利益、欲望、情感所支配，所以他能够按照最完美和精确的标准认识现象、引导现象，使之趋向完满。根据《理想国》的说法，哲学家的眼光始终注视着理念世界，并且依据至善来认识和参与政治生活。只有哲学家才是严格意义上的政治家。

孔子也更加重视政治和哲学生活中的中道原则。“君子之于天下也，无适也，无莫也，义之于比。”（《论语·里仁》）也就是说，君子对于政治事务和政治问题，没有什么是一定支持的，也没有什么是一定反对的，他的所作所为都是完全依据事实本身而行事。这种依据事实本身而行事的原则就是中道的原则。“可与共学，未可与适道；可与适道，未可与立；可与立，未可与权。”（《论语·子罕》）有的人可以和他一起学习，但是不一定有相同的志向和理想；有的人可以是志同道合的，但是不一定可以和他共事；有的人可以与他共事，但是不一定能够和他一起随机应变、审时度势。言外之意是真正的君子和政治家必须是善于权变的。这种权变就是中道的技艺。孟子曰：“大人者，言不必信，行不必果，惟义所在。”（《孟子·离娄下》）“义者，宜也。”“宜”就是适度和中道。真正的大人或者君子就是善于随机应变、审时度势，而不是固守某些教条和信约，这种本本主义和教条主义者就是

"德之贼"的"乡愿"。

通过对中道方法的探讨，异邦人要求小苏格拉底要保持耐心，不要因为对话的冗长而放弃言说。当前的言说之所以是冗长的，是因为我们正在谈论最伟大、最荣耀的问题，即政治和哲学的问题。只有通过这种繁复的言说，政治和哲学的问题才能被精确地显示出来。言说的长短不是根据言说本身来度量的，而是根据所谈问题的大小来度量的。真正适度的言说必须是通过"种类"的划分和结合实现的。我们必须善于在相同的种类中看到差异性，也必须善于在不同的种类中看到同一性，这就是后来所谓的分析法和综合法。这样我们才能达到对事物的本质的精确认识。

二、智慧与法律

经过对自然和中道的探讨，柏拉图开始把这种智慧应用到政治问题的领域，主要是依据中道的智慧对法律进行了批判。

政治的技艺类似于编织的技艺，政治的技艺是对于城邦事物的编织。所以，异邦人开始进入对城邦各要素的分析。城邦包括物的要素、人的要素和知识要素三个方面。

在物的要素方面，异邦人认为物的要素是城邦的助因，不是本因。没有制造工具的技艺，城邦不可能存在，但是制造工具的技艺并不是政治的技艺。然后，他把物质要素分为工具、容器、载器、防御物、玩具、原料和养料七类。

在人的要素方面，他划分了八种和真正的政治家争夺权力的人，其目的仍然为了区分真正的政治家和“所谓的政治家”。这些人包括奴隶、商人、雇佣者、传令官、辅助者、预言阐释者、祭司，最后是智者。他认为智者是伟大的魔法师，很难将他们和政治家区分开，然而又必须把他们区分开。

为了区分真正的政治家和冒牌的政治家，异邦人首先从政体问题入手。根据统治人数的多少，他把政体分为一人统治、少数人统治和多数人统治。其中每一种按照是不是依据法律而统治又可以分为两种，这样就分为六种政体。他认为我们可以通过这六种政体发现真正的政体。在对话一开始曾经把王者的统治定义为一种知识，唯一正当的政体就是知识政体。“如果我们追随前面的论述，我们就会认识到，关于那些正当政体的明确标志（界限）不应该是少数或者多数，自愿或者强制，贫穷或者富有，而只能是知识。”（*Statesman*，292c）既然知识是政体正当性的唯一标准，这意味着只有拥有政治知识或者政治技艺的人才是真正的政治家。能够拥有政治知识或者政治技艺的人始终只能是极少数人。正如任何其他技艺一样，真正的精通者永远都是极少数人。

异邦人认为只要是出于知识和技艺的统治，不论采取何种手段都是正当的，不必在乎法律的规定。“在各种政体中，那卓绝之正当政体，就是可以发现其中统治者真正依照技艺而不仅仅在表面上拥有它们的唯一政体，而不管其统治是否依照法律，是否出于臣民之自愿、统治者必然是穷人还是富人，因为依照正确性，所有这些东西都不必被当作要素来考察。”（293d）异邦人还指出，当政治家面对无法教育的人，面对来自愚昧者强大的反对意见时，他可以采取说服的方式，也可以使用暴力强制例如死刑、驱逐等方式，因为人们往往不能判断何种事务对于他们是最好最重要的。① 这都是在强调只有知识或者技艺是政体正当性的唯一标准。只有拥有政治知识的人才是真正的政治家。

知识是对自然的认识，也就是对理念的认识。知识政体的正当性在于它依据的是自然的统治。一切技艺必须合乎中道，合乎中道就是合乎自然。由于人的自然是千差万别的，我们必须给予他们不同的引导和教育。对每个人顺其自然而教育就意味着实现其人性自然的完成和完善，这种人性的完善也就是人民幸福和正义的最终实现。因材施教是最合乎自然正义的政治技艺。合乎自然的正义就是绝对的正义。自然的正义就是按照每个人的天性给予他应得的照料和养育，最终使得他们各得其所、各尽其能、各安其位。如果一种统治是随时随地、因地制宜的统治，那么这种统治就是最接近正义的统治。依据自然也就意味着不是依据人为。自然高于人为，人为低于自然，政治家只是在协助自然完成自然本身。如果是依据技艺和知识的统治，那么法律或者政体的形式就不再重要了。

只有哲学家才是真正拥有知识包括政治知识的人，只有哲学家才是严格意义上的政治家。一般意义上的政治家只是拥有政治意见的人。因为哲人始终以合乎自然的正确性作为自己的目标，所以哲人王是永远不会犯错误的。“智慧的统治者在任何事情上都不会犯错误，只要他们坚持这个伟大之事——只要他们始终运用其心智和技艺，尽可能地把正义施与城邦中的人们，保障他们的安全，使得他们变得越来越好。”（*Statesman*，

---

① 对比孔子的“民可使由之，不可使知之”。现代启蒙和民主原则似乎想要超越这种观念，但其实是不可能的。

297b）知识政体不是我们通常所熟知的任何一种政体，它根本就不是任何一种现实的政体。哲人王的统治和任何实际政体都可能是兼容的，他会努力改善他所生活于其中的政体。正当政体是“无法”的知识政体，最好的统治是人治而不是法治。“现在清楚了，在某种意义上，立法的（技艺）属于王者的（技艺），最好的情况不是使法律，而使人——一个有智慧的国王——拥有权力。”（*Statesman*，294a）这和《理想国》的主题完全一致。《政治家》是《理想国》的缩减版本。

接下来，异邦人对其他政体即法律政体进行了反思和批判。他认为法律政体是对知识政体的模仿，法律政体低于知识政体。依据法律的统治不是依据自然的统治，法律的正义低于知识的正义。基于人性的多样性、复杂性，法律的统治作为一种关注大多数人的情况的方式，只是一种粗糙的统治，“我认为，立法者的立法，不论是以成文的形式还是以不成文的形式——即当他以祖传惯例的形式立法时——都是着眼于多数人和人群中的最大部分。正是以这种方式，他会以一种对个体比较粗糙的方式来制定法律。”（*Statesman*，295a）为了维护城邦的秩序，法律必须首先关注大多数人，这样，法律就会固执于特定的目标，不允许任何人违反其规定，所以法律是简单的、粗暴的。对于从来不是简单的人性，法律就不可能使所有事物同时永远处于最好的状态。“一个法律从来不能精确地理解对于所有人同时是最好的和最正义的东西，并且使他们享有这种最好东西。因为人类及其行为存在差异性，所以几乎没有人类事物能够允许，任何技艺对于无论何种情况，都能做出简单而永恒的断言。”（*Statesman*，294b）另外，在具体实践操作中，我们也无法做到对每个人的自然进行精确地识别，并且为他量身打造适合他的人生规划，法律只能用一种比较粗糙的、适合于大多数人的方法进行安排和培养。法律制度可能不适合某些人，给他们造成一些伤害和扭曲。单纯依据法律的统治不可能是正义的政体。在法律的统治下，人们几乎或多或少都会受到不公正的对待。对法律的固执会导致整个社会变得因循守旧、僵化停滞，人们的生活会因为没有技艺而变得更加艰难。对于法律的过度推崇，最终会导致技艺的毁灭。“我们所有的技艺都将彻底毁灭，而且以后也不再会有技艺，因为法律禁止技艺的探索。”（*Statesman*，299e）所以，异邦人对法律统治进行了尖锐的批判，把依据法律的统治称为“第二次航行”，依据自然和技艺的统治就是“第一次航行”。

孔孟老庄也对推崇“法律至上”的人进行了批判。孔子和孟子批判了乡愿，认为他们只关心是不是合乎道德礼法，而不关心每个人具体的情况。他们没有理解古代圣王制定道德礼法的动机，没有依据自然统治的能力，这最终会颠覆人们对道德礼法的信任，所以被称为“德之贼”。老子认为：“上德不德，是以有德；下德不失德，是以无德。上德无为而无以为；下德无为而有以为。上仁为之而无以为；上义为之而有以为。上礼为之而莫之应，则攘臂而扔之。故失道而后德，失德而后仁，失仁而后义，失义而后礼。夫礼者，忠信之薄，而乱之首。前识者，道之华，而愚之始。是以大丈夫居其厚，不居其薄；居其实，不居其华。故去彼取此。”（《道德经》三十八章）庄子也认为：“夫至德之世，同与禽兽居，族与万物并，恶乎知君子小人哉！同乎无知，其德不离；同乎无欲，是谓素朴；素朴而民性得矣。及至圣人，蹩躠为仁，踶跂为义，而天下始疑矣；澶漫为乐，摘僻为礼，而天下始分矣。故纯朴不残，孰为牺尊！白玉不毁，孰为珪璋！道德不废，安取仁义！性情不离，安用礼乐！五色不乱，孰为文采！五声不乱，孰应六律！夫残朴以为器，工匠之罪也；毁道德以行仁义，圣人之过也。”（《庄子·马蹄》）

进一步，异邦人说明了知识和法律的关系。法律是对知识或者技艺的模仿。“尽管法律是对真理的模仿，但是它们分别都尽其所能地转抄自那些有知识者。”（*Statesman*，300c）也就是说，法律低于知识或者技艺，但是法律仍然分有了技艺的部分真理。法律构成了民众意见的核心。技艺和法律之间的关系也就是知识和意见的关系，或者是智慧与正义的关系。柏拉图对话的目的就是引导人们从意见上升为知识。

由于智慧是稀缺的，在没有知识政体的情形下，我们必须接受法律的统治，“如果我们前面提到的政体是唯一正当政体，在此条件下，其余那些政体必须使用成文法以保证它们的安全，这种做法现在是值得赞许的，尽管不是最正确的。你知道吗?”（*Statesman*，297d）也就是说，法律的制定是不得已而为之的，必要的法律维持了人类社会的秩序，使得他们免受混乱的危害，免受来自他人或者自己欲望的伤害。在没有智慧的条件下我们必须自愿地接受法律的统治。法律的正义是我们首先必须尊重和维护的，只是我们不能把法律的统治绝对化。因为只有自然正义才是真正的、绝对的正义；而法律的正义是粗糙的正义，是包含了非正义的正义。我们必须善于透过法律的正义去发现自然的正义，以自然的正义校对法律的正义。

真正的政治家不拘泥于任何成文法，而是随时随地因地制宜地进行统治。只要他看到具体情况发生了变化，他就会废弃自己的法律。他的统治是灵活性和原则性的结合。他的原则性在于他始终以事实为依据，以合乎自然为最高标准。因为事实随时在变化，每个人的自然各不相同，他必须随时根据实际情况进行改变，不能拘泥于任何成文法，所以他是最具灵活性的统治。这样他既避免了主观的随意性，也避免了僵化的教条性。

从理性主义角度看法律和技艺的关系，法律并不是彻底的理性主义的表现，只有知识和技艺才是理性主义彻底化的表现。法律至上论自认为坚持理性主义，限制政治欲望和权力，但是它没有把理性主义贯彻到底。只有重新澄清了知识政体的正当性，我们才能真正把理性主义贯彻到底。而把理性主义贯彻到底就会发现，法律其实并不是最重要的和最高的，法律只是对智慧和真理的模仿，知识和技艺才是最根本的。

由此可见，六种政体中的“政治家”都是名义上的“所谓的政治家”。他们大多只知道法律的正义，缺乏顺应自然进行权变的知识和技艺，他们的统治或多或少都是不正义的。就幸福而言，异邦人认为生活在君主制下是最幸福的，生活在僭主制下是最痛苦的，贵族政体和寡头制都既不很好也不很坏，而民主制或者暴民制是三种好政体中最坏的，也是三种坏政体中最好的。僭主制也是不依据法律进行统治的，但是僭主的统治不是依据技艺，而是依据自己的“欲望和无知”。

所以是不是依据自然和技艺，这是区分真正的政治家和所谓的政治家的最根本标志。真正的政治家的技艺是依据自然的统治，其他人的统治要么依据法律，要么依据自己的欲望。最终一切政体大体上可以分为知识政体和法律政体，唯一正当的政体就是知识政体，其他六种政体可以称为法律政体。法律政体低于知识政体，因此都是不完美的政体，是对知识政体的模仿。归根到底，只存在唯一一种政体即知识政体。只有拥有知识的哲学家才是真正的政治家。

知识政体中的知识究竟指什么呢？接下来，异邦人又对“政治知识”的概念进行探讨。在知识要素方面，他把知识分为诗乐知识、修辞术、战争知识、司法知识和政治知识。他认为政治知识就是“就其存在而为王者之知识，其自身不是行动，而是对有能力行动者的统治，它能够洞见、发起并开创城邦之伟业的时机，而其他的则必须按它所规定的去做”（305d）。首先，政治知识就是决断知识，就是审时度势和当机立断。政治知识并不是实践知识，而是理论知识。理论认识的正确性决定了实践行动的正确性，理论理性优先于实践理性。其次，政治知识是一种整体性的知识，就是根据城邦整体的具体情况进行决策和协调的知识。非政治知识都是局部性的知识。非政治知识必须从属于政治知识。“统治所有这些知识及法律的、照料所有城邦事务的，并且将它们以最正确的方式编织起来的——我们是否应该给予一个通名，以理解这一权力，看起来，最恰当的莫过于称之为政治知识。”（305e）政治家就是对城邦整体性进行统筹规划的人。这意味着政治科学并不是所有科学中的一门科学，而是高于所有科学，所有其他科学都必须回归到政治科学中才能获得真正的价值和意义。由此可见，当代科学把政治科学看作是各种科学中的一种科学的观点是片面的。

知识来自对自然的认识，意见来自对习俗法律的接受。拥有政治知识的人只能是哲学家。哲学家是以探究自然为目标的人，他关心自然、研究自然，包括人性和城邦的自然。这种对于自然的探究使得哲学家不再循规蹈矩、墨守成规，而是认识到了政治礼法存在的本质和意义，哲学家最终超越了一切礼法，他可以随心所欲地建立或者废弃一切固定不变的政治礼法，引导城邦和人民走向最佳状态。哲学家是依据自然和技艺进行决断，不是依据人为的礼法进行决断。因此只有哲学家才是真正的政治家，而其他一切政治家都只是对真正哲学家—政治家的模仿。在这部分对话中，《政治家》的对话达到了自己的顶峰。

我们可以进一步指出，依据自然而决断就是“权”，依据法律而决断则不是权。所谓“权”在中文里的最初含义就是指秤砣，秤砣的本质是既要合乎事实，有多少就称量出多少，又要变，随时根据称量对象而变化。所以权是中道和技艺的最好象征。孔子所说的“可与共学，未可与适道；可与适道，未可与立；可与立，未可与权”对“什么是权”进行了最好的说明。同时，他也对顽固坚持礼法的人和当代的从政者不屑一顾，在《子路》中，子贡问“什么是士”，孔子回答第三等的士是：“言必信，行必果，硁硁然，小人哉！抑亦可以为次矣。”子路又问：“今之从政者何如?”孔子说：“噫！斗筲之人，何足算也!”（《论语·子路》）孔子和柏拉图一样，是深谙中道的权变技艺的哲学家。政治知识是“权”的知识。“权”就是权变和权衡，这种权变和权衡的最终根据是智慧和知识，智慧和知识是关于自然的知识。因此“权”意味着因地制宜、因时制宜，而不墨守成规、因循守旧。“法无定法”“权大于法”是政治知识的根本标志。知识和技艺始终以合乎自然为根本目标，“权大于法”的原则就是对知识政体的辩护。我们可以说，“权大于法”是这篇对话的核心和灵魂。柏拉图通过展示“权大于法”的政治思想，为哲学家的统治进行了最高的辩护。

三、德性的中和之道

接下来，异邦人展示了“政治知识”的具体含义。他重新回到关于“政治技艺是编织技艺”的观点上来。政治技艺是对城邦中的何种事物的编织呢？我们知道，政治城邦的最高目的是谋求国家的团结、友爱和统一。我们要实现团结统一，就必须把国家内部的各个部分完美地协调在一起。国家不是一个单纯的利益联合体，而是一个德性的共同体，国家必须依据德性才能存在。国家存在不同阶层的分化，需要不同的德性来规范各个阶层。因此德性本身划分为各种德性。不同德性适应城邦的不同需要，各种德性都是城邦所需。

但是异邦人却发现了一个令人震惊的现象，即各种德性之间存在不可调和的矛盾。也就是说，在正义、节制、勇敢和智慧之间存在不可调和的矛盾，这种矛盾将危害国家的团结、友爱和统一。如果说《理想国》展示了正义和智慧的矛盾，那么《政治家》就展示了节制和勇敢之间的矛盾。如何协调德性内部的矛盾就成为政治家技艺的首要工作。

异邦人首先认为在节制和勇敢之间存在矛盾：“在某种意义上，它们二者有充分的理由彼此为敌，而且得承认，它们的许多方面相互抵牾并且处于冲突之中。”（306b）从人的自然来说，存在两种天性的人，倾向于阳刚气的好斗的人和倾向于沉静的和平的人，也就是理想国中的第二等级和第三等级两类人。性格和平安静的人只关心自己的事务，只做自己想做的事情，逐渐养成了一种不好战的性格，这导致他们容易被攻击者掠夺，逐渐被人奴役而失去自由。倾向于勇敢的人则始终让自己的城邦处于战争状态，从而陷入异族城邦的憎恨之中，最终可能使城邦被异族所奴役。如果两种人因为自然不同而相互敌视和隔阂，互不来往，最终都会走向毁灭。阳刚气的人如果任其自行发展，必然因为疯狂而毁灭；沉静的人如果任其自行发展，必然因为优柔寡断、丧失行动能力而毁灭。

所以，真正的政治家要进行干预和引导，政治技艺就是对节制和勇敢两种德性进行编织的技艺。“在我看来，王者之技艺也正是这同一种方式，其自身拥有监管技艺之权能，任何法定的教育者和看护者的所作所为，只能是通过依照一种混合来进行制作，以有益于被教育者的适宜的性格的完善，而与此无关的事皆不被允许。”（308e）如果节制是纬线，勇敢是经线，政治家的技艺就是对节制和勇敢两种德性的编织或者调和。这种编织或者调和的方法分为神圣的结合和人的结合。

所谓“神圣的结合”是美德和人的灵魂自然的结合，也就是给予具有阳刚气的人以节制的德性教育，避免其变得野蛮和残忍；给予沉静的人以勇敢的德性教育，避免其变得天真和无知。这就是人的“性格的完善”，这种性格的完善以中和为基本原则，也就是要消除不同天性的人的自然缺陷，纠正其天性中的偏差，最终实现性格的均衡和中和。这种均衡和中和可以看作是对自然的整体性的模仿，因为自然就是中和性的，这种性格的中和就是人的自然的自我实现。

所谓“人的结合”就是通过两种体质的人结婚，或者通过城邦之间的联姻和孩子的互换，从而生产出生物学意义上的体质中和的后代，避免生物学上的偏差和极端。在这个意义上，柏拉图赞美了婚姻。政治家的技艺就是消除节制和勇敢的争执，使节制和勇敢达到和谐的技艺。“使阳刚性格和节制性格不相互分离，通过信念、荣誉、耻辱、名声（意见）、双方的婚约等结合方式，把他们夯实成一个整体，并且把他们编织成一个平滑的织物，如常言所说的好布料，从而始终确保城邦的统治者兼具这两种性格，这是王者编织术技艺的唯一和全部的工作。”（*Statesman*，310e）真正的政治家就是完美地培养和协调勇敢和节制两种美德的人，政治家追求的政治理想就是这种城邦的“中和之道”。这就是异邦人对政治家的最终定义。

人的天性各有不同，各有所偏，真正的政治家必须针对每个人因材施教。也就是说，政治家的首要工作是善于发现每个人自然天性的倾向，通过游戏的方式对每个人的自然进行识别和拣选，然后以相反的德性对其因材施教，纠正其自然的偏差，使其性格达到中和与完善。正是通过这种性格完善的德性教育，才能最终实现政治国家的团结、友爱和统一。政治家的使命和职责唯在于此。① 这种工作是不能通过普遍性的法律解决的。这意味着我们不可能通过制定某种法律终极性地解决个人天性自然的识别和教育问题，不存在通过法律制度一劳永逸地实现自然正义的可能性。因此只有知识政体或者哲学家的统治才是真正唯一正当的政体。

通过对政治家的定义的寻找，柏拉图仍然暗示了只有哲学

---

① 这种观点似乎和《理想国》中的观点存在一定矛盾。在神圣的美德的培养方面，《理想国》似乎强调应该因势利导，顺势而为，去培养一个人的德性。例如对于天性激烈的人给予勇敢的教育，对于天性温和的人给予节制的教育。在世俗的婚姻结合方面，《理想国》中似乎认为金银种族不宜和铜铁种族通婚，这样可能导致血统的混乱。当然，对于这种矛盾，我们也不宜过分强调和夸大。《理想国》也认为低等种族可能生出高等的人，高等种族可能生出低等种族，我们应该完全依据个人的自然来确定。同样，对于天性激烈的人既要给予勇敢的教育，也应该给予节制的教育，反之亦然。

家才是真正的政治家。只有在哲人王的统治下，各种德性的矛盾的协调才是可能的，因此城邦的团结统一性才是可能的。在一切现实的政体中，城邦都是处于对抗和分裂状态的，所以一切现实的城邦都是低劣的，它们都不能达到自己的政治理想和目的。这样柏拉图就贬低了现实政治。通过对理想政体的探讨来贬低一切现实政体，《政治家》的潜在目的似乎又回到了柏拉图的一贯主题即为哲学辩护。

《政治家》中的这种理想和《理想国》的思想是非常一致的，因为《理想国》的目标也是全体人民的和谐和幸福，是对城邦中的三种自然或者三个阶层的调和。关于二者的区别，施特劳斯敏锐地指出："《政治家》展示了对实践知识的理论讨论，与此相反，《理想国》则是从实践的或政治的生活上升到哲学的或理论的生活，《理想国》是对理论的实践性探讨。"① 也就是说，《理想国》探讨的是哲人从实践到理论的上升之路，《政治家》探讨的是哲人从理论到实践的下降之路，是哲人的政治行动。可以说，《政治家》是对《理想国》的补充，是对哲人王如何协调理想国中的第二等级和第三等级的补充说明。《政治家》更加强烈地体现了柏拉图对严格政治科学的追求。

柏拉图的这种政治理想可以说是一种真正普遍的政治理想，和儒家传统政治理想是一致的。孔子对其弟子的自然天性有清楚的认识，"赐也达，求也艺"（《论语·雍也》），"柴也愚，参也鲁，师也辟，由也喭"（《论语·先进》），这些不同的天性都必须通过学习和教育进行完善。如果不进行教育和学

① Leo Strauss, Joseph Cropsey. *History of political philosophy*. Rand McNally Company, 1963: p51.

习，就会导致不同的人格缺陷。“好仁不好学，其蔽也愚；好知（智）不好学，其蔽也荡；好信不好学，其蔽也贼；好直不好学，其蔽也绞；好勇不好学，其蔽也乱；好刚不好学，其蔽也狂。”（《论语·阳货》）而他的人格理想是培养中和的性格。“质胜文则野，文胜质则史。文质彬彬，然后君子。”（《论语·雍也》）《中庸》中也指出：“喜怒哀乐之未发，谓之中；发而皆中节，谓之和；中也者，天下之大本也；和也者，天下之达道也。致中和，天地位焉，万物育焉。”也就是说，政治之道就是培养人民完善的中和品质，即所谓的“致中和”。

小结

通过对政治家的定义，柏拉图的目的仍然是对哲学生活的辩护，强调哲学对于政治生活的重要性。柏拉图对于哲学生活的辩护并不是出于个人的利益和兴趣，而是出于对政治生活的深刻观察。人类政治社会中的政治权力是必然存在的，是不可能消除的，试图消灭权力的做法是非常愚蠢和极为危险的。我们唯一的办法就是尽可能使政治权力文明化，哲学生活的存在是政治权力文明化的基本条件。当古人把“权”和“力”结合在一起组成“权力”概念时，“权力”的概念本身就包含了对政治暴力性的限制。权的本质和基础就是智慧或者技艺，一个真正的统治者的基本素质要求就是智慧和技艺，智慧和技艺是检验一个统治者是否合格的基本条件。政治权力的正当性在于其“权”，而不是作为暴力的“力”。当然，“权”要和“力”结合起来，才能具有效力。但是“力”必须建立在“权”的基础上。如果“力”最终压制了“权”，那就是政治的野蛮化。在柏拉图看来，只有坚持哲人王的理想，政治权力的文明化才是可能的。即使这种可能性是微小的，也是必须为之奋斗的，这就是“知其不可为而为之”的根本原因。舍此就没有其他的办法。所以柏拉图坚持哲学知识和政治权力的同一，坚持这种同一性必须是人格性的，也就是哲学家和政治家的同一，一切非人格化的同一都是错误的。这就意味着我们必须致力于培养哲学家。哲人“自在地”就是王者，王者本质上就是哲人。一个追求王者荣耀的人应该首先做一个哲学家，如果他能够成为哲学家，那么他自然地就是政治家，而没有必要通过获得政治权力而成为所谓的政治家。所以，在《政治家》中，柏拉图在《理想国》中关注的哲人和政治的矛盾似乎消失了。也许恰恰因为哲人自然地是王者，所以他才与现实的王者产生了冲突。

本篇对话中对法律的反思值得我们注意。现代性一个最大特点就是对完美的法律制度的迷恋和追求，其目的同样是出于对政治权力的驯服。它试图打造一个完美的“法律帝国”，把政治权力限制在合理可控的范围之内，使权力不至于成为人类社会的最大危害。现代性通过分权的方式，通过民主制的方式，通过技术科学的方式，通过划分国家和社会的方式来限制政治权力。但是现代性在这种限制权力的方法中，忽视了对于崇高和完善人格的培养。如果我们的人性败坏了，我们制定再多的法律也是无济于事的。当我们都迷恋于制定各种法律制度时，我们忘记了人才是政治生活中最重要的因素。在强大的野心家面前，这些法律制度都不过是形同虚设，同样可以成为政治野心家的工具。他们根本不会被这些固定的法律限制和束缚。所以柏拉图特别强调人治的重要性，也就是“人存政举，人亡政息”的政治原理。这个政治原理在今天构建法治国家的理想下显得特别不合时宜，但它确实是政治生活的第一原理。

在柏拉图看来，通过对于哲学智慧的追求，我们可以超越对于政治权力的迷恋和狂热，把自己的人格完善作为最崇高的事业和目标，而不是把获得政治权力作为最高目标。我们要改造世界，必须首先改造自己。我们只有完善自己，才能完善世界。

第三篇　哲人的“神道设教”

——《法律篇》释义

《法律篇》是柏拉图最后的著作。对于柏拉图来说，法律首先不是指成文法，而是包括了习俗、道德、法律和礼仪等各个方面，简单地说就是生活方式。[①] 法律是对人的生活方式的全面规定和安排，一个人从出生到死亡都时刻处在法律的统治之下。不同的法律意味着不同的生活方式和价值取向。当然，真正的法律不是写在纸上的，而是写在人的灵魂中的，它关心的是人性或者人格的塑造。所以法律的最终目的应该是塑造心灵和谐的健全人格。只有健全人组成的社会才是一个和谐正义的社会。

什么样的法律是最好的，或者法律的目的是什么，这是法律首先要解决的问题。对这个问题的回答必须回溯到智慧的问题。理想国是哲人直接统治的国家，即依据智慧统治的国家，理想国中不需要法律。但是因为哲人是稀缺的，哲人的统治更是稀缺的，对法律的需要就变得更加重要和迫切。可以说，法律是智慧的替代品，是对智慧的模仿。因此《法律篇》中的国家就只能是次好的国家。在智慧的统治之下，国家达到了最高

① 柏拉图的法律概念和我国古代的“礼制”的观念接近。孔子曰：“夫礼，先王以承天之道，以治人之情。故失之者死，得之者生。《诗》曰：‘相鼠有体，人而无礼；人而无礼，胡不遄死？’是故夫礼，必本于天，殽于地，列于鬼神，达于丧祭、射御、冠昏、朝聘。故圣人以礼示之，故天下国家可得而正也。”（《礼记·礼运》）这种法律是规范人们的生活方式和行为标准的尺度。

的和谐和正义。在法律统治下，国家只能达到次好的和谐和正义。在大多数情况下，依据法律而统治是切实可行的方法。法律是人类社会秩序的根本保证。①

第一节 法律、教育与德性

对话的人物是雅典客人、斯巴达人梅奇卢斯和克里特人克列尼亚斯。按照施特劳斯的观点，客人可以看作是从雅典监狱中逃亡出来的苏格拉底。他们都已经步入老年，智慧已经成熟，对人类事务了如指掌、明察秋毫。所以他们最适合谈论人类最根本的问题，即法律、教育等问题。对话的时间是公元前四世纪克里特岛上的一个夏日。对话的地点是从米诺斯的克洛诺斯王宫到宙斯神庙的漫长路途，象征从世俗政治到诸神之王宙斯的"朝圣之旅"。柏拉图通过这种方式暗示了《法律篇》"神道设教"的性质。对话的时间是从早上到晚上，这个时间和《理想国》的时间恰好构成了完整的一天。《理想国》主题是讨论哲学，《法律篇》主题是讨论法律。二者暗示了哲学与法律对立统一的关系。

本节包括第一卷和第二卷。其主题首先是通过对斯巴达和克里特的立法目的的考察，说明法律的目的是和平和美德，而不是战争和勇敢。通过对饮酒和教育、音乐和教育的问题的讨论，柏拉图把法律、教育和美德联系起来，最终表明人的自然

① 《理想国》更多关注的是政体的问题，政体问题比法律问题更加根本和重要。只有首先确立政体问题，我们才能制定法律。政体问题先于法律问题。

是一切法律和教育的基础，美德是一切教育的目标。

一、法律的考察

在《斐德罗》中，哲人被看作是处在宙斯的队列中，可以说，宙斯是哲人的化身。《法律篇》和《斐德罗》还有很多相似之处。《斐德罗》中的时间也是炎热的夏日，地点也是在神庙附近，也有可供乘凉的绿荫。《斐德罗》的主题是探讨修辞的技艺，这似乎也暗示了《法律篇》的修辞学性质。《法律篇》是哲人柏拉图的修辞之作或者“神道设教”的作品。

（一）对一般法律的探讨

1. 法律的来源

雅典客人问斯巴达和克里特的法律是人制定的还是神制定的。克里特人克列尼亚斯和斯巴达人梅奇卢斯都认为神是法律的制定者。客人认为这是荷马的说法。克列尼亚斯提到了米诺斯的兄弟雷达曼萨斯，认为他是正义者的楷模。客人提议在从克洛诺斯王宫到宙斯神庙的漫长路途中可以对法律问题进行探讨，以消磨这炎热而漫长的旅程。他们表示赞同。

对话开端就表明，立法的核心是“神道设教”。在《理想国》中，太阳象征真理和至善，是洞穴外的境界，洞穴是政治世界的象征。因此，太阳下寻找荫凉也就意味着，他们是在政治洞穴之外，并且试图创建政治洞穴。这个政治洞穴就是法律的洞穴。立法者诉诸的最高权威和根源就是神。或者说，一切法的本质都应该是“神法”。向宙斯神庙的前进就是创建神法的过程。按照施特劳斯的说明，阿维罗伊认为《法律篇》是讲天启和预言的书，是关于神法的书。同样，《圣经》是法典，而未必是信仰之书。

克洛诺斯王宫是古老王国的政治中心，是古老法律的发源地。宙斯是哲人和自然的象征，是新法律的诞生之地。这也意味着从“法先王”到“法后王”的转变。“法先王”的前提就是认识先王制定法律的原因和根据，这也是我们重新制定法律的原因和根据。而且法律的制定不能是庶民的行为，而是圣人的行为，正如《中庸》所说：“非天子，不议礼，不制度，不考文。”所以柏拉图把这种探讨法律起源的对话安排在三个处于政治生活之外的老年人，这表明关于法律的对象是隐匿的对话。

客人显示了试图挑战荷马的意图。荷马史诗是对诸神故事的言说，是对古希腊政治生活的立法活动。但是柏拉图并不推崇诗人荷马的立法，而是更加推崇梭伦、喀莱古斯等立法者。在柏拉图看来，荷马属于诗人的传统，荷马对诸神的言说导致了不良的政治后果。在荷马的神话立法中，战争被看作是首要的问题，诸神被看作是非道德的，诸神的统治凭借暴力，诸神推崇的德性也只是荣誉、勇敢之类德性。在柏拉图看来，对于谋求建立一个良好的国家来说，这种神话显然是不合适的。所以柏拉图才要重新立法。但是他并不是要完全否定荷马，而是在荷马神话外衣下，赋予新的内涵和德性，这是柏拉图的“托古改制”。他们把这个假想的新国家叫作“马格尼西亚”。

柏拉图提到了神，把神作为法律的最终依据。我们需要指出，一切立法或者变法的终极依据就是自然，或者说是人性的自然。自然本身超越一切礼法，却是一切礼法的终极依据。大多数人并不真实地认识自然，或者对自己的天性没有正确的认识，依据自然而立法或者变法就显得不够权威，人们未必能够接受自然作为立法的依据。所以哲人立法者在进行立法时必须掩盖法律的自然基础和起源，必须把立法的起源说成是诸神，这样他的立法才能被民众认可和服从。哲人的立法既要诉诸自然，也要掩盖自然。施特劳斯认为《法律篇》是“包含了法律的解毒剂的关于法律的书”。《法律篇》开头对神的彰显暗示了对神的否定，《法律篇》最后对神的提示则暗示了对神的引入。所以《法律篇》是柏拉图的“神道设教”的典范之作。

2. 法律的目的

客人询问克里特人为什么实行公餐制、体育训练和特殊武器装备。克列尼亚斯认为这些制度的目的都是着眼于战争。在立法者看来，所谓的和平只是一场虚构，事实是所有城邦都已经在进行不宣而战的战争。如果我们在战争中不能保护自己，那么在和平时代积累的财富都将成为他人的战利品。所以立法者的意图就是确保在战争中打败他人，以此保卫国家和财富。在克里特和斯巴达，勇敢被看作是唯一的美德。

客人显然并不同意这种看法，如果国家和国家处于战争状态，那么村落和村落、家庭和家庭、个人和个人，甚至个人内部是不是都处于战争状态呢？克列尼亚斯承认不仅在公共领域，在私人领域中都是处于普遍的战争状态。每个人身上也发生着反对自我的战争。他认为每个人的最大胜利就是战胜他自己。如果被自己打败，那就是最坏的结果。

柏拉图对这种战争状态的揭示是非常尖锐的。在现代哲学家中，霍布斯曾经强调这种战争状态，把战争状态看作是政治状态的起源和前提。这和斯巴达等的立法着眼点是非常一致的。所以，霍布斯的政治哲学虽然显得非常科学和现代，但是和斯巴达的立法者没有根本区别。柏拉图并未否定这种战争状态，相反他把这种战争状态彻底化或者激进化了，把战争状态推进到了个人内在生活领域。这样他就更加彻底地思考了政治或者法律的目的，并且因此得出了立法目的是德性的结论。这个结论否定了把战争作为立法的首要目的的正当性。如果战争不仅是国家和国家之间的事实，而是国内的事实，也是个人灵魂的事实，那么立法就不能仅仅是针对其他国家，也必须针对国内的群体之间和个人灵魂内部状态。个人内部的和平才是立法者最应该关注的，如果每个人都能够在内心达到和平，那么国内群体之间也就能达到和平。如果我们每个人的内心不能实现和谐，我们又如何能够和他人之间实现和平呢？个人内在和平的本质就是理性和非理性的和谐。

客人进一步指出，这种要么打败自己，要么被自己打败的情况，不仅发生在个人内心，也发生在公共领域。一个国家中优秀的部分征服了恶劣的部分，这样的国家就是“征服了自己”，这个国家就是良好的国家，否则就是恶劣的国家。例如大量邪恶的人结合起来打败了少数善良的人。所以，不论是国家还是个人，打败自己就是优于自己，被自己打败就是劣于自己。客人进一步以“兄弟喻”来说明自己的想法。如果一个家庭内部有很多兄弟，其中有好有坏，那么一个法官应该如何治理这个家庭呢？要么是杀死坏兄弟，只留下好兄弟。要么是让好兄弟统治，让坏兄弟们自觉自愿地服从。要么是由法官进行统治，他制定家规，使兄弟们永远和平共处。一个好法官必定是着眼于家庭的和谐，为了指引他们的未来而制定法律。克列尼亚斯认为第三种方法是更好的。

柏拉图在这里是以家事比喻国事。他始终认为国事和家事是一回事，修身、齐家和治国是一回事，因为二者的根本依据都是以理性治理非理性，达到理性和非理性的和谐。也就是说，打败自己的含义就是以理性战胜自己的欲望，被自己打败就是理性被欲望征服。法律的目的就是实现理性和非理性的和谐。这就意味着法律的目的是着眼于和平，而不是战争。立法者制定法律首先考虑的是国家内部的和谐，而不是对外战争。内部和平才是国家最大的善。立法者应该是把有关战争的法律作为和平的工具，而不是把和平的法律作为战争的工具。①

接下来客人对雅典诗人提尔泰奥斯提出批评。诗人专门写作战争诗歌，歌颂勇敢，把勇敢看作是最重要的德性。在客人看来，诗人并未区分两类战争即内战和外战。在两类战争中，内战比外战更加艰难，因为它的不道德程度更大，对人的道德的摧毁力度也更大。所以立法者应该首先着重于内部和平，而不是对外战争。这样客人就贬低了勇敢，认为勇敢只能是第四位德性。对比霍布斯和尼采，霍布斯为了保护国内和平，几乎驱逐了勇敢的德性。尼采则为了提升生命力，重新把勇敢作为首要美德。但是二者都贬低智慧。

客人进一步试图说明，克里特和斯巴达的立法者在制定法律时绝不仅仅是着眼于勇敢，而是德性的整体。立法者的目的只能是德性，并且是美德的整体，而不仅是其中一种德性。客人指出，克里特立法者的错误只是在于他们没有清楚地意识到这个目的。如果这些立法者意识到了他们的立法意图，他们就

---

① Plato. *The Laws of Plato*. Translated by Thomas L. Pangle. The University of Chicago Press，1988：628d，p32.

不可能单纯地推崇勇敢。客人似乎比克里特立法者更加清楚地看到了他的立法意图。这也就意味着客人将进行比他们更加完整的立法活动，将把德性整体作为法律的根本目的。这得益于柏拉图对人性的更清晰和完整的认识，得益于苏格拉底的“政治哲学转向”。正是在这种政治哲学的视野中，人性被首次作为独立的问题加以研究，并且产生了更加正确和完整的人性论。这样，立法活动才能变得真正“科学”。克里特和斯巴达的立法者缺乏这种完整的人性论知识。

客人把德性分为两类，一类是世俗的人的德性或者利益，一类是神圣的神的德性或者利益。一方面，神圣的利益高于世俗的利益，神圣的利益决定了世俗的利益；另一方面，神圣的利益包含了世俗的利益，没有神圣的利益就不可能有世俗的利益。客人指出，在世俗的利益或者德性中，首要的是健康，其次是美貌，再次是力量，最后是财富。财富应该是智慧的仆人。在神圣的利益或者德性中，首要的是智慧和判断力，其次是自我节制或者自律，再次是正义，最后是勇敢。这意味着所有这些利益都指向智慧和理性。立法的最高目的是理性和智慧，或者说是哲学。

柏拉图对德性和利益的这种观点旨在告诉立法者，他们应该按照这种顺序进行立法。神圣美德也就是灵魂的美德，世俗德性也就是和身体相关的德性。灵魂高于肉体，所以神圣美德高于世俗美德。如果违反了这种顺序，立法就是错误的。我们不能把世俗利益或者德性看得高于神圣的德性，不能把财富看得比健康更重要，不能把勇敢看得高于智慧或者正义。

在这里，客人把德性和利益等同起来，表达了“德性就是利益”的观点。人们往往把道德和利益区分开，认为道德是虚假的，利益才是真实的。这是片面的、错误的。单纯的物质利益不可能给人带来什么福利，只有在道德的指导下我们才能正确使用物质财富，才能有利于我们的人生。因此道德才是真正的利益，物质利益只有从属于道德才是真正的利益。这绝不是虚伪的道德说教，而是基于对人性和生活的观察得出的智慧之论。

但是现代性的基本精神就是把世俗性的利益或者德性置于神圣的德性或者利益之上。从霍布斯开始至今，现代立法者都把物质财富的重要性置于最高地位，对人性的德性反而不再关注了。这种对世俗财富的无节制追逐导致现代国家功利主义和强权主义的倾向。卢梭和康德虽然强调国家的道德目的，但是他们并未根本否定功利主义的首要性。他们的道德主义不过是对功利主义的补充和完善。

客人还指出，立法者的法律是对每个人一生进行的统筹安排，每个人的一生都是在法律的安排下度过的。法律就是一种形式，给予人生以明确的阶段性和形式性，给予人生的每个阶段以明确的内容规定。可以说，法律是一个人首要的父母和保护者。法律是政治文明的核心和首要事实。离开了法律，我们就不能使用“文明”这个词语。但是我们现在几乎忽视了“文明”这个词所包含的法律的首要意义，而是在非常混乱或者错误的意义上使用这个词。

客人还指出，法律必须对人的行为给予明确的荣誉或者耻辱的标准。这是对人的行为进行引导的必要方法。如果没有奖惩标准，人们往往不会严肃对待自己的行为，也不会引起特定的情感体验，例如荣耀或者羞耻等。这些特定的情感体验对于法律的实行和人格的塑造是非常重要的。客人要求立法者必须关注人们的各种情感变化和需要，运用法律手段给予褒贬。这就是“缘人情以治理”的根本含义。人是理性的动物，同时也是情欲的动物，而且情欲的力量似乎比理性的力量更加强大，要驯服情欲合乎理性的引导，是非常困难的事情。但是只有理性和非理性达到了和谐，才能达到人性或者人格的完满性。这才是一切立法者的终极目标。

最终客人指出，所有这些礼法都组成了一个“理性的整体”。这里，柏拉图显示了法律的理性主义基础和起源。法律归根到底是理性的产物。在《政治家》中，柏拉图曾经指出，法律是理性的产物，是对理性的模仿。这样，他就把理性的因素引入了政治生活之中，批判了“强权政治”的观点。否则，我们就不能理解法律的本质，而仅仅把法律看作是强者为了自己的利益而制定的，正如在《理想国》中色拉叙马霍斯曾经表明的。《理想国》的整个对话都是建立在对这个观点的批判之上的。如果不批判这种观点，我们就不能实现政治生活的文明化和理性化。政治生活的野蛮化和愚昧化是始终威胁政治生活的力量，我们必须时刻和这种力量进行斗争。使政治生活文明化和理性化是哲人思考的根本问题之一。

客人指出，作为理性的整体，法律只关注正义和节制，而不考虑财富和野心。① 这里也显示了道德和理性的关系。道德也是理性的产物，是对理性的模仿和分有。在我们没有获得完全的理性之前，我们必须以道德的理性来指引我们的行为。即使在我们获得了真实的智慧以后，也不能在行为上抛弃道德理性。道德也是理性的产物，而不是强权主义或者功利主义的产

---

① Plato. *Laws*. Translated by Trevor J. Saunders. In *Complete Works*. Edited, with Introduction and Notes, by John M. Cooper. Hackett Publishing Company, 1997: 631e-632d.

物。而且，神圣美德高于世俗美德，即灵魂的美德高于身体的德性。法律必须把神圣德性作为首要目标，世俗德性只能从属于神圣德性。总而言之，立法是一种崇高的技艺，其目的是培养人民的德性，并且协调各种美德，使得国家成为一个美德的整体。

虽然霍布斯也把和平作为立法的最高目的，但他对于和平的意义的理解和柏拉图是不同的。霍布斯认为和平服务于人们的舒适生活，他的自然法或者伦理法也服务于和平和舒适的生活。这是我们理解霍布斯道德哲学的关键。他抛弃了神圣德性，只承认世俗的德性。在世俗的德性中，他只肯定了有利于和平的德性，即尼采所谓的“畜群道德”。这种畜群道德无助于提升人性。柏拉图的德性肯定的首先是神圣德性，即所谓的四主德。和平的意义是有助于培养人的神圣德性，德性才是人性的真正生成。德性中首要的是智慧，智慧是一切德性的来源和保证。在他看来，世俗的德性不可能完全满足人性的需要。就算我们希望把人类生活的意义限制在吃喝玩乐上，这种目标也是一个不可能实现的乌托邦。霍布斯恰恰就是希望建立一个这样的乌托邦。但是这个乌托邦比柏拉图的乌托邦还“不靠谱”，因为它违反了人性的自然。柏拉图否认立法的目的是战争，但也反对立法的目的仅仅是为了和平。

（二）对现行法律的考察

1. 考察培养勇敢的方式（632e-635e）

客人对斯巴达和克里特的培养勇敢的方法进行考察。他首先考察斯巴达的培养勇敢的方法，大致上包括公餐制、体育训练、打猎和忍受痛苦等方法，例如秘密服役和裸体比赛等。

客人认为这些培养勇敢的方法是不全面的。他们对勇敢的理解仅仅限于对恐惧和痛苦的抵制，没有把希望和快乐包括在内。人不仅有痛苦和恐惧，还同时有希望和快乐，德性的培养必须同时包含对两类情感的控制，否则就是不完全的。真正的勇士必须不能被痛苦征服，也不能被快乐征服。一个人“被自己征服”往往就是被快乐的诱惑所征服。“被自己征服”就是“被快乐征服”。斯巴达和克里特的立法者都只关注培养抵制痛苦的攻击，没有把征服快乐的德性作为自己立法的内容。

客人的观点表明，培养勇敢应该包括抵制快乐的能力。立法者必须全面考虑到人们的各种感受和情绪，然后针对这些感受做出不同的法律规定。这就是所谓的“缘人情以治理”。也就是说，法律作为理性的产物是管理人的情欲的。法律就是一种药物，它的目的是治疗人的情欲之病。所谓“贫贱不能移，富贵不能淫，威武不能屈”，这才是对德性的全面培养和训练。仅仅关注其中的任何一个方面都是片面的。因此，真正的立法者必须同时把抵制快乐的诱惑和进攻作为立法的内容。快乐才是最危险的敌人，一个人必须能够抵制“糖衣炮弹”的进攻。《法律篇》的内容和《普罗泰戈拉》中关于勇敢和快乐的论述是一致的。

客人接着指出，他们的法律中的一个最好的规定就是禁止年轻人探究法律的是非曲直，全体公民都认为这些法律是优秀的，是由神制定的。① 这是维护法律的权威性的必要条件。年轻人往往气血方刚，智慧没有成熟，他们并不能够真正理解法

① Plato. *Laws*. Translated by Trevor J. Saunders. In *Complete Works*. Edited, with Introduction and Notes, by John M. Cooper. Hackett Publishing Company, 1997: 634e.

律的目的和意义。如果允许他们随意发表自己的看法，他们往往会得出很多错误的见解，最终危害法律的权威性和神圣性。如果公民不认为国家法律是神圣的、权威的，那么法律就不可能得到真正的尊重和实行。法律自身并不能够自我实行，要依靠公民对法律的服从和接受，只有把法律看作是神圣的，公民才可能心悦诚服地遵守法律，法律才能达到自己最大的效果。否则，法律就只是形式上对人的行为的控制，其有效性就大打折扣。反观自由民主制国家，人们可以随意地谈论法律，随意地修改法律，结果就导致法律权威性的丧失。“民之多幸，国之不幸。”这也是真正的法律都需要一个神圣外衣的原因。

客人继续指出，在对待快乐的问题上，克里特和斯巴达的立法者只是试图使公民避开快乐。客人认为这种方法是不好的。如果一个人从来没有感受过快乐，当他接触快乐时，就难以抵制快乐的进攻，很容易成为快乐的俘虏和奴隶。① 在他看来，大部分人都是快乐的奴隶，只是在极为有限的意义上才能被称为勇士和自由人，也就是在他们能够真正以理性支配自己的情欲的情况下。否则，一个自由民即使摆脱了他人的统治，如果不能摆脱自己情欲的控制，他仍然不是自由人。这就涉及柏拉图对“自由人”的本质的看法。在他看来，真正的自由人不是不受统治的人，而是理性支配情欲的人，也就是“理性人”。只有理性人才是自由人，而一般政治意义上的自由人都只是表面的。这样，他就深化了关于自由人的观念。也就是说，柏拉图把自由和自律联系起来，自由就是自律。这种自律

---

① Plato. *Laws*. Translated by Trevor J. Saunders. In *Complete Works*. Edited, with Introduction and Notes, by John M. Cooper. Hackett Publishing Company, 1997: 635c.

不是自我强制，而是自我立法，自我服从。这种自律否定了一切外在法律的必要性。也就是说，如果每个人都是理性的、自律的人，那么，政治含义上的法律就是没有必要的。这和卢梭、康德的道德法律的观念一致，但是卢梭和康德的道德法律的观念仍然是现代性的，和柏拉图的这种自由观仍然有很大差异。

2. 培养节制的方法（635e-650b）

客人接下来开始探讨培养节制的问题。客人敏锐地指出，任何一种特定的生活方式总是在促进某方面时也在损害另一些方面。① 也就是说，任何法律都是针对特定情况而制定的。而人事易变，任何法律都会很快时过境迁，变得不合时宜。因此我们不可能一劳永逸地建立一种一成不变的、完美的政治制度，在这种制度下，人类可以过一种永远正义幸福的生活。政治制度的改革是不可避免的，我们不得不及时改变原先的法律。正如法律的制定依赖理性，法律的改革也依赖于智慧和理性。所谓“解放思想，实事求是”。理性和智慧是对自然的认识，只有理性和智慧才能认识事实状况，才能“依据自然”恰如其分地制定适合的法律，引导国家走向德性和至善。

根据这种看法，客人指出了斯巴达的公餐制和体育训练的危害。他认为这种制度容易导致同性恋，同性恋者会结成同党，一旦情形不利，他们就可能发动叛乱。而且同性恋是反自然的，既破坏了两性的自然快乐和生育，也使同性恋者更加放纵。快乐和痛苦是自然放出的两股泉水，如果一个人或者国家

---

① Plato. *Laws*. Translated by Trevor J. Saunders. In *Complete Works*. Edited, with Introduction and Notes, by John M. Cooper. Hackett Publishing Company, 1997: 636a.

在恰当的时机从恰当的泉水中饮用，就能够获得幸福的生活，否则就是痛苦的生活。国家和个人都是一样的。① 一个人不但要学会控制好自己的痛苦，也要控制好自己的快乐，这样他才能达到中道和谐的至善境界。

斯巴达人梅氏对自己国家的禁酒习俗进行辩护。他认为斯巴达立法者制定禁酒的法律是防止国人因为饮酒变得放纵和愚蠢。客人认为禁酒并不是最好的。虽然斯巴达的男人刚毅勇敢，但是斯巴达妇女的放荡却是出名的，这同样是斯巴达法律的缺陷。这种法律类似于禁欲主义的立场。禁欲主义把快乐视为洪水猛兽，认为快乐会导致人的堕落。但是禁欲主义是不正确的，正如享乐主义被快乐征服一样。苦行主义或者禁欲主义对快乐唯恐避之不及，这也是被快乐征服。因此禁欲主义的逃避快乐不是理性地对待快乐的方法。只有在我们充分体验到快乐，但是又不为所动时，我们才是真正地控制了快乐，获得了人格的高度独立和自由。所以在《法律篇》中，如何对待饮酒特别是酗酒问题就成为重要问题，因为这涉及对人的欲望和情感的控制和引导的问题。

客人首先列举了色雷斯人、波斯人等对喝酒的相反的法律。梅氏则不以为然，认为斯巴达人可以轻易战胜他们。客人指出“以胜败论英雄”是不对的。这种“以胜败论英雄”的态度是功利主义的，也是狭隘的，不是一种正确的观点。在柏拉图看来，我们应该“依据自然”来思考和评价一种习俗是不是好的，而不是依据它取得的效果。因为结果往往取决于多种因

---

① Plato. *Laws*. Translated by Trevor J. Saunders. In *Complete Works*. Edited, with Introduction and Notes, by John M. Cooper. Hackett Publishing Company, 1997: 636e.

素，一个优秀的民族也可能被一个野蛮民族控制，但是我们不能因此认为野蛮民族优于优秀的民族。正如在近现代以来，我们往往以对外战争中屡次失败来否定自己的传统文化，把国家的“积贫积弱”归因于传统文化。近现代国人的这种评价原则实际上是一种“强盗逻辑”，是野蛮化的、强权主义的思维方式，是野蛮对于文明的胜利的表现。当然没有一种完美的文化，任何文化在一成不变的因循守旧中都可能变成野蛮的、僵化的，所以对一种文化习俗的损益也是必要的。

接下来，客人提出了考察评价一个文化习俗的正确方法。他认为在探讨一种习俗时，如果其意图是为了肯定或者否定它，那么就不可能做出正确的考察。这是“先入为主”的态度和方法，我们的“偏见”会妨害我们中立地或者自然地对待这种习俗，使我们不能“面对事实本身”，不能做到“解放思想，实事求是”。他认为我们应该“从整体上”考察一种习俗，而不是简单地称赞或者批判一种习俗。也就是说，要把任何一种习俗或者问题放在“因果关系”中来考察。首先，我们必须考察立法者的用意和初衷是什么，只有理解了立法者的用意和初衷，我们才能够理解他制定的法律和习俗的意义，这样我们对习俗的评价才是合理的。其次，我们还必须考察这种习俗建立以来的效果是怎样的。如果其结果违反了立法者的意图，那么这种习俗就可能是错误的或者片面的。因为法律本质上是对人的情感、欲望和行为的引导和控制，如果一个习俗或者法律能够正确引导人民的情欲和行为，达到理性和非理性的和谐，那么这种习俗就是正确的，否则就是错误的、片面的。关键就在于我们能够从因果关系中来考察一种习俗，这是达到科学和智慧的根本方法。如果我们能够把这种智慧贯穿到法律的制定之中，就能够使整个国家趋向于保持这种同一性和整体性，而不是倾向于任何一个片面的极端。

于是，客人通过对酒会的考察说明立法者在制定法律时面对的真实情况。酒会是人们追求快乐的场所，但酒会也是最容易失控的场合。如果我们能够很好地组织酒会，人们能够“饮而不醉”，在饮酒的快乐中学会征服快乐，我们就能够很好地培养节制。对于培养节制来说，滴酒不沾并不是正确的，饮而不醉才是最高境界，这样的人才是有德性的人。这就和《会饮》的情景和主题结合起来了，苏格拉底就是饮而不醉的典范。因此客人认为如果酒会举办得好，对于国家就会有很大利益。客人以战争中胜利后的现象进行说明，单纯苦行主义的教育会导致人们因为战争获胜而产生快乐和骄傲，这种快乐和骄傲将会导致他们犯下很多罪恶。这是很多历史事实证明了的。所以组织酒会对于人们完整的德性教育是有利的。征服快乐能够培养人们的节制德性，征服痛苦能够培养人们的勇敢德性。节制和勇敢共同构成了德性的两个方面，二者都是以理性态度控制两种强烈的情感和欲望。这就是所谓“发乎情，止乎礼”。

二、饮酒与教育

在客人看来，一切习俗都是对人进行培养教育的方法，饮酒习俗也是一种教育的方式。如果要正确评价一种习俗，就必须首先对教育问题进行认真考察。于是克氏和梅氏都鼓励客人继续考察。

客人首先提出了“什么是教育”的问题。他赞同“教育必须从娃娃抓起”的观点，认为任何人要从事一项职业，就必须从小熟悉相关的内容，在游戏中加入教育，即“寓教于乐”。这样当孩子长大后就能够很自然地精通这项职业。但是客人认为我们还必须精确地定义教育的概念。他认为一般关于教育的观点都是职业技术教育，这种教育根本不能被称为教育。他认为教育必须是和德性相关的。“我心中的教育是一种从童年起就接受的美德教育，这种教育能够使人们产生一种成为一个完善的公民的强烈愿望，这种完善的公民知道如何依照正义的要求去进行统治和被统治。”① 我们必须把教育和培训区别开来。并不是什么活动都可以被称为教育，旨在获得金钱、强健、职业技术等的行为只能称为培训。只有和德性结合起来的行为才是教育。受到真正教育的人才是好人，好人就是“能够自我控制的人”，相反，不能自我控制的人就是坏人。所谓自我控制就是以理性节制非理性，这仍然是和节制相关的德性问题。柏拉图认为我们绝不能轻视教育，每个人都必须支持教育。教育是塑造完美人格的必要方法。这里体现了柏拉图对于教育的道德目的的强烈诉求。但是现代教育几乎不再关注德性问题，日益变为职业技术培训。

为了进一步说明德性问题，客人指出每个人都被四种力量拉扯着，即快乐、痛苦、恐惧（对于痛苦的预知）、期望（对快乐的预知）。法律就是对这四种情感力量的计算。“把这四者加以计算，我们就判断出快乐和痛苦的相对优点，当它表现为

---

① Plato. *Laws*. Translated by Trevor J. Saunders. In *Complete Works*. Edited, with Introduction and Notes, by John M. Cooper. Hackett Publishing Company, 1997: 644a.

一个国家的公共决策时，它就获得了法律之名。”① 也就是说，人心首先是被各种情感和欲望控制的，类似于心灵的“无政府状态”，其中哪一种力量更加强烈，就可能控制心灵，进而支配人的行为。如果我们通过法律的形式强化某些我们认为正确的情感和欲望，削弱某些我们认为不正确的情感和欲望，那么我们就相当于控制了人的心灵，并且进而控制了人的行为。

立法者必须对人性中的各种情感和欲望有正确而清晰的认识，并且制定明确的法律来引导和控制人们的情感和欲望，进而控制人们的行为和生活方式。这也就是柏拉图提出的“法律计算说”的作用和意义。这里就和《政治家》《普罗泰戈拉》中的“度量的技艺”或者“衡量的技艺”是一致的。法律就是度量技艺的一种应用。度量技艺的核心是中道，法律计算的本质也就是中道，这种中道体现为对各种情欲力量的计算和平衡。它首先是一种量的关系，而不是质的关系。这种衡量的技艺的目的是获得更大的快乐，而不是更强烈的快乐。我们应该为了未来的、更大的快乐而节制当前较强烈的快乐。但是人们往往追求更加强烈的快乐，这样他们的欲望和行为就可能因为走向极端而危害到他们自己。这种法律的计算能够使人避免这些极端情感和欲望的伤害。法律就是计算，法律的计算是为了人的更大的快乐和幸福，这种计算是高尚的、神圣的，是理性的最完美、最重要的实践使用。这可以说是柏拉图对法律本质的说明。

从这里我们可以体会到，柏拉图并不是所谓的道德主义

① Plato. *Laws*. Translated by Trevor J. Saunders. In *Complete Works*. Edited, with Introduction and Notes, by John M. Cooper. Hackett Publishing Company, 1997: 644d.

者或者法律至上论者，他的着眼点还是在于对人的情欲的协调和引导，而不是消灭人的情欲。柏拉图这里的计算也不是享乐主义的计算，因为其中包含了精神快乐。享乐主义的计算几乎取消了精神快乐的因素。基督教的来世报偿等观念也可以说就是这种计算的产物，即放弃和降低现世的幸福和快乐以换取来世的永恒幸福和快乐。这同样是对人的欲望和快乐的引导方式。

但是两位对话者都几乎不同意客人的这种说法。客人接着提出了“傀儡喻”加以说明。他认为我们可以把人看作是诸神的傀儡。作为诸神的傀儡，人是为什么被创造出来的，这是无法探知的。但是人确实被各种欲望和感情所支配，这却是自明的认识。这些欲望和情感往往相互对立斗争，把人拉来拉去。美德和邪恶就是在这种斗争中体现出来的。美德就是以理性引导欲望和情感，邪恶就是理性被低贱的欲望和情感支配。或者说，高贵的爱欲是对智慧和大道的追求，低贱的爱欲就是对肉欲快乐的追求。法律就是支配人这种傀儡的最重要的绳索，法律引导人更加倾向于选择高贵的情欲，避免低贱的情欲。所以客人认为，法律的绳索是黄金做的，而且是柔软的，其他绳索是低贱的、坚硬的。法律是每个人生活的向导和老师。每个人都应该和法律合作，增加我们身上的黄金元素。如果我们忽视或者蔑视法律，就会导致低贱爱欲的泛滥。因此不论个人还是国家都应该完全服从法律，按照法律的要求生活和做事。

接下来，客人转入对饮酒问题的探讨。他提出如果我们给这些傀儡喝酒会产生什么影响的问题。毫无疑问，这个傀儡的情感的力量会加强，理性的力量会减弱。他的自我节制就会逐渐处于最低的水平，这是非常糟糕的状态。如果不断进行喝酒的训练，人就会逐渐学会控制这种醉酒状态，正如在体育锻炼的痛苦阶段后，身体会强壮起来一样，在度过了喝酒导致的虚弱状态后，人也会逐渐强大起来。这就是喝酒带来的好处。人将逐渐学会对快乐的控制。

客人进一步解释自己的看法。人有两种恐惧，一种针对邪恶，一种针对不名誉，这后一种恐惧就是羞耻感。羞耻感是对在朋友面前失去尊严的恐惧。羞耻感可以防止我们沉溺于快乐，使我们在快乐面前不会变得贪婪，例如饮酒带来的快乐。客人认为羞耻感非常重要。要使一个人不惧怕任何恐惧，他就必须学会面对一切恐惧，学习战胜它们。在客人看来，饮酒是学习与快乐做斗争的最好方法。所以他把酒称为“神赐的药物”。人在饮酒后会变得自我膨胀和放纵，如果一个人能够在这种状态下控制自己，那么他无疑是勇敢和节制的典范。这同样是一种学会抵抗恐惧的训练。这种恐惧来自对快乐的恐惧，来自在朋友面前失态的恐惧。经过这种训练的人就不会在战争胜利后的快乐中妄自尊大、忘乎所以。因为他们已经学会了和快乐进行斗争，而不是对快乐妥协。这是用娱乐的方式进行德性的训练和培养。这种饮酒的训练就是政治技艺的一种方法。通过给人们饮酒，然后对他们灵魂的品质和天性进行观察和训练，我们就可以选拔出优秀杰出的人物。这样的人的灵魂将受到更加全面的训练，养成更加全面的德性。因此在客人看来，这才是培养节制的德性的好方法。之前立法者的错误就在于其都忽略了对人抵制快乐的能力的训练，因此导致人的灵魂的残缺。

三、音乐与教育

第二卷的主题是关于诗教和乐教的立法。教育的目的是达到情感和理智、美和善的和谐。其中的主要问题是反对把快乐作为音乐的唯一标准。

客人继续对教育的本质进行探讨。为了正确认识教育的本质，就必须认识人的灵魂的自然。教育的目的是培养美德。教育必须是针对人的情感和欲望的自然状况制定的，是对人的欲望和情感的理性引导。“我认为，教育是儿童最初获得的美德，也就是使快乐和喜爱、痛苦和憎恨在那些还不能进行推理的灵魂中得到正确安排。然后，当他们能够进行推理时，这些激情和理智能够保持和谐一致，通过适当训练养成正确的习惯。这种整体性的和谐就是美德。”① 也就是说，儿童的德性教育非常重要。儿童的最初感觉就是快乐和痛苦，如果能够用理性的方式进行引导和训练，使他们自然地热爱美好的东西，憎恨邪恶的东西，那么这就是对他们灵魂德性的教育。等他们能够使用自己的理性的时候，他们就不会产生理性和非理性的矛盾和冲突。当然因为非理性的干扰，一个人获得正确判断力和观点非常困难。一个人能够在老年达到这种理性智慧也是难能可贵的，甚至一个人的人格完善就在于此。理性智慧首先以法律的形式存在。法律就是最初规定什么是正确，什么是错误的标准

① Plato. *The Laws of Plato*. Translated by Thomas L. Pangle. The University of Chicago Press, 1988: 653b.

和权威。因此法律是人格教育的主要内容，教育和法律是一回事。与法律道德无关的教育都不是教育。

人类世界中存在很多不同的法律，不同的法律意味着不同的教育。但是只有好法律才配得教育的美名。一个人必须首先接受法律的教导，经过正确的训练，使快乐和痛苦正确地汇集到灵魂中，等他长大成人，习惯成自然后，他已经养成了良好的德性，这样他就会自然地仇恨那些邪恶的东西，热爱那些美德的东西。“非礼勿视、非礼勿动、非礼勿听、非礼勿言。”这样的人就是受到良好教育的人。因此美德教育的目标是情感和理智的和谐与协调，是对快乐和痛苦的正确训练。“缘人情以治理”的本质是对人的各种情感进行引导，最终达到情感和理性的和谐。①

可以说，情感和欲望是质料，法律文明是形式。形式高于质料，教育就是把法律的理性形式注入人的情感和欲望之中，赋予质料以形式。通过对这些情感进行褒贬的方式引导人的价值选择和生活方式。一个人的灵魂的教育就是形式和质料的结合与和谐。进一步我们可以说，情感和理智的和谐也就是认识和行为的和谐一致。“知行合一”是人格和谐最基本的表现。如果一个人虽然在认识上达到了真理，但是在行为上没有遵守真理，那么他就不是一个和谐的人、正义的人。或者他的认识并不是真正的认识，他的认识仍然是表面的、浮浅的。如果我们在行为上摆脱了欲望的支配，完全按照理性行事，那就是“知行合一”的、正义的人。从这里我们可以看到，灵魂的和

---

① Plato. *Laws*. Translated by Trevor J. Saunders. In *Complete Works*. Edited, with Introduction and Notes, by John M. Cooper. Hackett Publishing Company, 1997：653a.

谐是柏拉图道德教育的终极目标。这也是我们理解柏拉图教育观念的关键。

客人接下来指出，在一个人的生命过程中，人们对快乐和痛苦的约束会逐渐减弱，甚至消失。这也就是意味着人的感觉可能会变得僵化和顽固。如果一个人始终处在法律规范之下，就可能变得盲目或者丧失生活的乐趣。如果人们始终生活在严厉的道德法律约束下，不敢越雷池一步，他们的人生必然也是可怜的，他们的生命也是颓废的。

在这里柏拉图似乎在对盲目推崇法律的观点进行含蓄批评。我们必须推崇法律道德，但是我们对法律道德的推崇必须是有限的。我们必须看到制定法律道德的目的和意图，不能使得法律道德最终反过来成为人性的伤害者。这和孔子、孟子等人批评的“乡愿”是一致的，或者和耶稣曾经批评的法利赛人一样。他们只关心道德法律本身，而对人性的痛苦和快乐却缺乏尊重。而避免痛苦、获得幸福才是一切立法的最终目的。

所以客人提到了“宗教歌舞”的问题。他认为人类生活是艰辛痛苦的，诸神可怜受苦的人类，把宗教节日作为从劳动中获得休息的日子。因此诸神给人类送来了缪斯、阿波罗和狄奥尼索斯。在这些宗教节日中，人类又恢复了自己的生命活力。在这里，柏拉图似乎把宗教节日看作是对道德法律的超越和扬弃，在宗教庆祝的节日活动中，人们摆脱了道德法律的束缚，可以适当地放纵一下，体验一下生命的激情和奔放，以此缓解他们生存的艰辛和法律的重负。尼采在《悲剧的诞生》中关于诸神的看法可能就是接受了柏拉图的这种观点。我们也因此可以体验到柏拉图对人类深深的悲悯情怀。这种慈悲或者悲悯就是他的智慧的体现。拥有智慧的人必然是慈悲的，没有慈悲的人必然是没有智慧的。“悲智双运”，慈悲和智慧是一体两面的。

在客人看来，宗教歌舞既包含了秩序，也包含了快乐，宗教歌舞是秩序和快乐的典型结合形式。因此宗教歌舞也就是教育的最好形式。客人认为“教育最初来自阿波罗和缪斯”①。这意味着只有接受过合唱训练的人才是有教养的人，否则就是没有教养的人。很多纯朴的民族都是能歌善舞的，歌舞就是他们实行和接受教育的方式。人们在歌舞中不但体验到了生命的快乐，也养成了法律意识。歌舞训练使人能够养成秩序感和团队意识。柏拉图几乎把教育和歌舞等同起来。孔子的“兴于诗、止于礼，成于乐”也是这种意思。仅仅有礼是远远不够的，乐才是最高的层次，是人性自然的完成。礼教是低层次的，乐教才是最高层次的。在乐教中，人的灵魂达到了一种理性和情感的和谐状态。只知遵守礼制是浮浅的、低俗的，是对人性的事实和真理一无所知的。

客人继续指出，一个不能歌善舞的人不是好人，但是一个能歌善舞的人也并不一定就是好人。一个天才的艺术家仍然可能是一个恶棍。因此客人认为必须考察“好”是什么意思。如果一个人只是机械地模仿这些歌舞动作，丝毫没有从中体会到快乐，那么他也肯定不是一个受到良好教育的好人。这样的人就是乡愿或者法利赛人。另一个人即使在歌舞动作方面有些偏差，只要他能够从中充分体会到快乐，他仍然要优于前者。能否把握住歌舞中的好东西，是评价一个人是不是受到良好教育

---

① Plato. *Laws*. Translated by Trevor J. Saunders. In *Complete Works*. Edited, with Introduction and Notes, by John M. Cooper. Hackett Publishing Company, 1997: 654a.

的标准。这种好东西只能是德性或者说人格的完善。孔子以仁来复兴周礼，如果不能在礼中体验到仁，那么礼就是僵化的、没有意义的形式，所谓“人而不仁，如礼何？人而不仁，如乐何?”（《论语·八佾》）同样，耶稣以爱上帝和爱邻人来复兴犹太教律法，如果律法不是体现了我们对上帝和人的爱，那么这种律法也就是没有意义的形式。

客人继续指出，并不是所有人对于好东西都一致认可，几乎不可能存在一致认可的好东西，我们不得不面临一个困惑，即“好”本身是因人而异的，还是客观存在的？如果“好”是因人而异的，那么这就难免陷入主观主义和相对主义。这实际上最终就取消了任何道德好坏之分。如果“好”是客观存在的，那么“好”存在于什么地方，以什么方式存在呢？这是柏拉图在对话中反复探讨的一个问题。在《理想国》中他认为我们都是在追求善，但是我们对善究竟是什么却没有清楚正确的认识。他只能以太阳比喻善本身，认为善是最客观真实的存在，是整个世界的终极目标。善的真实性是毋庸置疑的，但是我们却无法用语言表达出善本身，善本身是离言绝相的。

客人指出大多数人都把好和快乐等同起来，认为一种音乐歌舞能够给人带来最大的快乐就是好的。客人反对这种看法。他指出有些表演是“令人愉快的但也是堕落的”，因此快乐和善好并不是一回事。一个人往往不去做那些他认为是正确的，却去做那些他认为不正确的事情，就是人的理性和情感之间不和谐的表现。正如《圣经》中保罗书信曾经指出的灵魂和肉体的交战状态一样。客人把这种理性和情感的不和谐状态称为做梦一样的“半清醒状态”。大多数人都处于这种不和谐的“半清醒状态”。正如《理想国》中，柏拉图指出的“俗人一生都在梦中”。这种状态也就是不正义的状态。真正正义的状态是理性和非理性的和谐状态，只有哲人处于绝对的、正义的清醒状态。

关于快乐和善好的区分也是柏拉图对话的基本问题之一，在《斐莱布》《普罗泰戈拉》等对话中都对其进行了探讨。其主要观点就是善高于快乐，善引导快乐。严格说来，人们追求的是善，而不是快乐。快乐只是大自然为了使人追求善而设下的诱饵而已。人们甚至会为了善而牺牲快乐。如果人们沉迷于快乐本身，就会忘记善，这样快乐就成了恶的东西。我们必须着眼于善来追求快乐，必须把善置于快乐之上。只有病态的人才会把最强烈的快乐或者快乐本身作为追求的目标。

客人坚持“文以载道”的原则。他认为如果诗人或者作家不关心作品的德性，只关心作品是不是能够带来快乐，这肯定是堕落的作品。但是客人也看到这种要求和原则的困难。他指出这种要求只有在埃及被认真地执行。在埃及，一切艺术创作都受到神圣题材形式的限制，任何超出这些法定题材和形式的创作都是被禁止的。虽然人们追求新奇的冲动或者喜新厌旧的天性会颠覆这些神圣法规，但是我们不能把追求喜新厌旧的快乐置于道德的人格善之上。好的音乐与德性相关，坏的音乐与邪恶相关。真正的音乐应该致力于培养人的德性。如果文艺作品摆脱了道德教育的引导和原则，只以哗众取宠、追求快乐作为唯一标准和目标，那么就是堕落的。这是柏拉图著作中强调哲学和诗歌之争的根本原因。柏拉图是站在德性教育的善的立场反对诗歌只追求哗众取宠的快乐取向。

客人假定如果进行一场快乐比赛，哪个作品带来的快乐大就获胜，那么谁有资格进行评判呢？在他看来，并不是所有人都能够对作品的好坏发表评论，或者并不是所有人的评价都是一样的。并不是所有人的快乐都是一样的，只有那些德高望重的人的快乐才是最高标准。他们的快乐是合乎理性和德性的快乐。这样的快乐才是真实正确的快乐，才能作为唯一的评价标准。评判者还必须具有很大的勇气，敢于不去迎合、附和人民群众的喜好，他必须做群众的老师，而不是学生。这样我们才能防止诗人为了迎合民众的低级趣味而进行创作。当人们习惯于从邪恶的事物中获得快乐，他就会变得越来越邪恶。一个人只有能够从美好的东西中获得快乐，才能变得越来越美好。

最后，客人进行了总结。教育是引导儿童接受正确原则的过程。这些正确原则是被法律确认的，并且得到了德高望重的人的认同。儿童应该习惯于接受礼法许可的事物，按照立法者的希望和要求生活。教育者应该用娱乐和唱歌的方式吸引年轻人，但是必须在娱乐中灌注理性道德的原则，这就是“寓教于乐”的方式。诗人的作品是在教育青年，不能只是迎合人们的低级趣味。诗人的创作必须服从立法者的法律，只描绘有德性的人的生活，贬低那些没有德性的人。“榜样的力量是无穷的。”所以柏拉图主张“文以载道”。在我国古代传统中，“文以载道”的原则一直得到比较好的遵循，虽然也存在一些低俗的作品。

克列尼亚斯并不认可客人的这种说法。他认为现在各地都是不断创新，搞出很多新奇花样。客人只得承认他的想法并不是来自事实，而是一种“希望”。虽然现实的力量可能是很强大的，但强大的并不就是正确的。正如在《理想国》中他指出的，我们不能因为一个完美的人从来没有出现过就否定他的完美性。因此我们在进行理论思考的时候，不要太关心实践。关键是我们必须知道正确的理论原则和标准是什么，至于能不能做到，那是另外一个问题。我们不能因为在实践上做不到就降低理论的标准。理论高于实践，理论提供了实践的向导。这样，理论才能引导我们提高我们的实践。如果理论低于实践，理论不断地迎合实践，正如现代性以来的哲学理论一样，那么哲学理论最终就越来越败坏，成为一种政治意识形态，而人的实践也会因为理论标准的降低而失去标准，实践最终就会变为盲目的冲动和野蛮。这将是人类政治生活的灾难。理论的败坏是最大的败坏。我们必须重新提高理论的品格，不能一味地使理论迎合实践。这就是柏拉图的哲学对话所要告诉我们的。重新拉开理论和实践的距离，重新确立理论的崇高性和神圣性，这才是当代哲学应该追求的。

接下来，客人考察了斯巴达和克里特的相关规定，指出诗人应该接受立法者的教导，把德性和幸福结合起来，宣传“好人好报，恶人恶报”的教义。如果一个人仅有健康美貌，没有美德，是不可能幸福的。如果一个人拥有健康、财富和权力，拥有勇敢和永生，但是没有正义，他仍然是不幸福的、可耻的。对此，克列尼亚斯并不赞同。这或许也反映了柏拉图在一定程度上的困惑。但是他不愿承认一个邪恶的人是一个快乐的人。于是客人区分了两种生活方式，即快乐的生活和正义的生活。他认为必须把两种生活联合起来，即正义的生活就是快乐的生活，不正义的生活是不快乐的生活。凡人无能判断善恶，应该接受立法者的引导。立法者应该说服或者强迫诗人根据正确标准（情感和理智的和谐，道德和幸福的和谐）进行创作，宣传“善有善报、恶有恶报”的观念。

但是这个观点能够被人普遍接受确实存在很大的困难。所以客人接下来谈到了“谎言”的问题。“哪怕是一个平庸的立法者，如果有足够的勇气，为了年轻人的利益，成功地向他们扯一个谎，难道他不会扯一个比这更有用的谎或更有效的谎，使每个人在他们所做的每件事情中都自愿和不受强制地实行正义吗?”① 这个谎言问题柏拉图也曾经在《理想国》中提到过，并且对尼采哲学产生了深刻影响。这种谎言的核心是确立道德和幸福的一致性。对于一个真正智慧的哲人来说，道德和幸福的一致性是无须怀疑的，哲人确实达到了道德和幸福的和谐一致。但是对于一般俗人而言，他们的理性和非理性没有达到完全的和谐一致，他们的道德和幸福之间是存在分裂的。为了消除这种分裂和不和谐，人民需要一个神圣的谎言。这个谎言是把理性德性置于快乐之中，使人们在体验到快乐的时候也同时学习其中的德性，其目的仍然是达到理性和情感的和谐。这种谎言就是“神道设教”的重要内容，“神道设教”也是为了达到人格或者灵魂的和谐。

尼采看到了柏拉图所说的“神道设教”的深意，看到了文明道德本身的非理性根源。但是他没有把理性和非理性的和谐作为根本原则，忽视了人性的理性自然，认为人性可以随意地塑造，这是他进行价值重估的原因。康德也看到了道德和幸福的不一致性，认为在这个世界上道德和幸福永远不可能达到一致，他才强调只能把这种和谐一致投入来世的信仰之中。当然德性和幸福的结合才是至善，仅仅是德性或者快乐都是不完满的。但是我们也应该看到，善本身就是报偿，善本身给人带来

---

① Plato. *Laws*. Translated by Trevor J. Saunders. In *Complete Works*. Edited, with Introduction and Notes, by John M. Cooper. Hackett Publishing Company, 1997: 663e.

的快乐超越了一切其他快乐，是最美好的快乐。所以我们不必在德性之外寻求幸福，德性本身就是幸福。道德和幸福并不是脱节的，而是密切联系在一起的。柏拉图认为存在德性和幸福同一的可能性，康德彻底否定了这种可能性。这反映了康德的悲观主义和对人性奥秘的无知。

克列尼亚斯认为这种办法肯定会取得成功，因为历史已经证明了这一点。虽然一个故事是不可信的，但是仍然能够说服人们相信。客人以西顿人的例子说明，年轻人的灵魂是能够被任何事情说服的。因此立法者最需要关心的是哪一种说服对国家最有好处。一切神圣谎言的中心主题是诸神都一致承认正义的生活就是快乐的生活。如果人们能够对这个谎言深信不疑，那么人们就可能超出感官快乐的范围，把正义置于自己生活的中心。

这体现了柏拉图对人性的深刻观察。他看到，人是极大超越了自己的感官感觉的动物。人们相信的东西并不一定局限在他的感觉范围内，他的信念确实是在很大程度上超出了他的感觉范围。根据他的信念，一个人可以对自己的感觉观念进行各种解释和评价，赋予自己的感觉以各种不同的意义，而不是被自己的感觉局限在狭小的范围内。例如一个人可以在肉体的快乐中感到精神的痛苦，也可以在肉体的痛苦中感到精神的快乐。动物则是封闭在自己的感官感觉之中的。人凭借想象力或者理性超越了他的感觉局限性。正确的想象和正确的感觉同样重要，关键就是如何引导人的想象力或者信念的问题。正如基督教的童贞女怀孕、死后复活等说法虽然极大违背了人们的常识经验，但是人们仍然可以坚信不疑。所以一个正确的、神圣的谎言可以填补人类想象力的真空，并且帮助人们更好地控制和超越他的感觉局限性。

接下来，客人谈到了如何实行和宣传这种谎言的问题。这就涉及歌舞队的组成问题。他认为歌舞队分为三队，即儿童合唱队、青年合唱队和中年合唱队。儿童合唱队的神是缪斯，他们在众人面前演唱诗人根据这些学说谱写的诗歌故事。30 岁以下的人组成青年合唱队，他们由阿波罗统领，祈祷阿波罗为他们言说的真理做见证，以此去说服年轻人。30 到 60 岁组成的中年合唱队是由狄奥尼索斯统领。60 岁以上的老年人不再唱歌，而是把这些故事讲给后人听。

克列尼亚斯对客人的这种安排感到不理解，因为中年人随着年龄增大，就会越来越没有热情唱歌。客人解释说，由于成员的年龄和洞察力，中年合唱队是最高贵的组成部分。他们会对在公众面前唱歌感到无聊和厌烦，为了使他们重新开始喜欢唱歌，客人认为可以借助于酒的作用。所以第一条法律就是规定 18 岁以下的年轻人因为血气未定不得饮酒。30 岁以下的人可以适度饮酒，但不可喝酒过量。30 岁以上的人可以随意喝酒，并且祈祷酒神降临。酒是酒神为了消除因为年老而产生急躁情绪的礼物或者药物，可以使中老年人重新焕发青春热情，使他们的心灵摆脱麻木而重新变得温和柔顺。通过这种方法，我们可以重新塑造中老年人的灵魂，他们就会喜欢在公众场合唱歌了。

这里似乎暗示柏拉图试图通过饮酒降低成年人的冷漠和德性等理性意识，激活人的激情和欲望等非理性意识，使成年人的古板灵魂重新得到塑造和纠正，并且能够达到灵魂的和谐。根据柏拉图的这种设想，我们可以说，推崇非理性当然是非理性的，但是单纯地推崇理性也是反理性的。例如启蒙主义的理性主义本身就是反理性主义的。理性地对待非理性是理性的，非理性地对待理性是非理性的。我们必须理性地对待理性和非理性及其二者的关系。而最终的目的是灵魂的和谐。灵魂的和谐是法律的真正目标和实现。这就是柏拉图不反对酒神的原因。可以说，饮酒问题只是揭示人的自然的一种方法。最根本的是我们必须完整地考察人的灵魂的自然，这是我们反思一切法律的正当性和合理性的基础。没有对人的自然的认识，一切立法和变法都是没有根据的。所以前两卷可以认为是对人的灵魂的自然的展示。

接下来，客人开始探讨中年合唱队应该演唱什么样的“正确的音乐”。他首先批判了克里特和斯巴达几乎没有产生过正确的音乐。斯巴达把国家搞得像一个军营，而不是人民公社。它的目的仅仅是把青年培养成一个战士，而不是公民。克列尼亚斯认为客人低估了他们的立法者。客人开始探讨“正确的音乐”的原则。我们一般不会承认音乐和艺术存在正确和错误之分，但这是不正确的。

他指出一切事物具有吸引力的原因有三个，或者是因为事物本身，或者因为它的正确性，或者因为它的有用性。在他看来，一切艺术都是模仿的艺术，一切音乐创作都是对美的模仿和再现，精确性、逼真性就是一切艺术的唯一标准。艺术或者音乐的正确性就在于它模仿和再现原型的比例和尺度，在一切艺术创作之前都必须首先认识对象本身，对对象的各个部分和比例有精确的认识，否则就不能进行精确的模仿，因此也就不可能判断作品的善恶。同样，既然艺术是对美的模仿和再现，就不能把快乐作为艺术的标准，而应该把正确性作为艺术的标准。一个真正的艺术品必须是真、善、美的三位一体。“任何人想成为艺术再现的明智的评判者，例如绘画、音乐或者其他领域，他应该能够确定三点：第一，他必须知道，被再现的对象是什么。第二，对象是如何正确地被复制的。第三，通过语言、曲调和旋律再现的对象的道德价值。”① 第三支歌舞队就是演唱这种音乐。他们每个人都应该熟悉曲调和旋律的基本单元，从中挑选出适合他们年龄和性格所唱的歌曲。这样他们就给予自己无害的快乐，也使年轻人快乐地接受道德习俗。真正的艺术家必须按照这个原则进行创作，不能根据人民群众的喜好进行创作，不能迎合人民的低级趣味。人民对自己的审美趣味实际上是一无所知的，他们的评价也是不值得重视的。

这里柏拉图表达了自己的艺术观，提出了真、善、美“三合一”的艺术原则。真、善、美都必须“合乎自然”，合乎事实本身。在美与真的关系上，真先于美，美以真为前提，没有真就没有美。美是比例造成的和谐，比例是美的客观基础和来源。事物的比例关系是理性认识的结果。认识先于再现。美不是非理性的，而是理性和非理性的结合。在美和善的关系上，善先于美。没有善就没有美。美是善的外观和显现。邪恶的东西不可能美。美带来了无害的快乐，无害的快乐就是“游戏”。由此可见，柏拉图否定了现代所谓的“表现艺术”。表现主义是主观主义的表现。因为抛弃了客观主义的基础，所以现代表现主义艺术几乎是无法理解的。但是一切主观性都来自客观性。一切表现都最终来自再现。这和《斐德罗》中的“认识先于创作”的观点是一致的。归根到底，自然是真、善、美的最

① Plato. *Laws*. Translated by Trevor J. Saunders. In *Complete Works*. Edited, with Introduction and Notes, by John M. Cooper. Hackett Publishing Company, 1997: 669a.

高的和唯一的标准和尺度，真、善、美恰恰就是在合乎自然中达到了完全的一致性。

鉴于酒对于政治生活具有重要作用，客人对酒神进行了辩护。他指出不要相信传统的神话传说，认为酒神是出于报复才把酒传递给人类的。肆意酗酒当然必须禁止，但是完全禁止饮酒也是错误的。如果立法者把酒驱逐出自己的国家，没有酒神滋养的国家必定是枯燥的、单调的、死板的、僵化的。一个完全道德化的国家也是可怕的，一个过于严肃的国家是无趣的。相反，酒神可以使得死气沉沉的国家重新焕发活力。

柏拉图似乎更加偏爱那种游戏化的国家。“游戏”似乎是柏拉图观察和思考政治生活的基本视角。这可以看作是柏拉图对非理性的酒神的理性化和对非政治的酒神的政治化。正如尼采也要把酒神引入自己的时代一样。他也认为自己的时代和国家也陷入了理性的、知识的地狱，要使得欧洲重新焕发活力，就必须推崇酒神。但是柏拉图对酒神的推崇和尼采对酒神的推崇仍然是不同的。柏拉图以政治法律的角度看待酒神，尼采则以形而上学的角度或者非理性的角度看待酒神。尼采并未专注于和谐，柏拉图则是专注于和谐。柏拉图对待喝酒采取了中庸之道。这种中庸之道是柏拉图哲学思想的核心。

客人认为教育的全部内容就是把歌唱和跳舞结合在一起。正如他在《理想国》中指出的，音乐和体操是最初的教育方法，是在人还没有获得理性之前的教育方法。它们适合人的灵魂的最初自然。音乐和舞蹈是理性和非理性最好的结合形式，最适合儿童和年轻人学习。通过这种学习，他们学会了把理性和非理性结合起来，最终养成了灵魂的和谐。客人认为不需要继续进行另外关于体育的探讨了，而是继续把关于饮酒的讨论推向高峰，制定了关于饮酒的法律。

第二节　国家政制的考察

第三卷的主题是探讨国家的起源和政体败坏的根源。对政体问题的探讨是为后面探讨立法问题准备基础。政体先于法律，政体是法律的前提。通过对政制的败坏的考察，柏拉图表明，有智慧的立法者必定建立一种混合制的国家，任何单一政体的国家都不可能是完善的。混合制最接近国家的和谐，能够实现立法者的目的，即自由、团结和智慧。最佳政制就是混合制。

一、国家的起源和演变

前两卷都是在考察人的灵魂自然和教育，表明了人的灵魂自然和教育是政治法律针对的目标。只有在认识了人的自然之后，我们才能进行立法。立法就是对灵魂自然的教育塑造活动。虽然教育对于灵魂的自然的塑造是非常有限的，但是我们也不得不依赖教育、相信教育。法律和教育对于灵魂自然的影响仍然是有意义的。在柏拉图看来，我们必须尽可能引导人的灵魂趋向于德性。忽视了这一点，就不可能进行合乎自然的好的立法。从本卷开始，客人开始探讨政治制度的问题，考察国家盛衰变迁的历史和原因。

客人首先谈到了人类的灾难和毁灭问题。他并未直接讨论人类的起源。因为人类的起源是不得而知的，这个问题对于政治制度的设计也没有直接意义。他认为，人类一再被各种灾难所毁灭，幸存下来的只是人类的一小部分，现代人类是在以前的人类毁灭之后，由幸存下来的人繁衍而成的。客人谈到了大洪水的灾难，这类灾难在上古传说中经常出现。平原上的城市被毁灭了，工具被毁灭了，一切发明创造都消失了，到处是一片荒芜，但是还有一些牧羊人和牛羊幸存下来。这时没有国家，没有法律，没有技术，没有铁器，没有罪恶和美德等。人们散居各地，很少交往，战争和内战也都消失了。这些牧羊人没有什么技能，也不聪明，对城市人的钩心斗角、尔虞我诈等心思一无所知。这种隔绝使他们彼此友好。他们并不缺乏食物和衣服，不会因为食物而相互斗争。当然他们也不富裕。他们对战争技艺一无所知，仅仅懂得制陶和纺织等技术。他们心地纯朴善良，对自己听到的东西都非常相信，把关于神和人的说法作为真理接受下来，并且依照这种说法来生活。他们都比较天真，比较有男子气概，更加节制和正义。这里柏拉图没有提到智慧，他们缺乏的恰恰就是智慧。他们也没有文字记录，没有法律，他们的生活所遵循的是沿袭下来的习惯和祖传的法律。这种法律都是不成文法或者习惯法。不成文法的效力往往比成文法的效力要大。客人还认为在这种自然状态中就已经存在政治制度了。这就是“王制”（dynasty）或者父权制。客人用荷马的诗为自己作证。父母亲凭借天然的权威统治儿女。这是最自然的第一种政治形式。在柏拉图看来，人类最初的生活方式就是政治性的，前政治性的“自然状态”是不存在的。人是政治的动物。设想一种在非政治状态下的人类生活恰恰是反自然的。

之后，人类进入家庭联合体的阶段。几个家庭合并起来，发展农业，建立城堡，这时仍然没有法律。在这种大家庭联合体中开始产生矛盾，每个小家庭都遵循自己特有的习俗，不同的习俗反映着不同的意图。例如祖先越是倾向于冒险，后代就越倾向于冒险；祖先倾向于保守，后代就倾向于保守。于是每个小家庭都带着自己的习惯法参加了这个联合体，并且以此教育自己的后代。因此，每个家庭都自然地赞成自己的习俗而不喜欢他人的习俗，这就必然引发各种习俗之间的冲突。在客人看来，这种冲突就是立法的起源。法律就是协调各种习俗冲突的产物。① 于是家庭联合体就选举出若干代表审查每个家庭的家规，并且向王者推荐他们认为好的家规以作为共同体的法律。这些推荐者就是立法者，建立了君主制或者贵族制。这是第二种政治制度。

在大洪水之后的好多年，人们对大洪水的记忆已经消失了。人们开始从山上下来移居到平原，并且建立了城邦。客人提到了伊利昂城邦。可以说，城邦制是第三种政治制度。城邦是以市镇为中心的包括很多农村的一种政治形式，类似于一般所说的“小国寡民”的状态。在古希腊，城邦最早也是君主制，后来逐渐演变为民主制。

接着，客人提到了希腊人发动的对伊利昂的远征，战后他们回到故乡却遭到了暗杀或者驱逐等。流放者返回后改名多里安人，并且建立了第四种政治制度，即城邦联盟的形式。他们把希腊划分为三个国家，即阿尔戈斯、迈锡尼和斯巴达。他们凭借城邦联盟的法律相互起誓，只要国家稳定，统治者绝不扩

① 这里柏拉图似乎把法律和习俗区分开了，而且和霍布斯的观点有相似之处。

大自己的特权，人民也宣誓只要国王遵循他们的誓言，他们也不会推翻国王的统治。他们还凭借法律建立攻守同盟的约定。如果任何一个国家破坏已有的法律，其他两个国家就要同它作战，以保护法律。“不许移动界标”就成为维护既定法律的主要口号。但是希腊人并不反对改革。梭伦、克里斯提尼等人的不断改革把雅典带入民主制时代。这里似乎在暗示不论是支持变法还是反对变法都可能是危险的。反对变法固执于传统书面规定，就是对事实本身的视而不见。但是盲目地支持变法，可能导致法律秩序的混乱，就是对法律本身不够尊重，这样新法律也不可能被认真对待和执行。立法者和变法者都必须与时俱进，都必须以事实为根据。不论是支持变法还是反对变法都必须以事实为根据。

这一段可以看作是柏拉图的自然状态理论。这里的描述和《政治家》《理想国》中的自然状态理论相似，和《普罗泰戈拉》中普罗泰戈拉讲述的神话故事差别很大。这种自然状态理论和近现代的自然状态理论也存在很大差别。霍布斯认为自然状态是战争状态，这和柏拉图是不同的，而和《普罗泰戈拉》中普罗泰戈拉讲述的神话故事接近。卢梭的自然状态是和平状态，类似于此处的自然状态理论。但是卢梭的自然状态是非政治状态，柏拉图的自然状态就是政治状态。柏拉图不承认非政治状态或者前政治状态，这也是对“人是政治动物”的观点的肯定。在柏拉图看来，所谓的自然状态就是政治状态。根本不存在前政治状态的自然状态。我们认识人性并不是要到政治生活之外去认识，而是当下直接地认识人性的自然。而现代自然状态理论则虚构了一个前政治状态的自然状态，认为如果要寻找人性的真实，就必须在自然状态中寻找，而在政治状态之中的人性自然是不真实的。这都是由于现代哲学家对自然和文明的片面区分导致的。这种区分既不能正确认识自然，也不能正确认识文明或者政治。

二、国家衰败的原因

客人提到了亚述人和希腊人的战争，提到了希腊军队的强大。但是除了斯巴达仍然坚持古老的立法之外，三个兄弟王国很快衰败了。是什么原因导致国家的衰落呢？

在客人看来，帝国或者立法失败的原因就是缺乏智慧，特别是对人类最重要的事情的无知。根本性的无知导致了国家法律的失败。因为缺乏智慧，所以不能制定完备的法律；同样因为缺乏智慧，即使制定了完备的法律，后继者不能正确地使用，最终也导致法律和国家的失败。这里仍然涉及"使用的技艺"的问题，正如《欧绪德谟》中对制作的技艺和使用的技艺的区分一样。制作法律是一回事，使用法律是另一回事。制作法律的人可能是智慧的，但是不能保证使用法律的人也是智慧的。因此再好的法律如果落在不会使用的人手中也会逐渐败坏，成为坏的东西。

所以不论我们拥有什么样的好东西，如果我们不会使用它，它可能就是灾难。不但在国家事务中，就是在个人事务中也是如此。例如人们都去祈祷神灵，希望实现自己的愿望，但是如果我们不能认清自己的愿望是不是好的就去祈祷神满足我们的要求，其实是很危险的。欲望的实现可能给我们带来厄运。所以我们最应该祈祷的是获得智慧和理性，而不是其他任何东西。这样柏拉图仍然暗示了哲学智慧对于政治法律的首要性，哲学对于政治的必要性。理性认识是第一位的。没有智慧我们就不会正确使用法律，也不会在恰当的时机改革法律，如果我们固执地坚持法律，那么最终也会导致法律的衰败，立法者的最初意图也无法得到实现。

克列尼亚斯和梅奇卢斯都称赞客人的智慧。客人主张立法者必须尽可能地在国家中消灭愚昧。这里似乎显示柏拉图支持对公民的启蒙教育。但是我们必须看到，柏拉图的这种启蒙主义不同于近代以来的启蒙主义。因为他们对于人性的自然的认识不同，对智慧本身的看法也不相同。近代以来的启蒙主义有一个强大的反宗教的背景，启蒙就意味着反对宗教。为此，它必须发动民众参与到反宗教的精神战争中。所以近代启蒙主义有一个很强烈的普遍主义和民主主义的诉求。抽象的人性论就成为近代启蒙主义的基本立场。柏拉图的启蒙主义没有这种反宗教的意图和目的，他没有发动群众的要求，也就没有走向普遍主义或者民主主义的立场，也就没有抽象的人性论。

在如何理解智慧的问题上，近代启蒙主义认为智慧就是知识，只要遵循普遍的方法论，每一个人都可以获得和发现真理。真理的传播是可能的，知识的普及是可能的。书籍和出版业因此发展起来。在柏拉图看来，智慧是不可传授的，可以传授的智慧也是愚昧的。而且人民对于智慧没有兴趣，强行向人们灌输智慧本身就是没有智慧的行为。我们只能在极少数对智慧有兴趣的人中间启蒙智慧。而且智慧是不可言传的，智慧只能是通过“致良知”的方式，通过“发明本心，回光返照”的方式被发现。能够进行这种认识的人少之又少，智慧总是稀缺的。认为智慧可以随着人类历史而进步，认为普及科学就可以促进民智，这种思想本身就是愚昧的。这些想法对于智慧的本质一无所知。

客人解释了他认为的“最大的无知”的含义。“如果一个人不喜欢而是憎恨高贵和善的东西，喜爱和欢迎邪恶和不义的东西，那么以快乐和痛苦为一方，以理性的观点为另一方的不和谐，就是极度的和最大的无知……最美好最伟大的和谐应该最公正地被称为最伟大的智慧。”① 在柏拉图看来，灵魂中的欲望与理性的不和谐就是愚昧和无知的表现。这种情况不但发生在个人身上，也发生在国家身上。在此，灵魂的和谐成为柏拉图评价一个人或者国家智慧与否的标准。一个灵魂和谐的人就是智慧的人，他的内心中没有欲望和理性的分裂，是健全的、完善的、正义的人。可见，智慧并不就是近现代以来的理性主义，而是达到理性和非理性的和谐状态。这种和谐状态是各种异质性因素得到合乎自然的安排和处置并消除了对立和冲突的结果。其中理性处于对欲望和情感的支配和主导的地位，欲望和情感都完全服从理性的引导。否则，如果一个人被欲望推动，理性无能控制欲望，这样的人就是一个无知的人和不正义的人，无知的人是内心没有达到和谐的人。这样的人不是自己的主人，也不可能是国家的主人。如果赋予他政治权力，他只能败坏权力，也被政治权力所败坏。因此政治权力只能给予智慧的哲人。哲人就是内心和谐正义的人，他摆脱了一切困扰和冲突，达到了真正理性主义的自由逍遥境界，所以他才是最有资格掌握政治权力的人。这里仍然体现了柏拉图哲人王的基

---

① Plato. *The Laws of Plato*. Translated by Thomas L. Pangle. The University of Chicago Press，1988：689a-b.

本立场。

达到这种理性和非理性的和谐是非常困难的。所以客人列举了人世间常见的几种权威或者权力，即父对子、长对幼、主对奴、强对弱、智对愚、神对人。同时，客人也指出，这些权力原则彼此之间相互冲突，造成了国家中权力关系的混乱。一个立法者或者政治家必须努力解决这些彼此冲突的权力关系。其中首要的权力原则应该是智者对于愚者的统治，其他权力原则必须从属于智慧原则。但是在现实政治生活中，智慧原则却不断受到其他原则的挑战，智慧的原则往往是无能为力的，其他原则例如强者原则往往成为主导性的原则。例如在《理想国》中色拉叙马霍斯所推崇的强权政治。父亲原则也是常见的权力原则，父亲相对来说比儿子经验更多，更有智慧，对事情的认识更加合乎事实本身，所以父亲统治的原则根本上也是对智慧原则的一种认可。当然父亲原则也并不是一贯正确的，必定存在一些愚蠢的父亲和聪明的儿子，这时父亲就应该听从儿子。主人原则也是如此，一般来说，主人比奴隶更有智慧，只有主人具有更高的智慧，他对于奴隶的统治才是正当的，否则就是不正当的。总而言之，如果我们能够确保一个国家中智慧原则成为主导性原则，那么这个国家就可能是一个稳定繁荣、消除了内在分裂的国家。这就是《理想国》所要展示的基本原则。

接下来，客人谈到了节制。智慧在一定意义上就是节制，节制最接近于智慧。相反，无知则导致贪婪，贪婪则导致毁灭。他在考察阿尔戈斯和迈锡尼王国的失败时，提到了赫西俄德的诗句："一半经常多于全部"，或者"如果一半是有序的，整体是混乱的，那么一半就优于整体"。也就是说，有节制的自足比无节制的贪婪要好。但是人们往往得陇望蜀，得寸进尺，“一半”不能满足他们，他们总是在追求更多。他们在追求强大充足之际，就不再关心质量，只关心数量，数量上的庞大最终超出了他们的掌控能力，最终他们获得的也很快丧失掉。因此一个人如果不受理性和节制的控制，他就不能承担重大的责任，他的灵魂会因为无知之疾病而毁灭。客人指出正是这种无节制的贪婪毁灭了帝国。国王违反了早先法律的誓言和规定，总是试图获得超出自己份额的东西，这种贪欲打破了原有的比例和和谐，最终毁灭了他们。国王的智慧和节制才是国家保持与世长存的关键。但是鉴于智慧和节制的稀缺，任何国家或早或晚都难免陷入失调和崩溃。

如何防止这种不和谐的无知病，就是立法技艺的核心。根本方法就是保持比例意识。“一个第一流的立法者的工作就是要有比例意识，并保卫这种比例意识不受侵犯。”① 这种比例意识是国家和灵魂和谐的基本前提和保证。一切和谐都是异质性因素的调和，世界整体包括人类社会都是由各种异质性力量构成的，一个伟大的政治家必须善于把这些不同元素按照适当的比例结合在一起，这样才能达到最高的和谐。和谐是政治家或者哲学家追求的最高目标。智慧就是始终恰如其分地保持事物的比例关系，使一切事物都始终处于最佳的状态之中。总而言之，国家的败坏就是从统治者破坏秩序（比例关系）开始的。谁败坏了这种比例关系，谁就破坏了正义。正义就是和谐，就是合乎自然的比例。《斐莱布》也提到了这种比例，认

---

① Plato. *Laws*. Translated by Trevor J. Saunders. In *Complete Works*. Edited, with Introduction and Notes, by John M. Cooper. Hackett Publishing Company, 1997: 691d.

为在善的生活中，比例是首要的、第一位的。这种比例意识是保持节制和中道的关键。“凡事勿过度”就是对这种比例和谐意识的强调。

三、对三种政体的考察

根据这种比例和谐的思想，客人开始对三个国家的政治形式进行考察。

（一）对斯巴达政制的考察（691e–693e）（中和的形式）

客人对斯巴达的政制持比较认可的态度。在第一位立法者建立了斯巴达政制之后，第二位立法者通过“双王制”把政治权力限制在合理的比例上，又把斯巴达人的固执勇敢与老年人的小心谨慎结合起来，建立了28人组成的“长老制”。第三位立法者又建立了“五长官制”，以此进一步限制国王的权力。斯巴达政制就是保持了比例与和谐的政制，由此保持了国家的稳定性。客人反对绝对王权：“建立一个过分强大的或者极端的王权是错误的。因为一个国家应该是自由的、明智的、和平的，立法者在制定法律时必须着眼于此。”① 一个国家在不同时期具有不同的目标是正常的，它的目的是平衡、比例与和谐。如果一个国家始终坚持一个目标，那么它就必然会越来越陷入极端和片面的境地。

---

① Plato. *Laws*. Translated by Trevor J. Saunders. In *Complete Works*. Edited, with Introduction and Notes, by John M. Cooper. Hackett Publishing Company, 1997: 693b.

客人接着提出了混合制的政制构想。他指出政制的两种基本形式是君主制和民主制，其他政制都是二者的变种。最佳政制是应该把二者结合起来。只有把两种政制结合起来，才能保证友爱、自由和良好的判断力。[①] 这里柏拉图对政体的划分和《理想国》《政治家》中的划分不同，他显然把政体问题简单化了，而且支持混合政制。混合制和我们一般意义上的共和制比较接近。混合制或者共和制是最符合比例和平衡的政制形式。也就是说，混合制是最能够把各种不同政治力量协调在一起的。但是这并不意味着柏拉图反对哲人王政制。政治的技艺就是编织的技艺，也就是把各种力量协调统合在一起。哲人王就是调和各种元素的艺术家。哲人王是直接统治，哲人王政体不是任何特定的政制形式。或者说，它不是我们熟悉的任何一种现实政制形式。虽然《法律篇》把混合制作为最佳政制，但是哲人王仍然要比混合制要合乎自然和正义，仍然是人类最理想的政体形式。

（二）波斯政制（694a-698a）（极端专制的形式）

随后，客人开始考察波斯帝国的政制形式。在居鲁士的统治下，波斯帝国混合了自由和服从，给予被征服国家的人们一定的自由和平等的权利，从而使整个国家团结一致，繁荣昌盛。他的失误在于忽视了家政，即儿子冈西比斯的教育。他的儿子被妇女们宠坏了，成为一个胡作非为、纵欲无度的人，后来他的儿子的统治导致波斯的混乱。继任者大流士因为不是皇族出身，受到比较好的传统教育，使国家得到复兴。他制定新

① Plato. *Laws*. Translated by Trevor J. Saunders. In *Complete Works*. Edited, with Introduction and Notes, by John M. Cooper. Hackett Publishing Company, 1997: 693d-e.

法律，给予人民以自由和平等。但是他同样没有吸取居鲁士的教训，他的儿子薛西斯同样被骄纵。当他儿子执政后，国家陷入衰败。从此波斯再也没有产生伟大的国王。波斯国王都过度剥夺了人们的自由，推行集权制，败坏了国家中的友爱和公共精神。统治者不再按照人民的利益制定法律政策，而是根据自己的利益制定法律。他们的野蛮残酷也使国家变得不堪一击，最终陷入衰落和毁灭。客人认为要使得国家长治久安，富人和穷人、人民和国王都应该受到同样的尊敬和教育，城邦的荣誉不能给予财富、美貌和力量，也不能给予没有节制的善。波斯人没有保持政制问题上的中庸之道。

为此，客人又讨论了德性问题。他认为四种德性的基本关系是智慧产生节制，节制产生正义，正义导致勇敢。一个国家如果要成为千年王国，它就应该适当地分配荣誉和耻辱，把神圣德性或者精神品质（四种德性）放在第一位，身体的德性放在第二位，最后才是财富。如果把财富的原则置于最高的位置，这就是一种愚蠢的政制。我们看到大多数国家都是按照财富分配权力的，或者拥有财富的人努力获得政治权力，财富和权力的结合必然败坏国家。这就是极端君主制国家的结果。

（三）对阿提卡政制的考察（极端自由的政制）

客人又考察阿提卡的政制。他首先指出了这种民主制产生的第一个原因，即希波战争。在战争之前，希腊人保持了优良的政制。如根据财产划分的等级制、人民对法律的敬畏和服从、国内的合作精神等。在希波战争之后，雅典人不得不动员穷人参加战争，并且许诺给他们以利益。虽然雅典人最后战胜了波斯人，但是他们也付出了沉重的代价，政治家不得不改变政体，给予平民更多的政治权力，这使民主制走向极端化。他暗示这场战争是雅典走向民主制的基本原因，这可以称为“礼崩”。

第二个原因是音乐教育的败坏。这可以称为“乐坏”。在古代，人们都是法律的奴隶，自愿服从法律。现在人民已经变得过度自由，无法无天。这种情况的产生是首先从关于音乐的法律变化开始的。最早，音乐分为诸神的颂歌或者祷词、哀歌、阿波罗颂歌、酒神颂歌，还有牧歌。这些歌曲类型不允许混淆。如果谁不按照规定创作，就要受到惩罚。另外，在剧场中观众受到严格控制，他们要安静地观看表演，不允许狂呼乱叫或者喝倒彩，不允许他们在亢奋中做出任何判断。后来出现了一些诗人作家，他们对艺术标准一无所知，打破了古代关于音乐的立法。他们把各种类型的歌曲拼凑在一起，认为在艺术创作中根本不存在对错好坏的标准，把给予公众最大的快乐作为艺术创作的标准。这样他们就使得公众开始蔑视关于音乐的立法，并且把自己看作艺术创作的评判者。于是一种新型的“剧场政制”兴起，取代了音乐中的“贤人政体”。这就是音乐中民主制的产生。这种音乐中的革命或者造反很快就进一步向其他领域扩展。于是人民对法律本身的普遍蔑视扩大开来，彻底的放纵紧随而来，这种放纵被称为自由。习惯于自由和放纵的人们不再尊重比自己高明的人，不再愿意服从任何权威，不再尊敬父母和师长，不再尊重任何法律、誓言和许诺。他们身上的野蛮力量复活了，令他们过着一种邪恶的生活。客人认为这种完全不受任何权威控制的自由制度要比中等程度的专制还要坏。这是客人对雅典极端形式民主制的分析。雅典人也没有保持政制问题上的中庸之道。

客人重申了自己的目的是考察治理国家的理想方法以及个人生活的最佳原则。如果立法者的目的是自由、团结和智慧，那么极端的君主制和极端的民主制都是不好的，不能实现立法者的终极理想。只有君主制和民主制的混合制才能保持中等程度的自由和服从，才能有利于实现最好的政制理想。任何一个国家如果只追求单一的君主制或者民主制，都不可能取得很好的治理，它必须善于在君主制和民主制之间不断协调和变化，始终保持各种元素的协调和平衡。这就是政治生活中的中庸之道。中庸之道的本质就是追求和谐。中国传统的政治著作《春秋》的名称就体现了对政治和谐的追求。春秋是冷热均衡的状态，这种均衡状态也就是不偏不倚的中庸之道的体现。只有中道和谐才是政治生活的常态和最根本的原则。一切改革和原则都必须以达到均衡和谐为最终目标。

克列尼亚斯认为自己遇到雅典客人非常幸运。克里特人准备建立一个殖民地，他们把这个工作交给了克洛诺斯人，后者又委派他和其他九个官员负责此事，他现在的目的就是给这个新国家制定最好的法律，这场关于法律的谈论正好适用。于是客人就进一步开始探讨首先“在理论上”建立一个良好国家的问题。这和《理想国》的基本目的是一致的。理论是实践的向导。《理想国》也是一个“言辞中的国家”。但是《法律篇》的现实性显然比《理想国》要更加强烈。《理想国》几乎不考虑其现实性和可行性，而《法律篇》则更多关注可行性和现实性。但是《法律篇》对可行性的追求仍然要比《利维坦》《政府论》对可行性的诉求要小得多。霍布斯几乎是完全在可行性的支配下思考政制问题的，他把《利维坦》看作是未来政治家的参考书。在他那里，实践性压倒了理论性。这也是现代政治哲学成为“政治意识形态”的根本原因。如果现代政治哲学始终在这种可行性的原则下思考政治问题，那么它就始终不能摆脱成为政治意识形态的命运。而作为政治意识形态的政治哲学只能是为国家政治服务的仆人，而不是高于政治的哲学。而柏拉图的对话则是理论性压倒了实践性，因为柏拉图对真理的关心胜过对于事功的关心。哲学是对真理的追求，我们不能因为政治而牺牲真理。

第三节　法律的序言

在讨论完政体问题后，柏拉图开始具体讨论立法问题。政体问题先于法律问题，任何法律都是建立在某种政体的基础上的。因此，欲讨论法律的问题，我们首先要讨论政体的问题。但是，任何法律仅仅制定一些条文是远远不够的，法律如果要深入人心，就需要某种“序言”，序言也就是关于世界观、人生观、价值观的内容。法律的序言本质上和政体是一致的。

一、建国的四个条件

（一）地理位置问题

他们把这个假想的新国家叫作“马格尼西亚”。客人首先考察这个未来新国家的地理位置。他认为新国家最好是一个内陆国家。这个国家不能靠近海港，不能依赖外国，必须能够自给自足。它附近没有国家，这样就避免了频繁的战争。土地不能太肥沃，也不能太贫瘠，崎岖地区多于平坦地区。这样的地理环境才有利于产生有德性的国家。如果这个国家靠近海港，物产不能自足，就必须通过海上贸易进行大量的批发运输，这种海上贸易会培养起卑劣欺诈的习惯，使人们变得彼此不信任和怀有敌意，那么这个国家就不可能是一个好国家。同样，如果一个国家物产过于繁盛，人们就会淹没在金币之中，也无法发展正直高尚的德性。客人又提到了未来国家的木材产出问题。在他看来，没有丰富的木材产出是好事。如果木材生产好，它就容易发展海军。而海军的德性比陆军的德性要差得多。步兵会坚守阵地，勇敢顽强，视死如归。水兵则一般采取快速前进又快速后退的战术，他们不会坚守阵地、视死如归，也不会对弃械投降感到羞耻。

这里似乎体现了柏拉图的“地理环境决定论”，即地理环境对于人的品性的影响。这种观点在后来孟德斯鸠的《论法的精神》中被发扬光大了。柏拉图是着眼于人的道德品质来思考地理环境问题的。虽然地理环境对人民的品性具有影响，但是道德法律的作用比地理环境的作用更加重要。正如他反复说明的，法律的目的是德性，特别是德性的整体。立法者不能牺牲法律的德性目标，去追求财富或者强大。只有道德和智慧才是人的尊严和自由的真正体现。一个人不仅仅是活着，而是尽可能成为有德性的人。

（二）人民组成问题

客人认为单一民族优于混合民族。单一民族具有相同的语言和法律，遵循相同的宗教仪式和法规，他们之间容易形成高度团结的政治共同体。这也就是古代政治家重视祭祀祖先的原因之一。但是在这种情况下，要他们相信另外一种新法律就会比较困难。这个民族的保守主义力量会很强大，会顽固地拒绝任何变革和创新。如果这个单一民族曾经反对自己的法律，已经养成了对法律的蔑视态度，那么他们要接受新法律也是困难的。如果这个民族已经是一个败坏的民族，对他们的教化就是比较困难的。同样，如果人民由各种不同的群体组成，他们对自己的法律不再奉若神明，他们或许会更容易接受新法律。但是他们之间必然存在各种习俗的差异和冲突的麻烦，要使他们同呼吸共命运是困难的。他们彼此之间是离心离德的，很难组成一个万众一心的政治共同体。可见，建立一个国家是对人类能力的最大挑战，也是人类能力的最高体现。这也表明政治问题是人类生活中最大的问题，政治技艺是人类生活中最大的技艺。只有把政治的问题解决好了，人类才能获得长治久安的幸福生活。

（三）立法者问题

一开始，客人表现得比较悲观。他认为，人类几乎从来没有立法，各种事变和灾难才是世界的真正立法者。人类的立法总是受到各种偶然性或者事件的影响。政治制度不断改变，法律不断被重新制定，或者出于战争的压力或者出于极度的贫困，甚至疾病也会导致人们改变法律。因此人类的法律是脆弱的，几乎不配称为法律。人们修修补补地制定法律是无益的，是对法律威严的损害。

这似乎暗示了柏拉图对万世不变的法律的一种渴望，他试图征服世界和人事中的偶然性。这是一种人类理性的巨大野心或者抱负。只有我们征服了偶然性和不确定性，我们才能使一切都处于我们的控制之中，这样我们的幸福生活才是可能的。否则我们的幸福就是建立在未知的沙堆上的，不堪一击。一切哲学或者科学似乎都是追求这个目标。现代科学在一定意义上也是对偶然性的征服。科学是对因果规律的认识，其基本意图就是如果我们彻底认识了自然的因果规律，我们就能够提前预知事物的发展结果，就能够完全控制事物的演变，这样我们就不会被物所奴役。同样，尼采和马克思则谋求对人类历史命运中的偶然性的征服。马克思试图通过生产力的极大发展，消除人类历史中私有制下的偶然性，使每个人最终都能够掌握自己的命运，共产主义状态是消除了偶然性的状态，即自由人的自由联合体。尼采则认为他发现了人类历史的秘密，即人类历史是由各种道德价值引导的，在不同的价值引导下，人性就会发生巨大变化。如果我们有意识地创造新价值，而不是无意识地被各种价值盲目引导，那么我们就能够决定人类历史的发展趋势，这样我们就能够克服历史中的偶然性。因此他试图通过超人的新价值理想引导人类历史的发展和上升，使人类达到对自己命运的绝对支配。但是我们必须指出，只有苏格拉底的哲学人生才正确地展示了克服偶然性的方法和道路，后来人的很多设想都是错误的。

客人接着提到了统治人类事务的三种力量。第一是神，神被看作是人类事务的真正统治者。在希腊神话中，诸神统治人类，人类的一切行为都是由诸神支配的，例如特洛伊战争。我们一般把自己不能理解或者掌握的事情都归因于神的意志。神是世界产生的原因，也是人类命运的原因。但是客人并未对这个问题进行深入的说明。或许是因为《法律篇》是“神道设教”的作品，不适合对神的本质进行探讨，对神的本质的探讨本身就是渎神的。所以“六合之外，存而不论”。按照《理想国》的思想，我们虽然不能确定神究竟是什么，但是我们可以在道德法律层面确定我们需要什么样的神。因此在柏拉图的对话中，神的问题并不是所谓的“宗教问题”，而是政治法律问题。

第二是偶然性和机运。偶然性辅助诸神，而不是违背诸神。这个因素在上面已经谈到了。这里客人把偶然性和神意联系起来，偶然性似乎是神意的一种传达方式。偶然性意味着奇迹，奇迹意味着神的意志的彰显。我们可以借助于偶然性显示神的存在。这样神和偶然性就是一致的。这又似乎暗示了对诸神的贬低。在希腊神话中，诸神必须服从命运女神，命运女神是必然性的象征。

第三是技艺。技艺是人类可以完全掌握的。神和偶然性是超出人力范围的，也是人类无法控制的，而技艺是人类可以控制的。但是技艺并不是反对诸神和偶然性，而只是辅助前二者。技艺低于诸神和偶然性，这是对人类技艺的清醒定位。人类技艺只是在一定程度上可以征服偶然性，其在很大程度上只是协助自然。亚里士多德也认为人类的技艺只是促进自然、协助自然。他们都对技艺持比较低的评价，这是和他们对自然的推崇一致的。这种观点和现代人对技艺的推崇和对自然的贬低完全不同。现代性的问题在于认为人类技艺可以超越自然和偶然性。

（四）杰出的独裁者

客人认为任何新国家的建立都需要一个权威的独裁者。独裁者要年轻，有很强的记忆力，才思敏捷，年富力强，勇敢无畏，品德高尚。所有这些品质还必须和节制结合在一起，节制和智慧是一回事。在客人看来，一个国家如果要尽快有效地建立起幸福美满的政制，独裁者的统治是最快最有效的。独裁制的好处在于，一个专制君主可以大权在握、雷厉风行，遇到的阻力就会比较小，国家会比较迅速地被改变。但是新国家还需要一个卓越的立法者，这种立法者应该就是哲人。只有哲人才是严格意义上的立法者。哲人立法者和独裁者的结合也就是政治权力和智慧理性的结合。如果一个哲人立法者和一个独裁者联合起来，那么对于国家的更新是最有利的。但是克列尼亚斯对这种独裁制并不熟悉，似乎也很反感。客人认为独裁者或者僭主（tyrant）可以不必花费很大的精力而有效地改变国家道德法律，他只要第一个走上他希望人民也走的道路，并且树立个人的榜样，给人民一幅完整的道德图景，赏罚分明，把强制和说服结合起来，这样他就能够最快、最容易地改变国家的法律。

我们现代人一听到独裁制就感到恐惧，这就是霍布斯所说的“恐暴症”。但是柏拉图似乎并不对独裁制如此敏感和怀疑。柏拉图在此强调的是独裁制的有效性，这和霍布斯对专制君主制的推崇有相似之处。哲人和僭主都是超越法律之上的人，都蔑视法律。但是僭主蔑视法律是基于自己的强大欲望，哲人蔑视法律是基于他对法律本质的认识。僭主拥有的是政治权力，立法者拥有的是智慧。如果二者结合起来，就能够建立最好的政治制度。这仍然是柏拉图对哲学和政治、智慧和权力的结合的设想。在他看来，这二者的结合是人类生活最大幸福的保证和条件，否则只能是无穷的灾难。一个国家具备良好的法律是罕见的，但是如果出现了哲人和僭主的结合，那么迅速改变法律也是容易的。虽然柏拉图对僭主制几乎持完全否定的态度，但是在涉及国家法律改革时，他却非常依赖僭主制。君主制是“守成”的，僭主制则是“制度创新”所需要的。君主制守成有余而创新不足，僭主制是创新有余而守成不足。

伟大的政治家往往都是独裁者，例如彼得大帝的改革就促进了俄罗斯的全面转变，虽然彼得大帝的改革没有真正实现，但是他的改革也确实体现了集权制的优势。可以说，僭主如果拥有了节制的德性，那么僭主就几乎是一个完人。柏拉图似乎公开地批判僭主，但是暗地里却不得不求助于僭主。这是哲人对于僭主隐秘的诉求。在他看来，法律的目的是要达到美德，如果独裁制有利于达到美德，那么独裁制就不是坏的。所以在他的对话中，似乎始终暗示了僭主和哲人联合的形式，这种联合有可能带来国家德性的全面提高。

现代人似乎认为独裁制必然是坏的，绝对的权力产生绝对的腐败。只要权力是分散的，腐败就能够避免，所以分权制就是好的。但是分权只是我们约束权力的方式，分权本身并不是目的。集权和分权本身没有好坏之分，它们只是人类政治权力的两种形式。如果哲人能够控制僭主，集权本身就会成为导向德性和智慧的手段。相反，在分权制下，如果人们只是把追求财富作为自己唯一的目的，而不是提高人民的道德德性，那么分权制也不是好的政制。因此只要我们善于“使用”政制，任何制度都可以成为我们促进德性的手段。但是我们仍然不能不警惕地反思柏拉图的这种意图，哲人和僭主的结合、哲人说服僭主几乎是不可能的。他自己的政治命运几乎就已经证明了这一点。我们应该更加倾向于苏格拉底的完全非政治化和非暴力化的哲人立场。

客人指出，其次好的政制是君主制。君主制是依据法律的统治，如果君主能够听从立法者的建议，果断改变自己的法律，那么也比较容易建立新国家。当然他必须消除人们对旧法律的信仰。再次好的政制是民主制，民主制是接近无政府状态的国家，人们对于法律没有太高的信仰，建立新法律就比较容易。关键是如何使新法律得以推行和遵守。寡头制是第四位，在寡头制下存在很多有权势的势力团体，他们是既得利益者，拼命维护传统的政治格局，难以形成一种新秩序。

这里柏拉图对各种政体好坏的排序是根据立法和变法的难易程度划分的。这体现了他对人类政治生活深刻的观察和思考，值得我们认真思考和借鉴。

二、法律的序言

新国家的各种因素都考虑好了，客人正式进入立法的程序。客人首先强调，最好把这种立法看作是一种“高尚的游戏”。游戏是柏拉图对话中非常重要的一个概念。我们必须认真理解这个概念的含义。人世无常，一切都是转瞬即逝的，几乎没有任何东西是永远存在的，因此我们不要过于认真地看待人世，否则我们就是执迷不悟，就会把虚假的东西看作是绝对真实的东西。但是我们却不得不活下去，不得不重视一些事情，例如政治问题。人世不是永恒的、真实的，我们却仍然不得不认真对待它，这就是柏拉图游戏这个概念的含义。对于游戏，第一，我们不能太认真，游戏就是游戏，太认真了就不是游戏了，我们必须知道它是虚构的东西。第二，我们必须认真，如果不认真，玩游戏就没有任何意思了，我们仍然要认真地投入。关键是要拿捏游戏中的这种认真和不认真的分寸。拿捏好这种分寸，我们就达到了人类智慧的顶峰。我们就能够时时处处处于自由的境界。柏拉图已经达到了这种境界，他经常以玩笑的口吻谈论严肃的事情，也以严肃的口吻谈论戏谑的事情。他知道即使是最严肃的问题也是游戏的一部分，把严肃的只看作是严肃，就仍然不是智慧。他也知道最嬉闹的事情也包含了严肃的成分。因此既举重若轻，又举轻若重的人才是智慧的人。在这个意义上，柏拉图认为人生就是游戏，立法是一种游戏，创建国家本身也是一种语言游戏。游戏观是对世界人类生活的本质的洞察，是智慧的最高境界。

（一）法律的宗教之维

客人首先邀请诸神参与国家法律的创建。“让我们祈求神来建立国家。让他倾听我们，并且让他仁慈而吉祥地加入到我们中间来，帮助我们创建国家和法律。”① 这里体现了柏拉图对话中“神道设教”的思想。在他看来，真正的法律就是神法，即以神的名义订立法律。只有以神的名义制定的法律才能保证人民对法律的尊敬和遵守，才能确保法律的权威性和有效性。这也体现了柏拉图关于法律是强制和教育相结合的原则。真正的法律必须把法律的强制性力量融合到教育说服的方式中，这种结合的方式就是把法律建立在神圣性宗教的基础上。

---

① Plato. *The Laws of Plato*. Translated by Thomas L. Pangle. The University of Chicago Press，1988：712b.

人们对神普遍有敬畏之心，这种敬畏之心就会表现在对神法的敬畏之上，人民就容易真心实意地遵守法律。如果法律只是人为建立的，那么人民对法律缺少敬畏之心，就不会认真遵守。因此只有把国家和法律建立在神的基础上，才能把说服和强制最好地结合起来。

所以柏拉图的法治国家依然是一个宗教国家。宗教本质上就是哲人“神道设教”的产物。正是在这种意义上，阿维罗伊认为《法律篇》是关于启示和预言的书。即使后来的启示宗教也仍然是哲人“神道设教”的产物。这种“神道设教”的思想要求我们不能形而上学地理解宗教，而应该政治性地理解宗教。没有独立的宗教问题，宗教问题本质上是政治问题。现代性以来的基本问题就是形而上学地理解所谓的“启示宗教”，而不是把启示宗教看作是政治生活的一部分。这是现代哲人和古代哲人的基本差异。这种差异意味着现代性本质上仍然是宗教性的和形而上学性的，现代性并未达到自己反形而上学和反宗教的意图。

客人接下来问梅奇卢斯和克列尼亚斯，如果要在民主制、寡头制、贵族制或者独裁制之间进行选择应该给这个新国家哪种政治制度。他们回顾了斯巴达和克里特现行的政治制度，感到难以确定。因为斯巴达和克里特似乎混合了独裁制、民主制、贵族制和君主制的各种元素。客人表示这种混合制才是真实的政体。也就是说，关于各种政体的划分只是一种思维上的划分，是一种经过了抽象的“理想型”。任何具体现实的国家都不可能是这种抽象形式，而是各种政治元素的混合形式。客人认为我们不能根据国家的政制来称呼一个国家，新国家通常都是按照统治者来命名的。客人认为最好的办法就是根据某位神的名字命名，这就表明神才是国家真正的统治者，是所有人的主人。

为了说明这种思想，客人提到了克洛诺斯时代。在克洛诺斯时代存在一种政治形式，它是一种伟大的政治成就，为我们提供了立法依据。克洛诺斯时代是神治的时代。克洛诺斯认为人不可能很好地治理人。“人类无能管理人类事务，当人自己拥有独裁一切的权威时，他不可能不变得狂妄、傲慢和不义。”① 克洛诺斯给人类派来的国王和统治者都不是人，而是守护神。对于守护神来说，照料人类是轻而易举的事情，但对人类而言，这却是极大的恩惠。守护神关注的是和平、对他人的尊敬、良好的法律、绝对的公正、世界各族人民的幸福和平。在诸神和守护神统治下的黄金时代，人民过着衣食无忧的幸福生活。客人指出，这个传说的意义在于“哪里的国家统治者不是神而是人，人民就不可能摆脱辛劳和不幸。教训是我们应该尽力模仿克洛诺斯领导下的人民的生活方式，管理我们的公共生活和私人生活，我们的家庭和城邦，以服从我们身上的神性的微小火花，并把这些理性的法令尊称为‘法律’”②。在单纯的人治下，人类的道德生活的败坏是不可避免的。人们总会被追求快乐的欲望支配，成为快乐的奴隶，他们必定蔑视并践踏法律，导致各种灾难。

这里柏拉图论证了神权政治的合理性。一个真正的立法者必须采取“神道设教”的方式，否则他的立法就不可能是正义

① Plato. *The Laws of Plato*. Translated by Thomas L. Pangle. The University of Chicago Press，1988：713c.

② Plato. *Laws*. Translated by Trevor J. Saunders. In *Complete Works*. Edited，with Introduction and Notes，by John M. Cooper. Hackett Publishing Company，1997：713e.

的，他就不可能实现自己的目的。也就是说，只有神法才合乎人整体的利益，既包括世俗的、肉体的利益，也包括神圣的、灵魂的利益。相反，人法只能关心人的肉体的世俗利益，不会关心人的灵魂的神圣利益。而且人法必然是容易败坏的，执行力必然大大降低。因此，从法律政治的意义看，神的问题首先不是形而上学的问题，而是政治问题，神的法律作用是不可替代、不可忽视的。我们看到，神的存在贯穿了柏拉图在随后制定的各种法律中，包括婚姻法、教育法、刑法、民事法、渎神法、外交法等。在《政治家》中柏拉图也提到了克洛诺斯时代，只是基于哲学的原因，他贬低了这个黄金时代。但是，从政治的角度看，这无疑是最美好的时代。这也意味着神治高于人治，神法高于人法。我们应该在“神道设教”的意义上理解神法和神治。

在确立了“神道设教”的立场后，客人立刻提到了“正义就是强者的利益”的观点。这就和《理想国》第一卷联系起来。克列尼亚斯似乎认可这种说法。可见这种观点具有很强的影响力和说服力。客人认为必须抵制和反对这种说法。整个《理想国》都是建立在对这个观点的批判之上的。他提到古代诗人品达也认可这种说法，错误地把这种规则称为“自然法则”。客人认为我们必须消除这种说法对国家法律的不利影响。这样我们就可以理解，他之所以要把诸神作为法律的来源和基础，就是为了消除强者对于法律的践踏和垄断，防止强者只为了自己的利益而制定法律。他认为统治者不应该为了自己的利益，而应该为了全体人民的利益而统治。所谓“天下为公”。统治者只为了自己的利益，而不是为了国家整体的利益而制定的法律都是“伪法律”。这样的立法者不是国家公民，而是党派分子，这样的法律没有人会遵守。

为了限制统治者的权力欲，我们必须把神作为更高的统治者确立起来。神才是最高的立法者和统治者。统治者本人也必须是服从诸神的法律的人。神权国家是指向神圣德性的国家，只有这样的宗教国家才可能是德性高尚美好的国家。如果法律只是服从人的利益和权威，那么国家的灭亡就为期不远了。柏拉图的“神道设教”思想是出于“驯服权力”的目的而提出的。他看到了权力的危害性和野蛮性，同时坚决反对权力的这种野蛮性。以“神道设教”的名义驯服权力正是《法律篇》的主题之一。从这里我们也可以看到，柏拉图“政教合一”的立场是十分明确的。他并不承认现代以来“政教分离”的原则，因为根本不存在政教分离的可能性。任何一种政治如果要追求整体的完善，追求崇高的生活，它就必须是神圣的，不论这种神圣是什么内容和形式的。否则它就不可能得到人民的拥护和信任，不可能得到有效的运作。关键不在于是不是进行政教分离，而是确立什么样的政治理想作为国家的最终目标。这个最终目标决定了国家的道德品质。现代性把享乐主义作为国家的最终理想，现代国家才肯定了政教分离的必要性，现代国家才成了“世俗国家”。但是这种世俗国家恰恰是以对人性的贬低为代价的。

随后，客人发布了关于诸神的法律序言。神是正义的，掌管一切事物的开始、中间和结束。神从不离开自己的职位，惩罚背弃神圣法律的人，奖赏遵守法律的人。每个人都应该努力成为神的追随者，这样才能被神喜爱，所谓“同类相亲”。因为神是智慧的、节制的、自足的，所以谦卑、节制、自足的人才是神的朋友，不节制、不谦卑、不正义的人则不是神的朋友。好人的灵魂是洁净的，坏人的灵魂是不洁净的。好人通过祈祷、祭品与诸神保持交往，这是他得以过幸福生活的基本保证。但是坏人这么做却不会有任何结果，为诸神做再多事情都是徒劳的，他必然遭到神的遗弃。

这里，柏拉图从政治法律的角度确立了“神是万物的尺度”的基本原则。只有按照神法生活的人才是正义的。这是对普罗泰戈拉的“人是万物的尺度”的批判。普罗泰戈拉把个人的感觉作为万物的尺度，也就是把人的主观性作为真假对错的标准，这必然导致政治生活中主观主义、个人主义和相对主义的泛滥。因此把神逐出政治法律生活，必然导致政治生活的混乱和危险。基督教把上帝作为万物的尺度，只有上帝的法律才是一切事物的标准和一切问题的答案。这样它就消除了政治生活的个人主义、主观主义和相对主义，确保和维护了政治生活的神圣秩序和神圣目标。所以我们应该首先把基督教作为一种政治法律体系，而不是仅仅把它看作是一种关于内在的、抽象的灵魂得救的启示宗教。柏拉图的这种教化方法和佛陀的教法也是极为一致的。佛陀要求世人专注于自己灵魂的德性，而不是关注世俗利益，所以他不允许自己的弟子占卜算卦。一个人如果是为了自己的私利而去祈祷或者做功德，那是不可能获得神的帮助的。

接下来，客人列举了诸神的次序：奥林匹斯诸神和城邦保护神、地狱之神、守护神、英雄、祖先、父母。对于诸神和英雄，客人没有任何论述，但是他详细论述了孝敬父母的问题。他认为对父母的义务是最早、最沉重、最神圣的义务。一个人必须尽其所能地孝顺父母，应该照顾他们的饮食、身体和灵魂，而不是仅仅照顾他们的饮食。这和孔子的思想完全一致。

“子游问孝。子曰：‘今之孝者，是谓能养。至于犬马，皆能有养；不敬，何以别乎。’”（《论语·为政》）一个人不能说父母的坏话，否则会遭到报应。父母的葬礼也要根据习俗，不能奢侈也不能过于简单。可见，柏拉图同样把孝看作是重要的法律序言。这和我们古代对孝的重视是一致的。“百善孝为先。”孝的问题是一个人情问题，是一个教育问题，也是一个政治问题。如果一个人不能对自己的父母孝敬，他就不可能尊敬任何人，他的心灵就不可能得到很好的驯化，也不可能成为国家的良好公民。有子曰：“其为人也孝悌，而好犯上者，鲜矣；不好犯上，而好作乱者，未之有也。君子务本，本立而道生。孝悌也者，其为仁之本与！”（《论语·学而》）

客人希望自己的这些话语能够劝导民众趋向美德。但他也看到人民是极难驯化的。真正渴望完善其德性的人是极其稀少的。“吾未见好德如好色者也。”他引用了赫西俄德的诗句来证明自己的观点。但是诗人的诗句显然并不符合立法者的教化要求。当诗人在揭示这个真理的时候，他实际上就鼓励了人民对于德性的违背。这里仍然体现了诗人和哲人立法者的潜在冲突，所以客人认为必须首先教导和说服诗人。诗人可能会揭示某些事实，但诗人却并不确定哪些事实包含了真理，仅仅揭示事实是远远不够的。

法律是普遍性的规范，法律不允许模棱两可，不允许对同一个事实有两个说法。但是任何普遍法律总是面对各种不同的、具体的事实，事实总是千差万别的，法律无法做到实事求是及恰如其分地对待不同事实。这里体现了法律的普遍规定的局限性。诗人只是描述个别的、具体的事实，不关心普遍的真理和法律；立法者只关心普遍的真理，不关心个体的事实。只有把诗和法律结合起来才能建立最好的、真正的法律。诗歌的真正价值就是作为法律的序言。宗教则是诗歌的主要内容。诗人必须配合立法者，服从立法者，甘心做立法者的仆人。

客人指出，单纯的法律规定是不够的，我们必须加上鼓励和说服，否则就是“不教而诛”。客人举了医生的例子说明这种看法。奴隶的医生并不关心病人，只是简单地开处方。自由的医生则努力使病人和他合作，争取得到病人的同意，这样可以使人更好地恢复健康。奴隶的医生就相当于拙劣的立法者，自由的医生则相当于哲人立法者。自由的医生或者哲人立法者就是使用了把强制和说服结合起来的双重方法。他以婚姻法的例子来说明这种方法的意义。克列尼亚斯对这种双重方法表示认可。客人认为以前立法者的错误就在于他们只使用了一种强制的方法，而不附加说服的方法。这可以说是客人对早期立法者的第二次批判。“神道设教”的方式就是最完备的双重方法。

此时，客人提示现在已经到了中午，并且到达了休息之地。这暗示法律的序言才是立法活动中最重要的内容，就相当于夏日中午的太阳。法律的序言就是照亮人类灵魂的太阳。

本卷最后他再次强调，他们之前的讨论都是法律的序言。正如音乐都有序曲，立法也应该有序言。一切法律都应该有自己的序言。序言的作用是说服和教育，而法律条文则是强制。说服的部分应该放在法律的前面，正如一篇讲话的开场白。从一定意义上，法律的序言比法律本身还重要。法律的序言是积极的、肯定性的方面，狭隘意义上的法律则是消极的、惩罚性的。二者的结合才能构成完整意义上的法律观念。

可以说，我国的“三纲五常”就是把法律的强制性和教育的说服性结合起来的最佳范例。序言相当于人生观、世界观方面的教育。如果这些教育做好了，我们几乎就不需要多少法律规定了。① 古代法律条文很少，古代人首先在法律的序言上下功夫。如果我们不首先在序言方面下功夫，只是忙于制定各种法律条文，那么人民对于这些法律条文不理解，也不知道这些规定，这些法律规定就形同虚设。法律只是在人民犯了错误后对人民进行惩罚，这就是“不教而诛”，就是孔子所说的“暴政”。法律条文越简单越清晰越好，这样人民才会从内心中服从法律。否则人民只是在行为上被迫服从，在内心中没有任何认同，这就是立法者的失败。

（二）法律的道德之维②

客人认为道德方面的规训也属于法律序言的内容。这些内容尽管都是尽人皆知的“老生常谈”，却都是永恒不变的至理名言。只要人还是人，这些话就是正确的、有益于人生的。

客人认为一个人应该最关心自己的灵魂。灵魂是人的主人。灵魂仅次于诸神，是所有人类事物中最神圣的。人们并不懂得如何敬重自己的灵魂，往往都在玷污自己的灵魂。例如把过错推给别人，不能承担责任，沉溺于感官的快乐，贪图安逸，不能忍受不幸、痛苦、辛劳、恐惧等；例如人们认为身体比灵魂重要，好死不如赖活着，把活着看得高于一切，无知地畏惧死亡；好色重于好德，贪图不义之财等。如果一个人不是

---

① 但是这也成为现代国人认为中国没有法律的攻击之词。

② Plato. *Laws*. Translated by Trevor J. Saunders. In *Complete Works*. Edited, with Introduction and Notes, by John M. Cooper. Hackett Publishing Company, 1997: 726a-730a.

努力向善，他就没有敬重自己的灵魂，而是蔑视自己的灵魂。德性是神圣的，是灵魂的自然的完成。如果没有德性，灵魂就会受到损害。总而言之，敬重灵魂就是“诸恶莫作、众善奉行”。

在对待身体方面，客人坚持中庸之道。他认为身体应该介于强健和疾病之间。过于强壮的身体会使人变得鲁莽草率，过于虚弱的身体则使人可怜和卑微，只有适度强壮的身体才适合产生美德。对于财富和金钱也是如此。过多的财富会使人骄奢淫逸，产生仇恨和不和；过分的贫穷则使人受到奴役；适度的财富才有助于产生美德。人们不应该为子女留下过多财富，应该让子女学会谦卑、敬畏和节制。教育孩子最好的方法是以身作则、身体力行，而不是打骂训斥。客人还讲到了如何对待亲戚、朋友和外国人等原则。

在做人方面，客人提倡的基本原则就是“仁义礼智信、温良恭俭让”。例如诚实是百善之首，任何人要幸福就必须诚实。一个人必须不做坏事，更好的是具有正义感，阻止别人做坏事。一个人还应该具有节制、良好的判断力，要尽可能把这些美德传递给其他人。一个人必须严格要求自己，不要轻易原谅自己，不要过于自爱，应该严以律己、宽以待人。凡事勿过度，一个人必须节制过分的快乐和痛苦。他指出，人都受到快乐、痛苦和希望三种力量的支配。人们都在追求快乐，逃避痛苦。人不可能过一种没有快乐和痛苦的生活。贪图享乐的生活肯定是一种痛苦较多、快乐较少的生活。人们应该选择快乐较多、痛苦较少的生活，这就是高尚的生活。这种高尚的生活必然是崇拜神的生活，必然是以德性为根本的生活。

客人指出了四种高尚的、德性的生活，德性的生活本身就是幸福的生活。幸福生活分为节制的生活、智慧的生活、勇敢的生活和健康的生活。与之相反，是四种痛苦的生活，即放纵的生活、愚蠢的生活、胆怯的生活和患病的生活。节制的生活在一切方面都是温和的，温和的快乐、痛苦和欲望；放纵的生活则是极度的快乐、痛苦和欲望。在节制的生活中，快乐超过了痛苦，在放纵的生活中，痛苦超过了快乐。放纵是因为无知或者缺乏自制力。健康的生活和不健康的生活也是如此。在健康的生活中，快乐超过痛苦；在不健康的生活中，痛苦超过了快乐。身体健康并且具有美德的生活比败坏的生活更好。这种生活能够使人获得美好的名誉，过着幸福的生活。人不能贪图一时的快乐，这种快乐必然导致更大的痛苦。如果人们能够始终从整体上看待快乐和痛苦，就不会贪图一时的快乐。

可以说，这是柏拉图在用非道德的方式讨论道德，从快乐和痛苦的角度劝导人们遵守道德。这就是“缘人情以治理”，这才是真正合乎道德的。他看到了道德的本质和意图。他不是道德主义者，但他也不是享乐主义者，而是站在理性主义的立场。享乐主义恰恰是违背人的自然的。它试图否定人的理性本质和道德需要，把人看作是纯粹受到情感和欲望支配的动物，忽视了理性和德性在人的生活中的重要作用。理性主义把理性和情欲结合起来，这才是合乎人性的自然的。在《普罗泰戈拉》中，他也论述了这种关于快乐和痛苦的计算的技艺或者权衡的技艺，这种技艺和方法就是“中庸之道”。

总而言之，法律的序言就是宗教和道德方面的内容。正如亚里士多德认为伦理学是政治学的导言一样，宗教和道德的内容构成了政治法律制度的导言。单纯的政治法律制度对于人的教育是有限的，如果我们在宗教道德问题上做好了，那么政治法律的负担就小得多了。我们就不必忙于制定无数复杂的法律条文。只有在宗教道德方面的教育衰败之后，我们才不得不制定各种复杂的法律，以此约束人民的行为。但是这时已经为时已晚，这必然是失败的立法。

三、政制纲要

在讲完了宗教和道德方面的法律序言后，客人表示要正式进入立法程序。但是，他再次讨论了政体或者政制问题（735a以下），我们可以把这部分内容也看作是法律的序言。

他首先提到了人民的选择问题。正如牧养畜群一样，牧人都会首先对牧群进行拣选，剔除劣质品种，只留下优良品种。建立国家也必须对人民进行拣选。他认为最好的方式是激烈的方式，僭主制是最行之有效的，温和的方法只能取得有限的成功。这种关于净化城邦的思想在《理想国》《政治家》中也有提到。在《政治家》中，他指出政治的技艺就像编织衣物一样，只能用好的丝线才能编织出好的织物，否则人们就不可能织出好的织物。同样政治的技艺只有使用良好的人民才能建立美好的国家。国家的好坏就在于组成国家的人民的好坏，尤其取决于统治者的好坏。

现代国家在这个问题上似乎走向了两个极端。在自由民主制国家中，人们更多关心统治者的优良品质，不太关心人民的优良品质，对人民的品质几乎没有任何要求。虽然在国家中统治者是主导性的因素，但是人民也是国家的组成部分，没有良好的人民就不可能有良好的国家。民主制推崇人民的意志，却不考虑人民的品质。我们要限制和监督统治者，却无法限制和监督人民。这无论如何是片面的。在极权主义国家中，统治者试图通过不断的大清洗，使国家在道德上和政治上变得纯洁和统一。但是这些大清洗往往不是出于净化国家的目的，而是出于统治者个人私利和排除异己的目的。这些大清洗并不是真正意义上的净化国家。柏拉图讨论人民的拣选是出于净化城邦的目的，城邦净化是建立一个良好国家所必需的。但是这种选择在实际操作中几乎很难做到，就像在《理想国》中谈到的优生学一样。

客人首先谈到了两个比较重要的问题即财产问题和官职设置问题。

（一）财产分配问题

如果新国家能够避免财产纠纷，那么这是新国家的幸运。如果不能避免，国家就只能循序渐进地改革，并且几乎很难取得好的结果。人们对于财富的欲望是无限的，如果不以道义来节制贪欲，就不可能达到真正的幸福。所以解决财富问题的唯一方法就是“重义轻利”。“避开这种困难的办法是通过一种和漠视财富相联系的正义观；我们能够避开这种困难的其他道路都是没有的，无论道路是宽还是窄。”① 圣人对道义的提倡是出于对贪欲的节制。节制贪欲才能带来幸福，否则就可能不幸福，人民就会陷入无休止的争斗之中。这将是国家的灾难。重义轻利是不需要讨论的真理。

---

① Plato. *Laws*. Translated by Trevor J. Saunders. In *Complete Works*. Edited, with Introduction and Notes, by John M. Cooper. Hackett Publishing Company, 1997: 737a.

客人认为如果要达到幸福，国家还必须实行“均田制”。土地和房屋应该尽可能得到平均分配。土地必须大到可以供给人民过节制的生活，同时也不能过于大，使人民过奢侈的生活。人和地产是始终结合在一起的，应该始终维持不变。国家太大或者太小都是不好的。一般统治者都希望自己的国家强大，但是在追求强大的过程中，统治者就不能保证国家的质量。随着国家质量的下降，一切庞大的国家似乎很快就分崩离析，统统化作历史的尘埃。

客人指出，人民的总数只有在考虑人民和邻国的情况下才能确定。人民的总数应该既可以保持国家不被外国侵略，又能够给相关国家提供支持。他认为这个人数应该是 5 040 户。5 040 是 1×2×3×4×5×6×7 的总和，或者是 12×420 的结果。所以，客人认为立法者必须懂得数学，必须知道这个国家中哪个数字最有用。

我们应该指出，数学的重要性在于柏拉图把数学看作是和谐的技艺。毕达哥拉斯学派对数学的研究和推崇也是出于对和谐的追求。柏拉图继承了这种观点，试图通过数学达到和谐。在《蒂迈欧》中，他也使用了数学方法研究宇宙的和谐。如果我们只是从纯数学的角度理解柏拉图的数学，就不可能理解柏拉图的意图。柏拉图没有“为科学而科学”的纯粹数学精神。

客人谈到了和土地划分相关的庙宇问题。立法者应该接受流传下来的祖制，首先划拨出土地以兴建庙宇。庙宇应该由国内各个团体共同组建，以诸神或者精灵的名字命名。立法者必须把诸神、精灵或者英雄分配给不同的部落，公民必须共同祭祀，这样他们就能够彼此熟识，培养相互之间的友爱。这样的国家就是一个“熟人社会”。“对于一个国家没有比公民相互熟识有更大的利益了。”① 相反，在一个彼此素不相识的国家中，没有哪个人会受到应有的尊敬，或者担任他应该担任的公职，或者得到他应该有的法律判决。在一个人口众多的陌生国家中，人们几乎不可能保持比较高的道德水准。柏拉图的这种看法和儒家传统是相似的。只有在熟人社会中，人们之间才能相互监督，才能保持较高的道德水平。这里也体现了古代圣人都坚持“小国寡民”的中庸之道的原因。

客人接下来对自己的意图进行了说明。他认为在立法者和政治家并不是同一个人的情况下，我们只能描述最好的、次好的和第三等好的国家类型，然后交给政治家去选择。“最正确的做法是不仅描述理想社会，而且也描述第二等好和第三等好的社会，然后让负责创建社会的人从中做出选择。”② 如果立法者和政治家是同一个人，那么他就能够选择最好的国家体制。如果不是同一个人，那么他就只能在不同的体制之间进行选择。这和尼采在《道德的谱系》中对道德类型的描述的意图是一样的，他也是寄希望于未来政治家的选择，其中当然暗含了他的价值判断。但是最好国家的实现无疑受制于各种因素，只能因地制宜地建立次好的国家。如果偏执于建立最好的国家，反而可能导致政治生活的混乱和危机。

然后，客人先对最好的理想国进行了描述，这是对《理想国》的回应。这也表明柏拉图并未改变自己的立场，并未把

---

① Plato. *Laws*. Translated by Trevor J. Saunders. In *Complete Works*. Edited, with Introduction and Notes, by John M. Cooper. Hackett Publishing Company, 1997: 738e.

② Ibid. 739a.

《法律篇》置于《理想国》之上。客人没有强调最好的国家是哲人王统治的国家，而是“朋友之间，不分彼此”的国家。也就是说，他强调了理想国护卫者阶层“共产、共妻、共子”的方面。

客人同样强调特别是在身体这种最私人化的财产方面也应该达到同一性。“无论如何，在这样一个国家中，私有财产的观念是千方百计地从生活中彻底根除了。每一种可能有的东西都是共有之物，哪怕是那种天生是‘我自己的’的东西，如眼睛、耳朵和手，其意义从表面上看，就像如同眼睛、耳朵和手在音乐会上的情形一样。每一个人都对相同的东西感觉到欢乐和痛苦，所以他们做出的赞扬和谴责也都是完全一致的。”① 可以说，《理想国》体现了最激进的公有制构想。柏拉图推崇公有制的目的是消除私有制，因为私有制的存在隐含了国家分裂的危险。在私有制国家中，人们必定“各扫门前雪”，会为了各自的利益斗争，国家就可能分裂为各种利益集团，国家实际上处于分裂的状态。在公有制条件下，人们没有了利己之心，消除了这种分裂的可能性，国家就能够达到最高程度的同一性，实现国内的团结、和谐、友爱。因此理想国是万众一心、情同手足、同甘共苦的国家。可以说，这是“国家”能够达到的最高程度的同一性，只有理想国才最符合“国家”的本质理念。② 如果我们要设想一个理想国家，那么柏拉图的理想国无疑就是唯一理想的国家形式。和理想国相比，一切现实的

---

① Plato. *Laws*. Translated by Trevor J. Saunders. In *Complete Works*. Edited, with Introduction and Notes, by John M. Cooper. Hackett Publishing Company, 1997: 739c.

② 基督教的天国也类似于是对这种理想状态的追求。

国家都是残缺的、不完美的，都没有实现国家的本质理念，都只能是对理想国的模仿和分有。柏拉图确实为我们提供了一个“样本”，以此衡量一切现实的国家究竟处于什么样的状况，也就是分裂到了什么样的程度。

我们应该看到，古往今来的一切国家之所以实行私有制，只是为了顺应人性的利己之心，这种顺应只是不得已而为之的“权宜之计”，我们不能因此就肯定私有制的绝对正当性，否则我们就必须牺牲关于国家的最高理想。因此，消灭私有制是达到国家高度团结友爱的基本条件。但是仅仅通过外在方式消除私有制是远远不够的，还必须同时伴以内心的“灵魂革命”，即消除私有之心。只有人人都是大公无私的人，理想国才能建立起来。但是我们必须面对现实，消除人的私心几乎是不可能的，只有极少数人才能做到。所以柏拉图的理想国并不是“人人都是圣人”的“君子国”，而是在哲人王统治下的国家，其公有制也仅仅局限于统治者阶层。在理想国中，哲人王凭借其智慧的统治达到了国家能够达到的最高的正义和幸福状态，理想国就是“王道乐土”，消除了一切不幸和痛苦，消除了一切偶然性的政治生活。可以说，理想国至少比乌托邦、君子国之类的政治构想更少乌托邦的色彩。这样柏拉图就似乎已经考虑了其可行性问题。在理想国中，柏拉图实际上为第三等级的劳动者保留了私有制，承认了私有制的正当性。

但是现代国家绝对地肯定了私有制的合理性和神圣性，这只能说明现代人并不真正理解国家的概念。现代人对国家没有更高的要求和期待，这是现代人对国家和人性失去信心和希望的表现，即否定了国家和人性达到最高完善的可能性。现代人本质上是悲观主义者。当然客人也认为这样的国家也许只存在于诸神的国家中，人间是无法实现的。这也显示了理想国的政治意图就是对一切政治理想主义的抵制和批判。我们或许应该指出，柏拉图关于理想国的描述也许过于大胆和鲜明了，导致后来各种政治理想主义思想和运动的泛滥。如果他能够比较隐晦地描述自己的政治设想，这种政治动荡也许会小一些。

鉴于理想国难以实现，客人开始描述“第二等好”的国家。土地和房屋是共同的，这样保留公有制。同时，土地和房屋必须进行平等分配，而不是“吃大锅饭”。这样既保持了私有制也保持了公有制，是一种折中的方式。客人还指出，这样的分配制度还必须是长久不变的，户数保持不变，实行长子继承制。这是政治国家对永恒性的模仿。一个真正好的国家必须尽可能保持稳定不变、长治久安，否则一个始终处于变动中的国家很容易陷入动乱和崩溃，造成普遍的生命和财产的损失。

客人对商业经营活动持否定态度。商业活动增加了人们的侥幸心理，投机取巧，不利于德性的维护。公民的财富应该只局限于农产品，不应该从卑下的交易活动中获得财富。农业文明是“一分耕耘一分收获”，消除了人的投机取巧的心理，有利于人的道德培养。我们应该看到，不同的文明样式对应着不同道德习性的塑造。现代人推崇商业文明，这是以人性的败坏为代价的。人们会变得越来越唯利是图、投机取巧、尔虞我诈。古代圣人看重的是人的德性，而不是财富。他们推崇农业文明，贬低商业文明。我们不能只看到表面现象，必须结合人性的道德教化来看待农业或者商业文明的问题。

客人还认为私人不能占有金银，但可以拥有货币、借贷不要利息，这些都是限制人对财富的欲望，着眼于人性的德性。一般立法者却认为国家必须强大富有，推崇帝国主义的法律制度，认为这样的立法更加现实可行，而执着于德性的立法是不现实的、不可行的。客人指出幸福和德性是相伴而来的。没有德性就不可能有幸福，只有财富的幸福并不能够使人得到真正的幸福。而现代人似乎对财富有一种“形而上学”的期望，认为财富的巨大增长可以根本改变人的生存状态，改变人性的本质。例如自由主义认为财富的增长可以消除因为贫困而导致战争的可能性，有可能实现世界和平。

客人指出德性和巨大财富是不相容的，同时拥有巨大的财富和美德几乎是不可能的。只用正义的方式获得的财富永远低于同时使用正义和非正义两种方式获得的财富，而把财富用于正义目的的人必定少于用于正义和非正义两种目的的人，所以君子的财富积累永远不可能高于无赖的财富积累。一个用正义手段赚钱和花钱的君子永远不可能特别富有。无赖往往在赚钱和花钱上都是不节制的。这和我国古人“为富不仁”的观点一致。财富的积累必然伴随血和泪，获得财富和使用财富的过程也往往是不仁的。纨绔子弟也多是败类。柏拉图认为占有中等财富是合乎中庸之道的，是最好的。人们追求财富是为了身体和心灵的幸福，财富必须服务于人的身心发展，对金钱财富的追求必须限制在培养德性的范围之内。一个人如果忘记了这个目的，而只关注财富的手段，就是本末倒置。在金钱、身体和心灵三个方面，人们必须把灵魂放在最高地位，身体次之，财富最后。如果法律把健康置于美德之上，或者把金钱置于健康和德性之上，都是错误的。立法的目的不能只关注国家的富有和强大，而忽略国家的团结友爱，必须把国家的团结友爱放在立法的第一位。

客人也看到，在国家给予公民平等追求财富的机会时，人们对财富的获得必定是不平等的，总有人幸运一些，有人倒霉一些，这就会出现财富的不平等。客人认为在选拔官员等问题上，不但要考虑个人的美德和能力，也要考虑其财富。公民应该按照财富的数量划分四个等级，应该尽可能遵守“合乎比例的不平等”原则，这种“合乎比例的不平等”恰恰是平等制的根本原则。平等主义必须是合乎自然的差异性的。以不平等对待不平等，这是平等的根本精神。平等主义不是平均主义。平均主义是算数的平等主义，而不是几何学的平等主义。真正的平等主义是几何学的平等主义。客人还指出国家必须尽可能防止贫富分化，以及因为贫富分化导致的内战。内战是国家最大的灾难。他规定以自食其力为基本单位，一个人拥有的财产最多只能是四倍，超过四倍就必须上缴国家。

柏拉图在这里的论述可以说是《法律篇》和《理想国》最不同的地方。在《理想国》中，柏拉图不考虑财产的问题，对人的等级制的划分根据每个人的自然天性进行。这是一种严格意义上的平等和正义。在《法律篇》中，柏拉图把财产作为划分公民等级的基本原则，这实际上已经是对自然的一种偏离。这种对自然的偏离也正是《法律篇》中的国家低于理想国的原因。理想国是按照严格的自然正义建立起来的国家，《法律篇》中的国家则偏离了人的自然，而向人为之物（财产）作出了妥协。当然这种设想和古代的立法者的设想是比较一致的。按照严格的自然正义的原则建立国家依赖于哲人王的智慧，而哲人王的智慧是稀缺的，理想国是难以实现的。我们只能退而求其次，依据财产划分社会等级，一个人拥有的财富越多，他的能力一般也越强，在国家中的影响力也往往越大，他们的统治相对比较合乎正义。

接下来，客人谈到了国家领土的划分和首都的设置。土地、人口、首都、诸神都划分为 12 份。虽然这种划分几乎无法完全做到，但是却仍然必须如此划分，因为这种划分合乎“理性的精确性”。理想先于现实，只有在我们完全按照理性的完美性构想了国家之后，我们才需要考虑其可行性问题，不能因为可行性而降低完美性。按照数学的原理，整个国家直到划分为 5 040 个部分为止，产生了氏族、行政区划、村落、军事单位、行军行列，还有铸币单位、液体量器、固体量器、砝码等。客人指出，法律必须管理所有这些细节，以便发现合理的比例。立法者必须关心细节，按照数学原理统治国家，在国家制度的每个方面都贯彻数学原理。每个公民也都必须按照数学原理生活，不要越过限度和界限。数学在这个国家中具有至高无上的地位。“数学的最大优点是，它唤醒那些懒散的笨家伙，使他们很快变得明白事理、坚强、机敏，由于这种神奇的科学，一个人才做得比他的天赋能力所允许的更好。”① 客人也指出，如果数学没有被正确地学习和使用，那么它可能就会培养出一个善于算计的奸诈之人。这体现了数学和一切科学的两面性。柏拉图把科学和人性结合在一起，他对数学的重视表现了他对人性的德性的培养，表现了他对节制、秩序和和谐的追求。柏拉图是以哲学家和政治家的态度看待数学的，而不是以单纯数学家的态度理解数学的。

---

① Plato. *Laws*. Translated by Trevor J. Saunders. In *Complete Works*. Edited, with Introduction and Notes, by John M. Cooper. Hackett Publishing Company, 1997: 747b.

（二）官职设置问题

客人认为国家的第一批统治者必须是最认同法律和维护法律的人，否则这个新国家就难以为继。但是这些新移民来到新国家，彼此不认识，也没有受过教育，让他们接受刚刚制定的法律是很难的。最好的办法是当这些人还是孩子的时候就给予他们这些法律的教育。当他们长大成人，习惯了这些法律，就可以参加国家职位的选举了。

在国家官员的设置和选拔上，客人谈得非常具体。他们包括了37名执法官、200名监督官、军事官员、议会人员、神职人员、武装警察及市政官、市场管理员、教育人员、司法人员等。官员的工作就是执行法律，这也是官员崇拜诸神的最好方式。法律都是以神的名义制定的。官员是人民的公仆，他的工作就是为人民服务，而不是对人民进行自上而下的“统治”。客人认为在各个官员职位中，教育官员是最重要的。人是驯养的动物，他受到了最好的教育，就是最神圣的动物；如果受到不恰当的教育，就是最野蛮的动物。儿童的教育是最重要的工作。这体现了柏拉图对教育的重视。国家最重要的事情就是教育。真正的教育是人格的塑造和品德的培养，而不是单纯的知识传授和职业技能的培训。一个忽视了教育的国家必然是一个低劣的、失败的国家。

在官员的选拔上，客人支持选举制，反对抽签制。选举制是君主制和民主制的一种折中，是根据个人的能力进行委派。抽签制是一种粗糙的平等制，是一种算数的平等。客人指出，“平等产生友谊”，这句话是含糊的。一个主人和一个奴隶，一个老实人和一个流氓是不可能平等的，也不可能产生友爱。

"对一切人的不加区别的平等就是不平等，两方面都会使公民之间充满着不平等。"① 在此，客人明确谈到了两种平等的概念。度量或者算数的平等是简单的平等，真正的平等制是一种几何学的平等。几何学的平等是给大人物多一些，给小人物少一些。真正的平等就是合乎自然，就是"恰如其分"，不及或者超过其自然的就是不平等。政治家的目的就是追求平等，但是平等就是合乎自然。合乎自然才是严格的正义，这种严格的正义就是平等制的核心。一切不合乎自然的讨好和宽容总是会毁灭自然要求的精确性，无法实现严格的平等制。抽签制就是为了讨好人民而做出的妥协。这种妥协破坏了政治哲学的严格性和精确性。

当然，实现这种严格平等和正义极其困难，这种平等需要"宙斯般的智慧和判断力"。或者说，只有在哲人王的国度中才能实现。但对精确的正义和平等的追求是非常必要的，也就是所谓的"取法乎上，仅得其中；取法乎中，仅得其下"。只有我们坚持严格的正义和平等，我们在实践中才能达到相对意义上的正义和平等。如果我们在理论上都不坚持严格的正义和平等，那么我们在实践上就更加不可能达到严格的正义和平等。同样，如果我们不能在政治哲学中追求这种严格性和精确性，我们就必然也会在其他方面丧失这种严格性。亚里士多德反对柏拉图对政治哲学的这种严格性追求，认为政治哲学只能是模糊的，这体现了亚里士多德对政治科学的严格性原则的偏离。这种偏离会进一步体现在对其他科学的

---

① Plato. *Laws*. Translated by Trevor J. Saunders. In *Complete Works*. Edited, with Introduction and Notes, by John M. Cooper. Hackett Publishing Company, 1997: 757a.

严格性精确性的否定上，最终也就体现在对哲学的严格性的否定。在《泰阿泰德》中，苏格拉底对塞奥多洛只追求数学的科学性，否定政治人文科学的科学性进行的批判，是非常值得我们重视的。

以上四个方面的政制纲领涉及宗教、道德、财产和官员设置方面，类似于我们通常所说的“宪法”方面的问题，也就是属于政体的问题。这不属于具体的立法，而像是立法前的图纸一样。我们通过草图的形式，确定下大的框架，随后的具体立法才可能是恰当的。宪法或者政体是国家的根本问题。只有首先确立了国家的政体，才能进一步讨论法律细节问题。我们现代法律的问题恰恰就是体现在宪法问题上的危机。如果说宪法和“道”相关，法律只和“术”相关。我们越来越多关注法律细节的制定，说明我们在根本大法方面是无能为力或者漠不关心的。也就是说，我们关于自然的观念出现了问题。我们不能正确理解自然，就不能正确理解人事。而对自然的理解关键在于对人性的理解。我们不能正确理解人性，就不能正确理解自然。柏拉图对话是我们理解人性自然的最好的教材。

第四节　正式的立法

在具体进行立法之前，客人又指出立法就像是绘画（768e以下）。立法者必须尽可能使立法精确和完美。但是立法者也是会死的人，他必须考虑接班人的问题，以便使他的立法工作得到不断改进，而不是昙花一现，走向没落。因此培养未来年轻护法者的工作就是至关重要的。立法者必须通过培养接班人或者通过实例的方法告诉未来的立法者如何改进法律，使之达到完满无缺。

于是在进行立法之前，客人首先假想向未来的护法者进行纲领性的训导。这种训导为未来改进法律提供了一份纲领性的说明。当前的立法只是纲要性的，其中的很多细节只能在国家建立起来之后进行。一切立法和变法的基本精神是“我们生活的目的应该与人类的精神美德相联系”①。也就是说，法律的目的必须致力于人类的美德，变法也必须根据这个基本精神进行，这才是“法的精神”。后来的护法者或者变法者把握了这个基本精神，才能够把立法者的工作延续下去。任何人或者国家都不能违背这个“法的精神”，如果国家让小人进行统治，还不如遁世隐居更好。对比孟德斯鸠的《论法的精神》，我们可以发现，现代的立法者已经把德性驱逐出了公共生活的领域，利益财富成了国家公开的、赤裸裸的追逐目的。这种立法已经远远偏离了柏拉图的“法的精神”。

一、婚姻法

客人首先提到了婚姻法，其中包括财产、奴隶、妇女和生育等方面，还穿插了关于建造城池的问题。婚姻法是具体立法工作中的第一项法律。婚姻应该有利于国家，而不是出于个人

① Plato. *Laws*. Translated by Trevor J. Saunders. In *Complete Works*. Edited, with Introduction and Notes, by John M. Cooper. Hackett Publishing Company, 1997: 770d.

的喜好。婚姻的目的应该是生出心智健全的孩子，因此门当户对、裙带关系都是应该避免的。婚姻也是服务于神的行为。这和基督教中关于婚姻的看法是一致的。把婚姻神圣化是把欲望理性化的基本方法。把人的欲望理性化也就是人的文明化，这样就把理性和非理性结合在一起了。因此在婚姻法中，客人强调的人口质量的优化问题即公民的性格完善和中和，即联姻的两家应该是性格天性互补的，否则可能逐渐趋于极端而相互危害，导致最终的灭亡。这和《政治家》中关于婚姻的看法是一致的。

在财产法中，客人重点讨论了奴隶问题。他认为斯巴达的希洛人制度也许是最受争议的。客人承认存在很多杰出的奴隶，比他的主人更加优秀。但是也存在很多低劣的奴隶，很多主人像对待动物一样对待他们。同时，他强调奴隶的存在符合国家的需要。对待奴隶的正确方式是，首先奴隶不能来自同一个国家、操同一种语言。这样奴隶就不会认为他们的境遇有什么不幸，也不会制造事端。古埃及人显然就没有意识到这个问题，当时的希伯来人恰恰就是同一个民族，他们才容易团结起来，最终出逃埃及。其次是要恰当地训练奴隶，不要傲慢苛刻地对待他们，对他们的伤害甚至要少于对自由人的伤害，否则他就不可能是正义的。但是主人对于奴隶的态度和命令必须是明确的，必须和奴隶保持一定距离，不能和奴隶打成一片。主人必须善于维护主人的权威，否则对于主人和奴隶都是一种损害。柏拉图不反对奴隶制，在他看来，存在专门从事体力劳动的奴隶有利于其他人在道德、文化和精神方面的发展。

在建造城池的问题中，他强调庙宇应该建在城市的中心，市场和行政机构应该围绕神庙，这也体现了柏拉图的法治国是一个宗教国家。在修建城墙的问题上，客人认为修建城墙是一个坏的做法，这样就会助长人们的懒惰和软弱之心，人民会错误地认为自己躲在城墙后面就可以避免和敌人交战，可以放心大胆地睡大觉，仿佛他们来到尘世就是为了过放纵享乐的生活。这里主要体现了柏拉图对公民人格品德的要求。

在家庭生育法中，客人认为："如果立法者把私人生活排除在他的立法之外，并期望公民们会在他们的社会公共生活中遵守法律，那他犯了一个大错误。"① 也就是说，如果每个人在私人生活中可以随心所欲，想干什么就干什么，那么人们就会逐渐养成放纵的习惯，在公共生活中也很难做到自觉遵守法律和自我约束。所以古代立法者为了国家公共生活的德性水准，否定了私生活的正当性。在古代封建社会中没有"私生活"的观念，没有"隐私"的观念，每个人都必须把自己的个人生活放在公众的评价和监督之下。相反，古人特别强调"慎独"，认为越是在私下里就越是应该严格要求自己，在小事上放纵，就会逐渐在大事上放纵。"勿以善小而不为，勿以恶小而为之。"人是理性的动物，也就是说，人是道德的动物，是法律的动物。人的尊严和特性就来自人的理性，否则就是衣冠禽兽。所以古代立法者在立法时，致力于维护人的特性和尊严，使人性趋于崇高和完美。

这种观点和现代自由主义的观点非常不同。自由主义恰恰强调私人生活不受干预，认为个人有权利按照自己个人的意愿安排自己的生活方式。因为每个人都有能力以最好的方式做出

① Plato. *Laws*. Translated by Trevor J. Saunders. In *Complete Works*. Edited, with Introduction and Notes, by John M. Cooper. Hackett Publishing Company, 1997: 780a.

自己的选择，这是实现个人发展和自由的必要前提，是社会文明进步的重要体现。这种观点是以对道德生活的降低为代价的。也就是说，人的自制能力是极其脆弱的，人的理性选择能力也是极为有限的，并不是每个人都能够按照最好的方式做出选择。一个健全的社会应该提供一套完整的、权威的价值标准和原则指导个人的生活，而不是让每个人的生活都处于非理性的状态。因此，自由主义对人性采取了放纵的态度，这就意味着对人性采取了低水平的要求。它相信人性的善良本性，但是它又是极度悲观的，否定了人性具有无限完善的可能性。这样人性就会逐渐趋于动物化，自由主义本质上是享乐主义。这样自由主义最终就为虚无主义和极权主义准备了条件。本来，自由主义对于私人性的重视是抗辩性的，是出于对基督教信仰中的“上帝之眼”的反抗，对封建专制主义的反对，对他们所设想的极权主义政治的反对。这种抗辩性决定了自由主义对人性的思考，同时也埋下了巨大的隐患。

客人认为新婚夫妇应该像婚前一样参加公餐制。在他看来，以前的公餐制虽然对于培养男人是有利的，却没有把女人纳入进来。女人由于软弱总是倾向工于心计。立法者盲目地忽略和纵容了女人，让她们做自己喜欢做的事情，这样就逐渐失去了对其他许多事物的控制。在客人看来，立法者忽略女人不是失败了一半，而是全部失败。如果立法者把男人和女人一起教育，那么国家就更容易达到幸福。女人占国家人口的一半，她们还天生承担了生育和教育子女的责任，如果女人不能获得良好的教育，那么就意味着下一代也不可能获得良好教育，这最终意味着整个国家人格品质的下降和教育活动的失败。所以客人认为应该让女人也参加公餐制。这种公餐制消除了家庭私有制，同时也保持了私有制，是公有制和私有制之间的折中形式。但是这种做法无疑会受到很大的嘲笑和反对，所以妇女问题是非常难解决的。这里类似于《理想国》中的第一次浪潮，即男女平等、接受同样教育的问题。

在孩子的生育问题上，客人指出生孩子是为了国家，必须生出最好的孩子，也必须把孩子献给国家，不能把孩子看作是私人财产。接下来就是孩子的教育问题。

二、教育法

教育法是第二项法律。客人首先提到了家庭教育。在家庭私生活方面，有许多细小的活动是绝不能公开的。但是这些活动却可能和立法者的意图相违背，并且使公民具有各种相互冲突的性格。所以真正的法律和教育必须涉及每个人生活的方方面面，绝不能遗漏任何方面。“只要私人生活管理不好，国家的一般法律就不会有一个坚实的基础，对于这一点心存侥幸更是愚蠢的。”① 从这里我们也可以理解儒家传统强调“家国同构”的根本原因，即出于对人的道德教育的考虑。对人而言，最重要的东西就是德性，一切教育和统治的根本目标就是培养人的德性。而孝道恰好满足了这种道德要求，成了人的所有德性教育的基础和根本。孝道既是家庭伦理，也是政治伦理。

客人认为人在小时候的教育是最重要的。孩子教育的第一

① Plato. *Laws*. Translated by Trevor J. Saunders. In *Complete Works*. Edited, with Introduction and Notes, by John M. Cooper. Hackett Publishing Company, 1997: 790b.

阶段是胎教。孕妇必须经常散步锻炼，怀孕期间也必须保持心情的愉悦和平静。这样对于孩子将来德性的养成是有利的。孩子出生后进行第二阶段的教育即幼教。孩子 0～3 岁时必须经常被带到农村或者庙宇等地，充分锻炼跑动。孩子必须由国家统一抚养，不能交给每个家庭，这样才能保证孩子教育的质量和统一。

在孩子的道德人格教育方面，他首先谈到了勇敢的培养，主要是通过运动锻炼的方式进行训练，培养孩子的良好的性格品质。“幼儿园里无小事。”孩子越是在小的时候，就越是需要严加管教。孩子养成良好的习惯以后，就可以稍微放松一些了。他认为对于孩子既不能溺爱，也不能过于严厉。溺爱会养成孩子的坏脾气，为鸡毛蒜皮的小事暴跳如雷；过分的严厉也会使孩子养成卑躬屈膝的奴隶性格。在克列尼亚斯认为孩子必须被大量的快乐包围时，客人对他进行了批评。“我的看法是人生的正确道路既不是一味追求欢乐，也不是绝对避开痛苦，而是恰当地满足于两个极端之间的状态。这种状态正是我们常说的神本身的状态。”① 任何人都应该避免极端快乐和极端痛苦，始终保持二者之间的中间状态。这就是“不喜亦不惧”的平静安详状态。这种状态并不是麻木不仁，而是处于摆脱激情和欲望的理性寂静状态。这个观点和《斐莱布》中的观点是一致的。在孩子的教育上必须遵循中庸之道，人格教育的核心就是中和性格的塑造。孩子的性格应该在玩耍游戏中养成。

第三个阶段是 3～6 岁的学前教育。客人首先提到了“不

---

① Plato. *Laws*. Translated by Trevor J. Saunders. In *Complete Works*. Edited, with Introduction and Notes, by John M. Cooper. Hackett Publishing Company, 1997: 792d.

成文法”对于儿童教育的重要性。全部孩子都必须集中在村庄的神庙中，由保姆统一管理，都必须学会遵守纪律，但是要有分寸。祖制传统是整个社会的黏合剂，人民本能地遵守这些祖传的不成文法，保护了当前的成文法。如果它们出了问题，那么整个社会就会崩溃。单纯的成文法具有很大的局限性，迷信于简单的法律条文是不可能成功的，必须依靠不成文法加以维护。立法和教育如果要取得成功，必须重视这些源远流长的传统。“我们必须尽可能不忽视任何事物，无论是大的或小的，是法律、习惯还是政制，因为它们都是把国家黏合在一起所需要的，而且每种习俗的稳固性都是相互依存的。”① 这里我们也可以看到，现代性的最大问题就是对传统礼法的破坏和蔑视。现代性以创新和进步作为自己的基本精神，对一切古老的观念和习俗毫不顾忌地进行批判和破坏，认为只要建立了合理的法律制度，人们就可以摆脱愚昧的传统，每个人都能够成为理性的公民。

第四阶段是6～9岁正规学习阶段。在6岁以后，男孩和女孩就必须分开。每个孩子都要上课。男孩学习骑马、射箭等“六艺”之类，女孩子也可以学习。在客人看来，男女的差异是后天文明教育造成的。他认为人的自然是同一的，男女可以接受同等教育。他甚至认为我们左右手习惯的差异也是由于教育的不同造成的，通过教育，我们可以训练每个人在使用双手方面都能够全面发展。他暗示人可以像蜡一样被塑造，人性似乎没有先天的规定性。这里体现柏拉图反传统的激进主义立场。

---

① Plato. *Laws*. Translated by Trevor J. Saunders. In *Complete Works*. Edited, with Introduction and Notes, by John M. Cooper. Hackett Publishing Company, 1997: 793d.

但是我们也必须指出，人性是有限的，对人的教化也是有限的。我们不可能无限地塑造人性。在现代性的启蒙主义以后，我们看到，对人性的无限改造导致了巨大的政治灾难。对极少数人来说，他的人性确实是无限的，可以无限地提升和塑造；但是对于大多数人来说，他们的人性是极为有限的。他们沉迷于自己的感官生活，不能在智慧或者德性方面无限进步和完善，但是我们不应该因为他们的这种有限性而蔑视他们，尤其不应该试图通过政治的方式改造他们。这是现代性的历史命运带给我们的警示。

客人谈到的体育课程包括舞蹈和摔跤以及作战技能教育。跳舞的作用首先在于培养人庄重和文明的风度气质，其次才是培养身体的健康、敏捷和漂亮。在摔跤方面，客人强调人们不能只是卑下地关注获胜，而是应该以增进健康和气力为主要目的。这里表现了柏拉图对于竞技体育的看法。竞技体育不能成为单纯追求金牌的运动，不能使竞技体育堕落为功利主义的角斗场。竞技体育的根本精神是提高人体的潜能，激发人的灵魂的活力，保持人性昂扬的斗志。

在人格教育方面，主要涉及文艺问题。客人首先谈到了游戏对于立法的作用。“没有哪个国家有人真正懂得儿童的游戏对于立法有如此重大的影响，可以决定已经制定的法律制度的存废。”① 如果立法者控制了儿童的游戏，儿童总是遵循同样的规则，从同样的游戏中体验到同样的快乐，那么在他们长大成人后就能够对同样的事物持有同样的看法，就能够保持国家

① Plato. *Laws*. Translated by Trevor J. Saunders. In *Complete Works*. Edited, with Introduction and Notes, by John M. Cooper. Hackett Publishing Company, 1997: 797a.

的团结一致。但是事实上，游戏总是在不断变化，总有新游戏发明出来，年轻人总是追逐新游戏。这样他们就会有不同的偶像，不同的原则和标准，他们的品位和观念就变得不同，在行为举止方面也会不同。这是对国家团结统一的最大威胁。年轻人习惯于藐视旧事物，乐于胡思乱想，追逐新奇之物，最终他们将颠覆国家的传统法律制度。在新游戏中长大的孩子必然变得和他们的父辈不同，进一步他们就会要求不同的生活方式，这种要求会使他们追求新制度和法律。

如果立法者对儿童游戏不加关心，他的法律秩序就会被打破，他的立法最终也会失败。游戏不是儿戏，立法者必须对游戏进行立法，不能随意改变游戏规则，不能随意创造新游戏，尽量不要让年轻人在歌唱和舞蹈中追求新事物。不同的游戏造就不同的人格。客人也认为，立法者必须禁止诗人作家一味讨好民众，不顾及国家的法律和道德原则。通过在游戏方面立法，就有可能保持法律制度的持久性和稳定性，这种长久不变的道德礼法才能具有神圣的权威性和有效性。“如果这些法律由于一些天赐的好运，在很长时间内保持不变，人民在这些法律的教育下长大，他们都既没有记得也没有听说过事物曾经是和现在不同的另外的样子，那么，整个灵魂就会尊重传统法律，并且畏惧对传统法律的任何改变。”① 柏拉图是出于国家长治久安的考虑才反对一切变化，包括游戏中的变化的。任何变化都会削弱法律道德的神圣性和权威性，导致国家社会秩序的混乱和灾难。

---

① Plato. *The Laws of Plato*. Translated by Thomas L. Pangle. The University of Chicago Press，1988：798b.

柏拉图关于游戏的观点非常重要。游戏本身就是教育活动，儿童首先是在游戏中获得人格的培养。游戏问题是政治问题。在《理想国》中，柏拉图也反复说明了这个问题。这也是我们反思当前儿童教育和游戏问题的一个重要指导。

客人认为立法者首先必须把全部歌舞和音乐奉若神明，要确定节日的时间安排。其次立法者必须把节日作为崇拜神明的仪式，决定向哪个神献祭、跳何种舞蹈等。任何人都不得违反相关规定。为此，客人对文艺活动进行了立法。首先，人民在节日中只能表达吉祥的话语，不能说些不吉利的话。其次，人民只能向自己的诸神祈祷，不得崇拜其他的神，禁止“非其鬼而祭之”的行为。再次，祈祷不能包含恶的目的，不能崇拜财神。诗人的创作不能同国家的正义、道德、审美等法律观念冲突，一切作品必须经过护法者审查后才能演出。同样，古代作品只有符合法律标准才可以流传和演出，有些修改和删定后可以演出。再次是人民对英雄的崇拜。最后是人民对先人的崇拜，让他们彪炳史册、光照千秋。但是在一个人活着的时候不能进行任何崇拜，否则就会引起“个人崇拜”的麻烦，只有在他盖棺定论后才能决定是不是可以进行崇拜。最后，客人还强调文艺作品必须区分适合男人和女人的不同歌舞作品。这些作品和歌舞活动必须有利于培养男人和女人的性格和品质，我们的性格影响着我们的生活。

在《理想国》中，柏拉图也表达了关于文艺创作原则和书报审查的思想。他的这种思想当然会遭到现代人的反对。但是如果我们看到柏拉图瞄准的是更高的道德目标，我们就能够理解柏拉图文艺立法的原因。我们现代人的文艺原则是自由主义思想的一种表现，但是这种过度的自由制度实际上正在导致人性的混乱和沉沦，我们已经陷入了享乐主义、悲观主义的泥潭。如果柏拉图的文艺检查制度是不好的，我们的文艺自由主义也是同样不好的。

接下来，客人讲到了奇怪的插曲。他感叹："并非人类事务都值得认真关注，但是认真对待它们却是我们不得不做的。"① 这句话的含义比较耐人寻味。柏拉图似乎对人间事务或者政治生活漠不关心。人类事物或者政治生活非常烦琐乏味，大多是一些功利性的事务，它们不可能给予人最高的快乐和满足。同时，这句话也显示了哲学生活的高贵性和神圣性，只有在哲学生活中才能获得更高的人性实现、快乐和自由。因此一个习惯于哲学生活的人就会鄙视政治生活。但是柏拉图也告诉我们，政治生活是哲学生活的母体和基础，如果哲人不关心政治生活，那么政治生活就会变得更坏。也就是说，"如果我们不去追求好的政治，坏的政治就会来找我们"。在坏的政治生活中，哲学生活就变得更加艰难。为了哲学的利益，哲人也必须关心政治。当然，政治生活变化无常，即使我们付出了很多努力和代价，也未必能够如愿。

客人又重复了前面关于"人类是诸神的玩偶"的观点。所有善良的人都应该把神放在心中，每个人都应该演好自己的角色，在游戏中度过自己的一生。这里柏拉图似乎认为人生就是游戏，而且是一场神圣的游戏。这并不表明柏拉图对世界人生持一种玩世不恭或者审美主义的态度，而是体现了柏拉图的反道德主义的理性主义立场。道德主义没有认识到人生的真相，

---

① Plato. *Laws*. Translated by Trevor J. Saunders. In *Complete Works*. Edited, with Introduction and Notes, by John M. Cooper. Hackett Publishing Company, 1997: 803b.

把法律道德都看作是最终的、最高的，从而导致对人性的压抑和贬低。可以说，道德主义仍然处在伦理学层次上，柏拉图的超道德主义已经进入了天地境界。在这种天地境界中，一切人类的道德礼法都被超越了，游戏的快乐才是人生的最高意义。因此柏拉图的游戏概念包含了他对世界人生的深刻认识。正如庄子在《逍遥游》《齐物论》中表达的思想一样。

客人认为一般人都把战争看作是更加严肃和重要的事务，备战是保护和平成果的必要条件。但是人们却并未真正充分享用宝贵的和平时期，在和平时期的教育更没有受到重视。在客人看来，更加重大的事情是和平和教育，战争是不值得过分关注的小事情。如果一个国家为了战争而制定法律，那就是在浪费时间和人生。战争不是目的，和平才是目的。关注和平应该高于关注战争。在战争中，人的生活是艰苦、贫苦及短暂的，是不幸的。只有在和平时期，人类才能过真正的生活。“一个人应该在‘游戏’——献祭、唱歌、跳舞——中度过他的一生。这样他才能赢得诸神的恩宠，保护自己不受敌人的侵犯，并且在战斗中战胜他们。”① 从这里我们可以看到，柏拉图的游戏概念首先是指歌舞。这种歌舞是生命的洋溢和舒展，人们在这种歌舞中体验到生命的美。其次，这种歌舞游戏是神圣的，它的目的是对神的崇拜和献祭，不是一种追求玩乐的世俗活动。最后，这种歌舞游戏也是军事训练，有利于人民在战斗中取得胜利。柏拉图认为真正的生活是这种贯穿了歌舞游戏的生活，是他们自己的天性要求过的生活。这类似于一种审美主

---

① Plato. *Laws*. Translated by Trevor J. Saunders. In *Complete Works*. Edited, with Introduction and Notes, by John M. Cooper. Hackett Publishing Company, 1997: 803e.

义的人生观，但是和现代审美主义是不同的。现代审美主义是作为理性主义的对立面出现的，是非理性主义的一种形式。柏拉图的审美精神则是他道德化理性主义立场的一种表现。

客人还指出，这种以神为崇拜中心的歌舞生活是一种人类作为诸神的玩偶的生活。人类作为一种物种，其存在的终极目标是什么，是不得而知的。我们何所来，何所往，都超出了我们的认知能力。但是人类作为诸神的玩偶的生活仍然是接近真理的生活。“他们在大多数情况下是诸神的玩偶，但是也能够分享到一些真理。”① 这类似于《理想国》中的洞穴喻所表明的。在洞穴中，人们只能看到真实事物的影像，不能看到事实本身。人们只能获得意见，不能获得真理。但现象是对理念的分有和模仿，意见也包含了真理的颗粒，也是对真理的分有和模仿。在这个意义上，人类仍然能够获得一定程度的真理。梅奇卢斯认为客人“贬低了人类”。他似乎认为人类可以完全认识真理。其实，客人并未贬低人类，而是基于他对人类的认识能力和真理本身的洞见。在柏拉图看来，我们对于真理本身的认识是极为困难的，这种认识要求极高的主观性条件。只有极少数哲人才能走出洞穴，超越现象，认识事实本身，获得最真实的知识和真理。而且哲人即使认识了存在的真理，也很难用语言传达，因为存在的真理是离言绝相的。即使真理能够用语言传达，他人也无法理解，因为语词本身是指示性的，并不是事实性的。

于是客人为自己的上述观点进行解释：“在我说这话的时候，我一心想着神，完全忘记了自己，所以，如果你高兴，那

---

① Plato. *Laws*. Translated by Trevor J. Saunders. In *Complete Works*. Edited, with Introduction and Notes, by John M. Cooper. Hackett Publishing Company, 1997: 804b.

就让我们认为人类并不是毫无价值的，还是有些重要性的。”①这句话表明柏拉图似乎认为自己已经处于神一样的地位。也就是说，他是从宇宙整体性上观照人类生活的，人类不过是他眼中芸芸众生中的一种，他并不特别地关心人类，正如老子所说：“圣人不仁，以百姓为刍狗。”“万物并作，吾以观复。”庄子看待人类的眼光也是完全超人类的：“民湿寝则腰疾偏死，鳝然乎哉？木处则惴慄恂惧，猨猴然乎哉？三者孰知正处？民食刍豢，麋鹿食荐，蝍蛆甘带，鸱鸦耆鼠，四者孰知正味？猨猵狙以为雌，麋与鹿交，鳝与鱼游。毛嫱丽姬，人之所美也，鱼见之深入，鸟见之高飞，麋鹿见之决骤。四者孰知天下之正色哉？自我观之，仁义之端，是非之途，樊然殽乱，吾恶能知其辩!”（《庄子·齐物论》）真正的哲人都是超越了人类中心论的局限性，以超人类的视野看待人类的。柏拉图似乎出于对梅奇卢斯的安慰，肯定了人类的重要性。他现在还是人类中的一员，他不得不关心人类。人类的自然确实不同于其他生物，人是理性的动物，一个人可以凭借理性的能力上升到神的地位，使自己达到接近于神的完满境地，这样就能够体现人类的重要性和神圣性。

客人继续探讨女性教育的问题。他认为每个人都必须接受教育，不论是男孩还是女孩。他对比了色雷斯、雅典、斯巴达、萨尔马西亚等国家对女性的教育。他认为希腊忽视了对女人的教育，男人和女人没有共同的生活目的，立法者没有把他们投入同一种活动中。这样一来，每个国家都只是半个

---

① Plato. *Laws*. Translated by Trevor J. Saunders. In *Complete Works*. Edited, with Introduction and Notes, by John M. Cooper. Hackett Publishing Company, 1997: 804c.

国家，只发挥了一半的潜力。这是立法者所犯的重大错误。色雷斯人把女人当作奴隶一样对待。斯巴达则折中一些，对女人进行艰苦的训练，让女人管理家务，教育孩子，但是不让她们参加战争训练。萨尔马西亚的女人像男人一样能征善战。一个真正的立法者必须是一个完全的立法者，不能是一个半拉子的立法者，不能只管男人，不管女人，听任女人随心所欲地生活，沉溺于奢侈浮华的生活中，这样女人最终就会把男人带坏。

客人接着谈到了自由人的日常生活的安排。自由人并不需要直接参与劳动，他们的生活是相对悠闲的，能够保证日常生活用品的供应。但是如果这种相对悠闲的生活没有工作和责任，就不是正常的和恰当的。正如孔子所说的："饱食终日，无所用心，难矣哉。"这样生活的人必然受到惩罚，当他面对艰苦和危险的时候必然束手无策、无能为力。一个自由人必须居安思危，在日常生活中保持警觉和劳作，努力培养自己的体育才能和道德品质。这样的男人必须有一个时间表，计划好每一分钟要做的事情，日常生活必须严格按照时间表进行。客人甚至认为一个贪睡的人是卑贱的，长时间的睡眠对于身体和灵魂都是不好的，自由人必须尽可能延长觉醒的时间。正如孔子对宰我昼寝的批评："朽木不可雕也，粪土之墙不可圬也；于予与何诛?"这都是强调一个人应该严格自我约束，勇猛精进，不应该懒散懈怠、一事无成。

第五个阶段是文化教育，包括文学、七弦琴和数学。第一个内容是在 10～13 岁进行文学教育。客人认为孩子学习全部作品或者诗集，是很危险的。很多作品没有经过审查和检验。客人认为最好的作品就是自己的法典。"因为我不需要花费时间去寻找典范。你明白，当现在我回顾我们的讨论，这讨论已经从清晨一直持续到现在——我认为这次讨论受到了上天的启示——在我看来，就是一部文学作品。也许不必惊讶，当我看到我的全集作品时，我被一种巨大的满足感征服了。也就是说，因为我所学过或者听过的讲话，无论用的是韵文还是像我所用的散文，这些都给了我一种印象，即它们是最能为年轻人所接受和适合于讲给他们听的。因此我用不着向法律维护者推荐更好的典型了。”① 柏拉图认为他的《法律篇》以及他的全部对话就是最好的诗歌作品，是最适合年轻人学习的内容。学校的教师应该教授他的法典或者对话。

也就是说，柏拉图把自己的作品看作是新国家的法律基础。真正的诗歌作品应该是包含了法律和哲学智慧的作品。他提示我们，他的对话是基于对人性的正确和透彻的认识。我们阅读和研究柏拉图的对话不应该是一种所谓学究性或者学术性的研究，而应该是通过阅读他的对话，达到对人性的正确认识，并且把这种认识运用到政治生活中。如果不认识人性的事实和真理，我们即使“读书破万卷”，也没有什么实际意义。只有把握了人性的事实和真理，我们才能提升自己，完善自己，也才可能去完善他人，提升他人。真正的读书能够使我们完善自己的人格，提供我们智慧的认识，而不是掉书袋的“学术研究”。正如古人认为“半部《论语》治天下”，阅读柏拉图的对话也具有这种政治意义。他的对话同样是“为天地立心，为生民立命，为往圣继绝学，为万世开太平”。他的这种观点

① Plato. *Laws*. Translated by Trevor J. Saunders. In *Complete Works*. Edited, with Introduction and Notes, by John M. Cooper. Hackett Publishing Company, 1997: 811c.

使我们想到了《圣经》。《圣经》无疑是写得最好的法典，也是流传最广的诗歌作品。《圣经》把法律和诗歌完美地结合在一起。

第二个内容是儿童在13～16岁学习七弦竖琴，由年老的狄奥尼索斯歌手进行教育。这些老年人应该向全社会演出并且歌唱最好的歌曲，以此控制年轻人的灵魂，学会秩序、节制和和谐，引导他们的灵魂沿着美好的道路前进。七弦琴不应该用来演奏不受任何约束的、悦耳的靡靡之音。音乐并不是单纯的娱乐活动，而是对灵魂进行教育诱导的活动。只有把音乐和人的灵魂的品质结合起来，我们才能真正理解和对待音乐，否则音乐就会逐渐败坏，变为靡靡之音。这样的音乐必须消除。在《理想国》中，柏拉图也谈到了不能在音乐中翻新，这种在音乐中的翻新会导致人们心性品质的变化，进而导致人们在政治领域进行变革。可以说，柏拉图是非常重视音乐对于人的灵魂品质的影响的，他要求严格控制音乐的类型和作用。我们则不对音乐进行任何控制，音乐被看作是完全娱乐性的活动，音乐创作和演出处于一种无政府状态。这显示了现代人对塑造人的心性德性的无知和漠视。

客人奇怪地重新提到了跳舞和军事训练，这部分内容似乎应该放在前面相关部分。他强调女人也应该参加军事训练。在跳舞中，他区分了战争之舞和和平之舞。这些舞蹈都是为了培养人民的道德品质，以便人民的身心全面发展。立法者必须给这些舞蹈制定基本原则，法律维护者则因地制宜地制定关于舞蹈的法律。舞蹈的最终目的是用于献祭，哪一种舞蹈适合于哪一种献祭，不得改动。客人坚持认为："同一个国家和同一些公民（他们尽可能是同一个种族的人），应该以同样的方式享受同样的欢乐，这是幸福和神圣的生活的秘密。”① 在《理想国》中，柏拉图也强调，真正的国家就像是一个“巨人”，真正国家中的人民应该是“万众一心”“同呼吸，共命运”，消除了人民之间的尔虞我诈、钩心斗角、离心离德。这确实是一个我们能够设想的最好国家。国家的理念本质上就要求高度的同一性。任何一个国家统治者的政治理想都是使国家尽可能趋向这个理想目标。一切现实国家都只是这种理想国家的不完美的形式。这种同一性不能是表面上的，不能是依靠恐怖和威慑造成的，而是依靠共同的信念和情感造成的。这反映了柏拉图的“政治理想主义”，也反映了他对现实政治生活的无奈和批判。

客人随后指出，我们仅仅熟悉严肃的培养优美身体和高贵灵魂的合唱表演是不够的，我们必须同时知道展示丑陋的身体和灵魂的表演。一个人要学习严肃事物必须同时学习可笑的事物。我们只有学会认识滑稽可笑的事物，才能避免由于对滑稽可笑的无知而做出或者说出可笑的事情。公民不能进行这种模仿表演，只能由奴隶或者外国人进行，这种表演被称为喜剧或者闹剧。这里也体现了柏拉图辩证法的观点，就像对话一开始对饮酒问题的讨论一样。没有对立面就没有认识。我们必须同时从相互对立的两个方面看待同一个事物，这样才能完整地把握事物。智慧就在于同时看到事物的两面。这就是中道原则。正如孔子指出的：“攻乎异端，斯害也已。”只有掌握了这种中道思维方式，我们才能够达到最高的智慧。

客人接下来认为自己属于严肃作家或者诗人的行列，把自

---

① Plato. *Laws*. Translated by Trevor J. Saunders. In *Complete Works*. Edited, with Introduction and Notes, by John M. Cooper. Hackett Publishing Company, 1997: 816d.

己看作是悲剧作家。“我们自己都是悲剧作家。我们的悲剧作品都是我们能够创作出来的最好作品。不论如何，我们整个国家的建设都是一种‘表现’，它表现的是一种最好最高尚的生活——这种生活就是真正的悲剧。”① 在柏拉图看来，哲人就是真正的立法者，立法本身就是艺术创作活动。哲人作为诗人和其他诗人不同的地方在于，哲人关注的是人的人格品质，哲人的立法是把人生或者人的灵魂作为自己的对象，以塑造人的灵魂或者人格的品质为目的。一般的诗人是通过文字进行工作，关注的是表达或者迎合人的情感喜好，不关心塑造人的性格或者灵魂。也就是说，法律是形式，人民是质料，伟大的立法者就是用法律的形式规范人的灵魂的质料，赋予灵魂的质料以理性法律的形式，他塑造的是人的灵魂品质。客人指出，一切诗人的作品只有达到或者超过我们规定的诗歌标准才能获得表演的机会，否则就要被封杀。

至于悲剧的观念，按照尼采的看法，悲剧是文明的奠基石，喜剧则是文明的解构者。因为悲剧创造了生存的幻相，人们可以在这种生存幻相中生活。喜剧则是试图消解这种生存幻相，使人放弃体验生命的深度和意义。所以他才呼唤悲剧的诞生，重新建立被启蒙主义破坏的生存幻相，以此表明他对新文明的呼唤。在《会饮》中，柏拉图暗示哲人是同时掌握了悲剧和喜剧的人，苏格拉底最终战胜了阿伽通和阿里斯托芬。这也意味着哲人既是以悲剧方式建立生存幻相的奠基者，也是这种幻相的解构者。哲人超越于一切文明之上。

---

① Plato. *Laws*. Translated by Trevor J. Saunders. In *Complete Works*. Edited, with Introduction and Notes, by John M. Cooper. Hackett Publishing Company, 1997: 817b.

第六阶段是儿童在 16 岁以上学习数学、几何学和天文学。这些课程是成为立法者、护法者或者政治家的基本要求。客人认为，研究数学和天文学可以使人理解“必然性”。在数学和天文学中存在精确的规律和原则，这种必然性的原则是神圣的，连诸神也不能违背。立法者只有把握了这些必然性，才能合乎自然地立法。通过对这种必然性的研究，立法者就可以认识这种必然性中的理性秩序，这种理性秩序是消除他们狂妄自大的最好方式。这种必然性我们也可以称为理性的必然性。对必然性的认识就是对理性的认识，只有理性是神圣的、自然的。这些必然性向我们展示了宇宙的真正本质。我们只有遵循这种理性必然性才能获得美好的生活。但是大多数人却对这种必然性持否定的或者漫不经心的态度，他们始终处于无知和痛苦的生活状态。对政治家和立法者来说，这些知识是必不可少的，根据这些知识，他们进行合乎自然的管理和分配，达到整个社会秩序的和谐。学习数学是达到秩序和谐的必要途径。

我们还要看到，数学和天文学的教育属于精英教育，只有极少数被拣选出来的杰出青年才能学习。这种学习已经接近哲学辩证法的教育。在这里，柏拉图区分了大众教育和精英教育。他更加重视的是精英教育。只有培养出良好的精英阶层，整个社会才能得到安定和幸福，底层民众的要求是有限的和较低的，是比较容易满足的。精英人士的要求是较高的，是比较难以满足和安抚的。只有获得完善的教育，他们骚动不安的欲望才能得到满足。如果他们获得了满足和良好的教育，整个社会也就能获得和平稳定。

客人对于哪些课程应该学习、学到什么程度、什么时候学习等问题，感到难以确定，希望以后再讨论。于是克列尼亚斯鼓励客人继续把想说的话说出来，不要隐瞒。客人指出：“对于全部领域的无知并不是危险或者灾难，对于一门课程知道得详尽却教学无方，这才是最危险的。”① 这里表现了客人对于知识及其传播的看法。如果一个人像乡间农民一样纯朴无知，他也知道自己的无知，那么他的无知是比较善良可亲的。一个人学习了一点知识，往往容易自高自大，目中无人。更有甚者，会有人蔑视国家的道德和法律，犯上作乱。正如陀思妥耶夫斯基的《罪与罚》所揭示的。这才是知识学习和传播过程中最大的危险。所以古人贬抑知识，但是我们不能因此否定知识。也就是说，真正的知识并不会使我们变得自高自大，相反，当我们的知识真正达到完全圆满后，知识反而会被扬弃掉，而像苏格拉底一样重新回到“无知之知”中，我们就会知道无知之知才是真正的知识，我们会重新获得谦逊和温和。这是一个人的知识达到纯熟高明的表现。只有那些一知半解的人才会被知识所毒害，害人害己。这里还有一个因材施教的问题。我们获得了知识，就想迫不及待地传授给别人，也不关心对方的资质和特点，这同样是错误的。所以古代人在对待知识的传授方面非常谨慎，总是对自己的弟子百般考察。他觉得只有合适时才进行传授。这确保了知识和学习者的双赢。所以孔子认为：“可与言而不与之言，失人；不可与言而与之言，失言。知者不失人，亦不失言。”（《论语·卫灵公》）

反观我们现代人的观点和做法，就会发现其中存在很多错误和危险。现代人鼓励知识的学习和传播，以为知识只要传播

---

① Plato. *Laws*. Translated by Trevor J. Saunders. In *Complete Works*. Edited, with Introduction and Notes, by John M. Cooper. Hackett Publishing Company, 1997: 819a.

了，就能够推动社会的进步，丝毫没有考虑到知识传播的危险性。现代性在知识问题上无疑是过于乐观和幼稚了。现代性本质上是出于反抗宗教信仰的需要而推崇知识的，对于知识采取了一种激进的立场。正如在《欧绪德谟》中柏拉图指出，制作的技艺和使用的技艺不是一回事。我们发明或者制造了很多知识，但是使用这些知识却是另一回事。知识的发明需要智慧，知识的使用同样需要智慧。我们现在似乎更关注知识的发明，而不关心知识的使用。人们被各种知识和发明搞得昏头涨脑，陷入普遍的焦虑和困惑之中。我们面临越来越多如何使用知识的难题。从一定意义上说，知识的使用比知识的发明更加重要和困难。所以知识爆炸并不等于知识的进步，我们必须慎重对待知识的制作和传播。

客人接着表示他对人类的普遍无知感到羞耻。他举例说明人们在数学知识上的一知半解状态。他举例了线、面、体的关系，认为人们通常都是“只知其一不知其二”，并且因此沾沾自喜，自以为是。这样一来，对于知识的片面的学习不能消除愚昧，只能产生新的愚昧。客人的这种羞耻说明了柏拉图对哲学智慧的狂热追求。但是这种狂热追求并不意味着知识可以在全人类中普及。人们往往都是半途而废的，都是以无知为有知的，“熟知非真知”。他们学习了一点知识就自以为有智慧，骄傲自大，这恰恰违背了知识的根本意图。真正的知识不是可以教条性地学习的。真正的知识是无知之知和至善之知，是自我认识和自我净化的产物。这种知识也必然是对一切语言概念知识的扬弃，只有借助于辩证法，我们才能真正理解知识。无知之知才是唯一真正的知识。无知之知是无法普及、传播的。正如福楼拜指出的，愚昧与人类同在。人类不可能完全克服自己的无知，一个完全消除了愚昧的世界也是不可想象的。期待人类可以从根本上摆脱愚昧，这种想法本身就是一种愚昧。人们没有知识是不可怕的，可怕的是一知半解，最终害人害己。所以上古圣人对于理想国家的设想都不把知识作为基本条件，反而强调对于知识和技术的抵制。

随后，客人讨论天文学。他首先批判了一般的看法，认为不应该研究宇宙和诸神的问题，认为这是一种不虔敬的行为。但是客人指出对宇宙的认识才是真正的虔敬。他认为人们普遍不重视太阳、月亮和其他天体，这是错误的。这里我们可以看到，柏拉图把天体和诸神等同起来，他首先推崇的是这些天体诸神，对奥林匹斯诸神不置一词。因为天体诸神的运行充满了规律、理性和秩序，奥林匹斯诸神没有特定的规律和秩序。这里体现了柏拉图的理性主义立场。奥林匹斯诸神来自传说和神话，是虚无缥缈的。太阳、月亮等天体则是清晰可见的。对天体的研究将有助于人的理性能力的发展，对其他诸神的崇拜只能增长人的愚昧。所以客人认为精英分子应该研究天文学，从对天体的研究中增长自己的理性和智慧，借此可以增加人们对天体诸神的崇拜。这样，天文学同时就是神学，可以称为“天文神学”或者“宇宙神学”。在《法律篇》最后，客人又重新谈到了宇宙神学的问题。在《蒂迈欧》中，柏拉图系统阐述了宇宙神学，这是哲人最高的立法或者“神道设教”行为。他试图以哲人的理性之神取代传统的诸神。这种观点和近代科学诞生之初的看法是一致的。近代科学家研究天体的最初动因就是为了发现和理解上帝的创造。这种科学研究很快演变成了反对基督教的“精神战争”。随着基督教的衰落，科学的宗教动机也会随之衰落，科学的发展动力就会成为科学的最大问题。

在谈完了数学和天文学之后，客人奇怪地提到了关于狩猎的规定。有人认为这是柏拉图还没有来得及修改这篇对话。但是施特劳斯认为，这是柏拉图在《法律篇》中故意忽略了哲学的教育。在数学和天文学的教育之后应该是哲学教育，但是柏拉图却避而不谈了。因为在谈论政治法律的著作中不应该谈论哲学。这是基于对哲学与法律的冲突意识，避免提到和展现这种冲突。当然，我们也可以推测，客人提到狩猎的目的仍然是关注培养公民的德性。立法者如果只是单纯地制定了法律，没有关注公民的德性培养，那么他的立法就是不成功的。“徒法不足以自行。”法律以道德为最终目的。只有良好的德性才是法律能够被真正执行、遵守的关键，机械、偏执地遵守礼法本身并不值得赞扬。所以立法者必须把培养公民的德性放在首要地位。良好的德性必须成为一种自然而然的习惯，这样的德性才是坚实的、稳固的。

立法者对狩猎活动进行立法，是为了推崇狩猎中的道德品质，反对纯粹追逐猎物的做法。面对猎物，年轻人必须学会不被猎物的利益诱惑，也不被猎物的强大所吓倒。在狩猎方式上，年轻人不能使用陷阱、鱼篓和网子，不能残忍，不能投机取巧，不能进行夜猎。这些都是“胜之不武”的方式。捕获陆地动物只能使用狗，不能使用网子和陷阱；捕获鸟类不应该在耕地和圣地上；捕获水中的动物不能在港口和圣河等地。这都是为了打击人们的贪婪和机巧之心。这样的狩猎活动有助于培养公民良好的道德品质。

当然，我们还可以认为，这种狩猎也包含了对未来哲学家或者护法者的拣选和猎取。正如在《智者》中柏拉图把智者和哲人都比作是猎人。通过狩猎活动中的表现，客人可以拣选那些优秀青年，培养他们成为国家的未来接班人。如果没有好的接班人，再好的法律也是不能长久的，接班人的选择问题至关重要。

三、节日法

客人制定的第三项法律是节日法。摆脱了谋生之苦的人如何度过自己的一生，这就是客人讨论的重点。他认为自由人的一生应该在各种节日中度过。每年节日的次数不少于 365 次，每天都是节日，每个节日都是对某位神的献祭。法律将规定 12 个节日以纪念 12 位神，12 位神代表了 12 个部落。献祭的主要内容是进行合唱队表演和文化体育比赛。比赛内容依据神的不同而变化，并且要适应四季的变化。祭祀还必须对地狱之神和天上的神分别祭祀，不能把地狱之神当作是恐怖的，而应是当作人类的朋友进行崇拜。这与《理想国》《克拉底鲁》中对地狱之神的尊崇是一致的，目的是消除人类对死亡的恐惧和对勇敢德性的培养。

节日法的重要性在于有利于实现人性的最大幸福和崇高。公民都是从艰苦劳动中解脱出来的人，他们有大量的闲暇时间，这些闲暇时间应该在节日中度过。在这种节日中，他们载歌载舞，充分体会生命的快乐和充实。这样我们就能够理解节日在柏拉图《法律篇》中的重要性。这可以说是柏拉图对人类生活方式的最高设想。正如马克思设想的共产主义，人类摆脱了劳动的束缚，可以自由地发展自己的个性。他们的公民都从劳动中解放出来，可以自由地生活和发展。人生的最高意义体现在闲暇中是柏拉图和马克思的共同看法。他们的不同在于，第一，柏拉图凭借的是奴隶制和人的德性，马克思凭借的是生产力的极大发展。在柏拉图看来，劳动是低贱的，单纯为谋生而劳动的人的生活质量是低下的。所以在《理想国》和《法律篇》中都没有谈到劳动的问题。劳动或者生产力在柏拉图对话中根本不是问题。现代人则赋予劳动更多形而上学的意义和地位，现代人把个人的生存和享乐作为更加根本的问题。第二个不同在于，柏拉图的政治设想是小国寡民的状态，是道德的、宗教的生活。马克思的政治设想是世界大同的状态，是非道德的、非宗教的生活。

客人认为一个国家只有拥有美德，才能生活在和平之中，否则就可能陷入战争的危险之中。在和平时期，公民必须进行军事训练。男人、女人、孩子都必须参加。这被称为“战争游戏”。战争游戏要尽可能接近真实战争。国家根据每个人在战争游戏中的表现进行赏罚。这种军事训练是节日的比赛项目，有利于国家的美德。在战争游戏中，杀人者是无罪的，因为一个人被杀的不幸和整个国家陷入战争的不幸相比要小得多。

但是客人也看到人民每天进行军事训练，必然面临两个困难。第一个困难是人们对于财富的贪婪。人们往往把主要精力都用在追求财富上，像军训这类和财富无关的事情人们往往没有兴趣。所谓“人为财死，鸟为食亡”。这种贪婪导致老百姓成为商人或者佣人，使勇敢的人成为强盗或者窃贼。第二个困难是非正义的政治制度，即民主制、寡头制和僭主制。这些制度都不是真正的制度，它们被称为“党派政治”，即国内分裂成为各种党派，相互斗争。在这些制度中，每个人都生活得很不幸。统治者肆意妄为，他们的权力没有得到人民的同意和支持，只能依靠暴力维持。他们也不愿意培养人民的德性，使人们获得财富、力量和勇敢。人民也在这种统治下受到压迫和剥削，过着不幸的生活。这反映了柏拉图对“每天都是节日”这种生活安排的可行性的担忧。

除了军事比赛之外，还有体育比赛，包括赛跑、摔跤、轻步兵比赛、赛马，最后是合唱队比赛和各种艺术比赛。在这个第二等好的国家中，人民始终处于各种比赛活动中。在各种比赛活动中，人民不再关注财富，更加关注名誉，不再关注生存，而是生存的品质。可见，柏拉图设想的第二等好的国家也是一个非常美好的国家，在现实国家中也几乎是很难见到的。

但是客人意识到，每个人都一生从事献祭、节日庆祝和合唱演出，这如何可能呢？人们能够满足于这种神圣的生活方式吗？这意味着人们必须控制和摆脱那些使人沉溺其中的情感和欲望。但是控制这些情欲是比较困难的，特别是控制和摆脱性欲冲动。克里特和斯巴达似乎对这个问题都没有很好的立法。在那里，人们仅仅根据动物的本能，反对人类之间的同性恋，但这是不可能成功的。因此克里特和斯巴达的人民对爱欲持普遍的放纵态度。客人强调，立法必须着眼于美德。哪些立法有助于美德，哪些立法无助于美德，这是立法者思考的根本问题，不能有任何偏离和动摇。

因此客人试图为爱欲立法，他要让立法触及人们最难以触动的问题。这无疑需要极大的勇气和胆识。他认为为爱欲或者性事立法必须正直无畏、特立独行和唯理性是从。爱欲是人们的基本欲望，这个欲望显然比对财富的欲望更加难以控制，而且这个欲望似乎成为破坏人们节日生活的潜在危险。如果不能解决这个问题，立法者就不能完善地规定人们的生活。

第一，客人区分了三种爱欲。一种是比较平静的友爱，它产生于两个比较相似的人之间，应该是同性之间的关系。一种是比较强烈的爱欲，它产生于两个比较不同的人之间，应该是异性之间的关系。还有一种是纯粹精神性的爱情。他认为立法者必须贬低前两种，鼓励第三种，人们应该追求精神的爱欲。这就是人们通常所说的“柏拉图式的爱”。“在这种状态下，身体的欲望变得无足轻重，爱者注视着被爱者而没有任何欲望——一种灵魂对灵魂的成熟和真正的渴望。用身体满足身体，他认为是可耻的；他对自我控制、高度原则性和良好判断力的敬畏和尊敬，使他想过一种纯洁的生活，纯洁的爱者和被爱者在一起。”① 这种爱欲更多类似于哲人的爱欲，二者类似于男童恋的关系。在《理想国》《会饮》和《斐德罗》中，柏拉图同样思考了爱欲的升华问题。对理念本身的爱是最高的爱，是爱的最高形式。我们不能压抑和消除爱欲，那么最好的方法就是使爱欲指向更高的对象。这也是柏拉图对爱欲的净化。在《会饮》中，柏拉图几乎穷尽了爱欲的所有可能对象和爱欲的等级类型问题。在《斐德罗》中，柏拉图曾经比较充分地说明了这三种爱欲。

第二，客人认为必须寻求宗教的支持。他认为人类之所以能够消除乱伦，就是基于宗教的共同态度，所有宗教都谴责和禁止乱伦，所以没有人敢于对抗法律和舆论。当立法者需要控制人类的强烈欲望时，他必须寻求宗教的支持。宗教是法律最牢固的基础。“当立法者想要驯服非常强烈地控制着人类的一

---

① Plato. *Laws*. Translated by Trevor J. Saunders. In *Complete Works*. Edited, with Introduction and Notes, by John M. Cooper. Hackett Publishing Company, 1997: 837d.

种欲望时，他能够很容易地找到他的进攻办法。他必须设法使每个人——奴隶和自由民、妇女和儿童，以及无例外的整个国家——相信，这一共识得到宗教的支持。他不可能把他的法律建立在一个比这更加牢固的基础上。"① 这也表明了柏拉图"神道设教"的立场。客人认为性行为只能出于生育的需要，否则任何性行为都必须受到谴责。自然安排人的性行为是为了传宗接代，只有以生育为目的的性行为才是合乎自然的。不以生育为目的的性行为是反自然的，也就是说，以性行为中的快乐为目的是反自然的。性行为中的快乐只是一种诱饵和手段，而不是目的，把这种快乐作为目的就是反自然的。

第三，客人认为军事训练或者体育比赛也是控制性欲的好方法。如果一个人专注于体育训练和取胜，他的性欲就会降低甚至消失。比体育比赛更好的方法是进行征服快乐的比赛，这种胜利才是最高尚的。这种看法可以在心理学中得到支持。在心理学中有个"糖果实验"。如果一个孩子能够抵制糖果的诱惑，那么他在长大后更可能获得成功，并且生活得幸福。

第四，最等而下之的方法是保密。人们往往为了性欲的快乐而活得"禽兽不如"，外遇、偷情等屡见不鲜。我们既然不可能完全消除偷情，应该适度地容许偷情等行为。但是一个人必须不能以此为荣，到处炫耀这种乐事。他在有外遇后应该尽可能不让他人知道。如果他不能保密，就必须羞辱他。保密原则也是一种控制"性解放""性自由"的方法。

最后，客人探讨了饮食法、农业法、手工业法、进出口

① Plato. *Laws*. Translated by Trevor J. Saunders. In *Complete Works*. Edited, with Introduction and Notes, by John M. Cooper. Hackett Publishing Company, 1997: 838e.

法、贸易法等问题。这些法律的基本主旨都是为了促进公民的德性，消除公民的贪婪、嫉恨、放纵等恶行。

四、刑法

第九卷主要是探讨刑法的问题。客人首先认为制定刑法是一种羞耻。如果我们对公民进行了完善的教育，就不应该有任何人会犯罪，也无须制定刑法。由于人性的弱点难调难伏，总有一些人是难以教育的，他们总是被自己的欲望和弱点控制而犯罪，所以就必须制定刑法对他们进行惩罚。这里体现了柏拉图对于惩罚的基本态度。在他看来，惩罚是“不得已而为之”的权宜之计，在能够对人进行教育的情况下就不要惩罚。一般来说，刑法制定得越少越好，法律越复杂繁多，就越难以执行。

客人规定的惩罚包括了死刑、监禁、鞭打、羞辱、缴纳罚金等。在死刑的问题上，客人显然支持死刑，因为全体公民的德性要比某个邪恶之人的生命重要得多，国家不能对“害群之马”姑息迁就，必须及时铲除，以免导致整个国家德性的败坏。现代人对死刑的废除似乎表明现代人更重视生命，而轻视德性。这是现代文明的自由主义和享乐主义思想的体现，其结果就是整个国家道德水平的下降。而没有了道德尊严和道德约束的人类必然进一步变得利欲熏心、为所欲为，最后普遍的战争和杀戮将是不可避免的。这种灾难当然比处死一个恶棍的生命严重得多。

客人提到的犯罪还包括盗窃圣物罪、叛国罪、谋杀罪、伤害罪等。当克列尼亚斯在提到一般的盗窃罪时，客人对自己的立法进行了反思。他认为真正有意义的活动是教育公民，而不是惩罚公民。重要的工作应该放在教育公民上，惩罚是不得已而为之的。他也注意到公民犯罪的一个重要原因就是诗人对公民的误导。诗人试图否定立法者的作品，告诉人们应该如何度过自己的一生。但是立法者的作品才是最好的和值得学习的。他批判了荷马、提尔泰奥斯等诗人，颂扬了莱喀古斯、梭伦等立法者。一个国家中流传最广的作品应该是立法者的作品，其他人的作品必须和立法者的作品相一致，否则就应该被抛弃。这也是柏拉图一直提到的哲学和诗歌冲突的根源。

对教育问题的反思使得客人重新思考善和正义的问题。善和正义无疑是立法的核心，是法律的弓箭瞄准的靶子。如果我们不能对这个问题有一个清晰的认识，立法活动就不可能是成功的、高尚的。一般认为善和正义是一回事，但是客人认为惩罚不是善，但惩罚是正义的，所以善和正义并不是一回事。这里又涉及德性的内在矛盾问题。这个问题在《政治家》《普罗泰戈拉》《理想国》中都提出过。如果我们都承认无人故意作恶，那么是不是就可以对犯罪者不进行惩罚？性善论会面临这个难题，客人必须区分善和正义。每个人的目的都是在追求善，但是很多人的行为却是在作恶。虽然作恶违背了他自己向善的意志，但是我们不能因此原谅他，不对他进行惩罚。即使一个人无意犯错，只要他对他人造成了伤害，国家也应该对他进行惩罚。作恶就必须被惩罚，这才合乎正义。所以非正义和非自愿不是一回事，不能因为非正义的行为是非自愿的，就应该对之加以原谅，这样无疑会对罪恶姑息迁就，纵容人们的犯罪倾向。立法者必须“以牙还牙、以眼还眼”，正如孔子强调“以直报怨，以德报德”。但是惩罚的目的是达到人们的友爱，而不是仇恨。因此法律必须把教育和强制结合起来，使罪犯日后不再犯罪。对于不可救药之人就必须处于死刑，“以儆效尤”，维护国家的德性水平。

客人进一步指出了犯罪的三个原因：一个是避免痛苦即嗔恨，一个是对快乐的追求即贪欲，一个是无知即愚痴。① 其中无知分为简单的无知，即一般对某个事物或者问题的无知。一个是加倍的无知，不仅被无知支配，还认为自己无所不知，这就是“以无知为有知”，人们往往对这种无知缺乏认识。当这种无知获得了权力后，就会成为一切邪恶的根源。人类只有消除这种无知，才能消除罪恶和痛苦。

最后客人对正义和非正义下了定义。“我对非正义的一般描述是这样的：愤怒、恐惧、欢乐、痛苦、嫉妒和欲望掌握着灵魂，不管它们是不是导致实际的损害。但是不管国家或者个人怎样认为，它们都可能达到善，因为正是关于什么是善的概念控制着每个人并且影响着他的灵魂，即使他犯了错误。如果是这样，那么人们所做的每个行为都与这种善相一致，并且人性中被善支配的任何部分，我们都可以称它为‘正义’，这对于整个人类生活是最好的。”② 也就是说，非正义就是灵魂中充满了仇恨、贪恋、无知，正义就是灵魂中充满了仁爱、无欲和智慧。这种正义观并不是首先在政治生活领域中界定的，而是在个人灵魂范围内被界定的。一个灵魂中正义的人才是绝对意义上的好人。这种人只能是哲人。这和《理想国》中的正义

---

① 这种观点与佛教中的“三毒”——贪、嗔、痴是一致的。

② Plato. *Laws*. Translated by Trevor J. Saunders. In *Complete Works*. Edited, with Introduction and Notes, by John M. Cooper. Hackett Publishing Company, 1997: 864a.

观也是一致的。如果我们只是局限在公共政治生活中理解正义，显然就太狭隘了。

在这里，柏拉图还认为恶也通向善，也是我们达到善的方式。善高于恶，善是最高的、最终的目的，善是最真实的、终极性的东西，而恶不过是善的缺失。人世或者宇宙都以善为终极目的。整个宇宙都是通向至善的等级次序和等级结构。这种思想体现了柏拉图对人性的深刻观察和认识。人性是向善的，但是人们却往往因为无知而犯错，所以对人的教化才是第一位的。基于人性善的事实，我们可以进一步把至善确立为宇宙的终极性目标，这样人性的最高完善就获得了一个宇宙论基础，否则人性的道德完善就是没有最终依据的。

总而言之，柏拉图认为，贪、嗔、痴构成了人类犯罪的三大根本原因，人类要消除犯罪和罪恶，就必须消除贪、嗔、痴。真正的立法者就是致力于消除人类的贪、嗔、痴的犯罪根源，使人们都能够获得幸福人生。苏格拉底的整个教导就是力图消除人们的贪、嗔、痴。

在探讨杀人罪的过程中，客人分析了杀人罪的三个原因。一个是对财富的贪欲，一个是对名誉的追求，一个是对胆怯的恐惧。他以“轮回说”来教育世人。“对这些罪行的报应在身后是丝毫不差的。当一个人重又回到现世时，他必须偿付自然法所规定的惩罚——接受他自己给予他的受害者相同的对待，即通过经受受害者的类似命运来结束他在尘世的存在。”① 这类灵魂轮回说是非常普遍的宗教学说。在埃及宗教、婆罗门

---

① Plato. *Laws*. Translated by Trevor J. Saunders. In *Complete Works*. Edited, with Introduction and Notes, by John M. Cooper. Hackett Publishing Company, 1997: 870e.

教、佛教等宗教中都普遍存在。我们很难断定这种观点的真实性，这也是现代科学研究的问题之一，因此我们最好不要轻易否定它。

在探讨伤害罪之前，客人又谈到了人类为什么要制定法律。因为人没有足够的能力去分辨善恶，也没有能力把认识应用于生活中，所以人必须为自己制定法律，并且在生活中遵守法律，否则人们就和禽兽无异。正如在《圣经》中指出的那样，法律就是对善恶明确的、硬性的规定，法律通过强迫人们去遵守，使人们在一定程度上能够辨别善恶，从而避害远祸。如果在公共政治生活中没有明确的善恶标准，人们就会莫衷一是、自以为是，政治生活就会陷入混乱和灾难。

客人接着指出了其中的困难。第一，人们很难明白政治技艺的对象是公共利益，而不是个人利益。正是公共利益把国家团结在一起，私人利益则会导致国家分崩离析。如果公共利益得到了很好的保护，那么国家和个人都能够从中受益。第二，即使人们能够明白公共利益高于个人利益，但是掌握了最高权力的人仍然会目空一切，不会把国家利益置于个人利益之上。他的天性总是驱使他首先关注自己的利益，这种行为最终导致国家和个人的灾难。这两个原因是柏拉图对政治生活观察的结果。人们总是以权谋私、贪婪成性，所以人们才普遍相信“绝对的权力导致绝对的腐败”，并且限制最高权力的使用，实行分权制衡的原则。但是分权制并不是最好的办法，法治并不是最好的解决办法。

所以客人接着提到，如果某个人由于自然的天赋或者神的仁慈，具有杰出的天赋和才能，那么他就不需要法律来束缚他。“因为没有任何法律或者规则比知识更强大，使理智像一个奴隶一样从属于任何其他事物都是不正确的。相反，依据自然，如果理智的确是真实的和自由的，理智应该统治一切。”①这里仍然体现了柏拉图对知识理性的推崇。一个人只有完全凭借理性行事，不受感情控制，才能不但使国家达到严格的正义，也使自己达到绝对的正义。这样的人就是哲人。当然客人也知道，这样杰出卓越的哲人总是少之又少的，所以我们只能选择第二等好的情况即接受法律和规则的统治。但是法律和规则体现的是一般的状态，不能普遍使用于一切个别情况。个别是具体的，一般是抽象的。个别总是超出了一般，在把一般的法律使用于个别事例时，必须灵活应用，这种灵活使用依赖于智慧和知识。归根到底，知识高于法律，哲学高于政治，人治第一，法治第二。这和《理想国》《政治家》中的基本立场是完全一致的。

五、渎神法

在第十卷中，客人主要探讨了渎神法的问题。鉴于现代性以来宗教问题的重要性，这一卷显得非常重要。客人首先陈述了关于渎神法的序言。在这个序言中，他分析批评了三种渎神观点：无神论、自然神论和贿神论。

客人首先分析批判了无神论。很多诗人、演说家、预言家等人都在宣传无神论思想。他认为这些无神论都是出于无知，

① Plato. *The Laws of Plato*. Translated by Thomas L. Pangle. The University of Chicago Press，1988：875d.

但是这种无知却被当作最高的智慧。一些古老的诗人著作讲述了关于诸神的故事，但是在教导人民尊敬父母等方面却做得不好。一些新近诗作认为太阳、月亮、星辰等都是泥土、石头做的，根本不关心人类。这里柏拉图重点强调的不是奥林匹斯诸神，而是宇宙诸神。他必须证明宇宙诸神是善良的神，比人更加尊重正义。他首先指出，虽然年轻人容易受到智者学说的影响，但是没有一个人会把无神论思想坚持到老年而冒险去亵渎诸神。一个人最重要的事情就是获得关于诸神的正确思想，有了这种正确思想就能够过美好生活，否则就是邪恶的生活。

然后，他开始从自然和习俗的区分对智者的无神论思想进行分析。他指出智者或者诗人把一切存在的事物都归结为自然、人为或者偶然性，认为最大最好的事物都是自然和偶然性的产物，而细小的东西是人工制品。自然的工作是重要的、伟大的，人工制作的东西是次要的。在关于宇宙起源的问题上，这些学说认为首先存在的是水、火、土、气等原初物质，这些原初物质的无规则运动产生了地球、太阳、月亮等宇宙天体，然后形成了四季、各种生物等。这个过程是自然的偶然性的产物，没有理智、诸神或者人为的因素。技艺等人为之物都是后来产生的，它们都是不真实的影像，例如绘画、音乐等，而农耕、医药、体育等都是和自然合作的产物。国家更加和自然无关，是纯粹的人工制品。立法也不是一个自然过程，而是一种人为。因此，诸神也都是人为之物，在自然中没有对应物。诸神是法律的虚构，在不同法律中诸神各不相同。所以在自然中根本不存在正义，正义只是法律的产物。人们在道德正义的问题上争论不休，朝令夕改。正义的这种人为性最终取消了正义的神圣性和真实性。人们不再信任正义，而是相信暴力原则。

任何人用暴力取得的东西都是正义的，这会鼓励对他人的无限制征服。客人指出，智者哲学把自然和人为错误地割裂和对立起来，对人类文明的根基产生了巨大的摧毁作用。这种思想在希腊民主制时代非常流行。

这种观点和现代性的很多思想也非常一致。例如霍布斯就认为国家是人造物，法律是人为的产物。柏拉图毕生竭力反对这种思想，他认为政治状态就是自然生活，但是这种政治—自然状态是不完美的状态，政治文明是对自然的模仿，自然比文明完美。人类要过一种合乎自然的生活，就需要提高自己的文明，尽可能合乎自然，而不是否定文明，抛弃文明。智者的错误就在于把文明和自然对立起来，认为只有抛弃文明才是合乎自然的，但这样其实却是反自然的。亚里士多德继承了柏拉图关于自然和文明的观点，认为城邦是自然的产物，“城邦之外，非神即兽”，人不能设想在政治城邦之外寻找合乎自然的完美生活。

客人接下来为诸神的存在进行辩护。这种辩护是一种全新的思路，我们可以称之为“运动学说”的辩护，即把灵魂或者诸神看作是“第一因”。① 他指出，几乎所有人都误解了灵魂的本质。他认为灵魂才是最初的创造物，产生在所有物质之前，并且是物质运动和变化的根本原因。这就意味着理性、法律、技艺、观念等精神产物都先于重和轻、粗糙和光滑等物质事物。物质自然都属于理性和技艺的产物，是第二位的东西，灵魂才是最原初的存在，灵魂才是真正的“自然”。灵魂比物

---

① Plato. *Laws*. Translated by Trevor J. Saunders. In *Complete Works*. Edited, with Introduction and Notes, by John M. Cooper. Hackett Publishing Company, 1997: 892a-899d.

质更加原始。

客人决定自问自答，进行更加深入的论证。他区分了十种运动。他把能够移动自己，又能够移动他物，适用于一切主动运动和被动运动，并且是一切存在物运动和变化的原因的运动称为第十种运动。这种运动是最高贵、最优越的，应该被称为第一种运动，也就是“初始运动”或者“自我运动”。自我运动是一切运动的源泉，既是静止事物又是运动事物的最初力量，是一切变化中最早和最强的运动。他把这种运动和灵魂的本质定义结合起来，认为灵魂就是“能够使它自己运动起来的运动”①。这种运动实际上就是自我旋转运动。自我旋转运动就是“不动的推动者”。它围绕自己运动，所以它是不动的。但是它的旋转运动同时又推动了其他事物的运动。因此灵魂就是一切事物静止和运动的最初原因，是第一位的，事物是第二位的。灵魂是主人，事物是仆人。这样，一切人为之物如习惯、风俗、意见、计算、记忆等理智活动都先于长度、宽度、高度、强度等物理属性。灵魂也是善恶、美丑、正义和非正义等事物的原因。但是客人又指出灵魂至少存在两个，即善良的灵魂和邪恶的灵魂。善良的灵魂就是理性的灵魂，邪恶的灵魂就是非理性的灵魂。善良的灵魂意味着秩序和必然性，邪恶的灵魂意味着混乱和偶然性。这里似乎是二元论的立场。

灵魂的各种运动就是希望、思考、预见、建议、判断、真实、虚假、快乐、痛苦、恐惧、仇恨、热爱等。灵魂使用这些运动推动天空、大地、海洋里一切事物的运动。它们又推动第

---

① Plato. *Laws*. Translated by Trevor J. Saunders. In *Complete Works*. Edited, with Introduction and Notes, by John M. Cooper. Hackett Publishing Company, 1997: 896a.

二类运动，即物体的运动以及相伴随的性质，如冷热、轻重、硬软、白黑、干湿，以此指引事物的减少和增加、分离和结合。如果智慧是灵魂的助手，借助于这些工具，灵魂就能够使一切事物达到正确和快乐的状态。如果愚蠢成为灵魂的伴侣，结果就会完全相反。在客人看来，如果善良美好的灵魂控制宇宙，那么天体及其整个运动反映着理性的运动、旋转和计算，整个宇宙按照正确理性的方式运行。如果邪恶的灵魂掌握宇宙，天体的运动是不平衡的和无规则的。在他看来，宇宙天体的圆周运动是最接近理性的运动，它们都是围绕一个中心点做圆周性的、有规则的、周而复始的运动，这种运动显得是出于一个单一的计划和步骤，这充分体现了宇宙天体中的理性因素。客人得出结论说，天体宇宙受到了善良、理性的灵魂的控制，而不是受到邪恶的、非理性的灵魂的控制，天体是最有神性和理性的存在。最终的结论就是“每个事物中都充满了神”，也就是充满了理性。

可以说，柏拉图是理性主义的宇宙神学的创建者。柏拉图的这种论证是真诚的，并不单纯是“神道设教”的行为。即使他并不相信奥林匹斯诸神，他的立场也是“六合之外，存而不论”，而不是现代意义上的无神论者。他也看到了神在人类政治生活中的重要性和意义，他似乎也愿意相信理性之神的存在，虽然这种存在无法得到最终的证明。在《蒂迈欧》中，柏拉图则对这种理性主义的宇宙神学进行了更加明确和清晰的阐述。

客人继续对第二种渎神思想进行分析和批评。这种思想认为如果存在诸神，它们也不关心人类事务。这种思想的起源是对日常生活中的坏人胡作非为，但是并未受到惩罚的观察。人类的法律是有限的，但是诸神是全能的，如果诸神关心人类，就应该惩罚这些坏人。现实生活中的观察表明，诸神似乎并不惩罚坏人，所以诸神并不关心人类。

对于这种渎神思想，客人进行了“道德学说”的论证。①他认为诸神关心人类，诸神的工作就是照管宇宙。诸神是善良的，这种善良意味着审慎或者理智。诸神对于宇宙的照管必然细致周到、无微不至。诸神没有邪恶的品质，例如疏忽大意、游手好闲、玩忽职守等。诸神不可能忽视任何微小的事物。正如“细节决定成败”，忽视了细节，就忽视了整体。诸神不会允许自己在细节上犯错误。诸神也是有力量的，它们有力量关心干预巨大事物，也有力量管理微小事物。最后，诸神也是智慧的，是洞察一切的监督者。诸神是人类的主人，人类是诸神的所有物。诸神是善良的、审慎的、有力的和智慧的，诸神不可能不惩恶扬善。

客人对这类不信神的人进行了大段的开示，这和《蒂迈欧》的内容基本一致。他认为宇宙创造者安排了每一个事物，使每个事物都得到维持并且繁荣起来，使它们的各部分按照各自的能力起到主动或者被动的作用。这些部分都处于诸神力量的控制之下，每个部分和细节都是完善的，每个存在物都是为了宇宙整体的善而存在。如果不是为了整体的美好至善，任何一个部分都不会创造出来。部分是为了整体，而不是整体为了部分。每个人的存在都是为了宇宙整体的善。诸神的职责就是按照每个灵魂的德性安排其恰当的位置，使之各得其所。任何人的位置和生活都是最好的。诸神完成这个任务是非常容易

---

① Plato. *Laws*. Translated by Trevor J. Saunders. In *Complete Works*. Edited, with Introduction and Notes, by John M. Cooper. Hackett Publishing Company, 1997: 899d-905d.

的。诸神使不死的灵魂和会死的身体结合，让灵魂推动身体的一切活动。但是灵魂包含了善良和邪恶两种因素。灵魂中善良的因素是有益的，邪恶的因素是有害的。诸神预见了一切，它们按照灵魂的善恶，为灵魂安排不同的位置。这种安排可以保证美德在宇宙整体目的中获得胜利，邪恶在整体目的中遭到失败。

但是诸神并不是全部大包大揽，而是把灵魂转变的决定权交到了每个灵魂手中，让我们自由选择。这种自由意志和自由选择就是我们当前处境和命运的根本原因，而不能归因于诸神。一切灵魂和命运的最终原因就在我们自身之中。如果灵魂的过失不大，它们就能够在大地上生活；如果它们罪大恶极，就会堕落到地狱；如果它们一心向善，就能够升入天国。每个灵魂都经过了无数次的轮回转世，没有一个灵魂能够逃脱“诸神的判决”。这个判决永远跟随每个灵魂，根据它们的善恶，对它们做出准确无误的判决，决定它们下一次的轮回。“善有善报，恶有恶报”，丝毫不差。诸神的惩罚就跟随它们死后的灵魂。我们不能因为看到现实生活中有些人为非作恶却不受惩罚，就认为诸神不关心人间事务。

柏拉图在此提出了至善论的宇宙论，即宇宙本身的存在是追求至善的，一切个体部分都是服务于宇宙整体性的至善。我们必须通过这种整体性的至善来理解每个个体的命运。这和我们现代宇宙学是不同的。现代宇宙学的根本思想是宇宙本身并不包含一个至善的目的，一切都是偶然的、随机的。人的存在也没有根本的意义，一切最终都要在宇宙的坍塌或者热寂中消失殆尽。现代宇宙论是非常悲观的，现代人是绝望的、虚无的。而柏拉图的宇宙论则是生机勃勃的，合乎人性的。我们不能设想一个没有生机和至善目的的宇宙，我们的存在本身就是生机的和追求善的。我们是宇宙的一部分，宇宙的本质不可能也不应该和我们人类的本质完全不同。我们的生命和向善本质上也就是宇宙本身的生命和向善。我们和宇宙是一体的。我们对自己的认识也就是对宇宙的认识，或者我们的自我认识就是宇宙的自我认识。设想一个完全非人的宇宙是违反人性的，也不可能合乎宇宙的本质。

柏拉图的这种观点也与佛教业报轮回的思想惊人的一致。佛教强调因果报应的思想，认为“一切皆空，因果不空”，人的一切造作都会不差毫厘地得到报应。“欲知前世因，今生受者是，欲知后世果，今生作者是。”一个人的不幸必然和前世相关，一个人今世的善行或者恶行也必然和来世相关。这种报应超过了人在今生的有限认识，最终在无限的因果之链中得到应验。这一切都是为了实现宇宙的至善。

客人随后对第三种渎神的思想即贿神论进行了分析和批判。他指出诸神是宇宙的统治者，宇宙中充满了善良和邪恶的斗争。认为诸神得到一点礼物就会宽恕邪恶的人，是非常不敬神的想法。这意味着诸神不是善良的和正义的。客人指出，诸神是所有保护者中最伟大的，他们保护宇宙的最高利益，不可能被邪恶的人收买。平常人都不会那么容易被收买，何况诸神。所以诸神不会被收买。

这种贿神思想在很多宗教中都存在。例如婆罗门教或者民间宗教中“祭祀万能”的思想认为，祭祀是人和神的交往行为或者交易行为。如果一个人能够很好地祭祀，他就能够得到神的保佑，否则就会受到神的惩罚。更有甚者，如果一个人能够很好地祭祀诸神，即使做了坏事也能够幸免。这是错误的看法。如果神能够因为获得了祭祀而饶恕恶人，那么邪恶的人就会放纵自己的行为，更加肆无忌惮、胡作非为。客人反对这种看法，也反对盲目祈祷。品行端正才是敬神的最好方式。可见，柏拉图的宗教观点表现出强烈的道德倾向，反对宗教中的功利性倾向。这样他实际上也强化了宗教中的理性主义因素，提升了宗教信仰的理性品质，降低了祭祀仪式在宗教生活中的重要性。这和康德的道德神学是比较接近的。

最后客人得出结论，诸神是存在的，诸神关心人类，诸神也不会被收买，向不正义的事情妥协。当然这个诸神更多是指宇宙诸神，而不是奥林匹斯诸神。

在第二部分，客人开始为渎神罪立法。渎神者会根据罪行分为两类。严重的如伪君子应该被处死，不严重的则给予监禁、训诫和感化。他还规定，任何人都不得在私人住宅中设立神龛，一个人想要献祭时必须到公共神殿去祭祀。任何人都要一起参加祈祷，其目的就是防止不信神的人通过私下的献祭和祈祷获得诸神的恩赐，从而使他们的邪恶更加扩大。

六、民事法

第十一卷中，客人论述了财产、奴隶、商业交易、手工业、孤儿抚养和遗产、离婚再婚、孝敬父母、投毒、诽谤、作证等民事法问题。

在财产法中，他强调私人财产的合法性，任何人都不得非法占有他人物品。而在《理想国》中他根本不讨论财产问题。人们应该宁要灵魂中的正义，也不要口袋中的钱财。“不许动不该动的东西”应该成为普遍的观点。在奴隶问题上，他认为主人可以随意地在限度许可的范围内对待奴隶，如果奴隶逃跑了，就必须逮住他。即使获得了自由的奴隶也应该履行他对主人的义务，他的婚姻也必须获得前主人的同意，他的财产也不能超过前主人。

在商品交易中，任何人都必须在指定的市场进行，不得随意改变价格，不得制假售假，不得倒买倒卖，欺行霸市。任何人都有义务揭露交易中的虚假行为，否则也要受到处罚。总之，客人强调的是商业交易中的道德因素，反对人们唯利是图、见利忘义。他还强调，商业活动是低贱的行业，所谓“无奸不商，无商不奸”，就反映了这种道德评价。虽然商业活动本身是好的，但是奸商败坏了商业的形象。因为人们对财富的欲望是无穷的，商业活动则进一步激发了人们的贪婪。所以立法者应该教导人们学会对治贫穷和富有带来的害处。富有会因奢侈腐蚀人们的灵魂，贫困则用痛苦使灵魂变得无耻。“饱暖思淫欲，饥寒起盗心。”一个文明社会中，商人的地位应该尽可能地低，不能使他们的腐败行为危害国家。一个自由民不应该从事任何商业活动。

在孝敬父母的问题上，客人指出，诸神是和父母站在一起的，父亲和祖父才是一个人真正应该崇拜的神，一个好人会把父母看作是神的使者。子女必须尽可能为父母进行祈祷，孝敬父母是诸神所喜欢的。可见，柏拉图也是十分讲究孝道的。可以说孝道是政治德性的核心。古代儒家关于孝的强调恰恰就是基于这种考虑。孝的问题既是一个家庭情感伦理问题，也是一个国家的政治统治问题。孝本身就包含了统治和被统治的关系，同时又把情感因素纳入进去，所以孝就显得“合情合理”，从而成为政治统治的最佳典范。如果一个人习惯于孝顺父母，就习惯于遵守国家法令，孝子就可能是一个好公民。不孝之子不可能是一个好公民，他习惯于犯上作乱，习惯于按照自己的欲望和意志而放纵自己。

客人也指出，尽管人类可以制定很好的制度，但是任何制度都是天生有缺陷的。这些缺陷最终就把制度本身给损害了。例如正义当然是非常美好和重要的，但是人们却会利用法律的正义，在辩论中使用各种技巧颠倒黑白，不论对错，都能够获得胜利，这样就玷污了正义的美名。这是对智者辩论术的批判。正如孔子所说："听讼，吾犹人也。必也使无讼乎！"客人认为应该限制这些技巧的使用。这和《政治家》中对法律的反思是一致的。法律的正义不可能做到完美无缺，但是没有法律，人类生活将是不可想象的。我们必须建立法律制度，但是我们却不能迷信法律制度。

七、其他法和夜间议事会

第十二卷分为两个部分，第一部分是继续探讨各种法律，第二部分是对夜间议事会的探讨。

（一）其他法

客人继续讨论了外交法、军事法、监察法、葬礼法等。在监督法中，客人指出，为了防止官员中有人违法乱纪、胡作非为，他们必须接受监督。监察官的职责就是保护国家的制度，防止国家解体和毁灭。监察官应该比一般官员更加杰出，以正义的方式行使职权，整个国家就会繁荣昌盛；否则各个官员自行其是、拉帮结派、钩心斗角，就会把国家分裂为众多小国家和小团体，国家就会迅速走向毁灭。因此监察官必须在道德上是德高望重的人。

然后客人讲述了监察官的选举程序。监察官经过多重选举程序产生，并且在太阳神面前进行明示。监察官还必须自我监督。他们必须受到国家最隆重的对待，他们也是为阿波罗神工作的祭司。主席职位每年轮值。在他们去世后，他们的葬礼也是最高规格的，他们的墓穴也是最尊贵的，公民每年都要通过举行音乐、体育和骑马的比赛等活动祭祀他们。如果一个监察官在任职期间也胡作非为，就必须对他提起诉讼，他就会被免职和罚款，死后也不能享受崇高的荣誉。

在外交法方面，客人认为国与国的交往会导致各种风俗习惯的混合，外国的奇风异俗会感染本国的风俗习惯。大多数国家并不依据最好的法律进行统治，国际交往对它们的影响就不是很大。但是这种交往对于依据最好法律进行统治的国家是有害的。但是拒绝和其他国家来往也是很难做到的，该国会被看作没有开化的野蛮国家。虽然人们在自己的德性修养方面有所欠缺，但是他们在判断他人善恶方面还是比较正确的，甚至恶人也能够进行正确判断。如果一个人想要成为完全意义上的好人，他本人就必须首先向善行善，以这种方式感化他人，使他人也过一种善的生活，舍此别无他法。同理，新国家必须以这种感化方式赢得他国的尊敬。所以新国家不能闭关锁国，而是要和那些并不好的国家交往。但是它必须对国际交往进行立法。未满 40 岁的人不能出国，任何人不能因为私事出国。国家只能允许信使、外交使节、观察家等人出国。他们在回国后可以将外国的政治制度劣于本国制度的情况告诉年轻人。假如一个国家闭关锁国，不和人类的善良和邪恶打交道，那么它就不可能使自己处于较高的文明程度。一个国家如果仅仅是通过法律习惯的方法，而不是通过理性智慧的方法，也无法使法律得到真正的维护。所以国家必须选出一些杰出人士，把他们派往国外，通过研究他国的得失，进而改善本国法律的不完善之处，这样才能使国家法律得到维护。这就是“他山之石，可以攻玉”。没有这种观察和研究，维持法律的完善就几乎是不可能的。所以观察员必须是具有良好声誉的人，必须年满 50，在国外 10 年后可以回国述职。国家组织成立一个议会，由各种重要人士组成。归国人员应该出席会议，做出报告，就法律的制定、教育等问题进行说明。外国来访者分为四种——商人、游客、使节和观察员，对于他们，国家应该给予不同的对待。所有人都应该把国家的朋友当作朋友，把国家的敌人当作敌人，不允许出现卖国贼。

客人指出，立法者和护法者都应该参照其他国家的法律来立法和变法。法律是神赐的，是理性的启示，其他作品和法典都是次要的、不完美的。学习法律典籍就是最好的学习，对于提高年轻人的素质是最好的方式。法典应该被作为整个国家和人民的珍宝，它会保障和强化善良的人，使他们沿着正义的道路前进。对于尚可救药的人，法典将他们从无知、放纵、怯懦的恶行中解放出来。对一个天性顽劣、不可救药的人，法典必须通过死刑拯救他，防止害群之马危害整个国家的道德生活。

最后的法律就是葬礼法。我们该如何对待一个人生命的终结？他认为我们应该尊重神谕解释者，听从他们以诸神的名义对献祭活动的建议，也要对立法者言听计从，相信他们关于

"灵魂超越肉体"的观点。一个人最重要的是他的灵魂，而不是他的肉体，肉体不过是灵魂的工具。在我们的肉体死后，灵魂就到地下诸神那里去报到。恶人会受到地狱诸神的惩罚，善人将受到奖赏。我们必须在生前就尽力过一种道德生活，这样才能避免在死后受到惩罚。在葬礼方面，客人主张薄葬，反对厚葬，主张"丧尽礼"，人们不要大声哭泣，葬礼不要挽歌之类，应该保持庄严肃穆。

这样所有的立法都已经完成了。

（二）夜间议事会

立法工作结束了，客人感到他似乎面临一个更大的问题，那就是法律的维护和保存问题。他意识到，在变化无常的人世中，任何立法都不可避免地走向衰败，再好的法律也会因为时过境迁而变得不再适宜，法律本身也受到命运女神的支配。我们必须确立一种保证法律不被颠覆的规定。为此，客人要求建立一个夜间议事会。这个夜间议事会由 10 名最年长的法律维护者、所有获得国家最高荣誉的人和合格的外国观察员构成。他们还要求每人要带一名 30 岁以上的青年才俊作伴。青年人也要经过严格的考核检验，他们是未来的国家接班人。会议要在夜间进行，避免被公私事务所干扰。议事会的职责是保护国家的法律，它相当于国家的头脑和灵魂。灵魂具有理性的功能，头脑具有视听等感性功能。任何生命体的存在都必须依赖理性和感性的结合。正如一艘船必须配备船长和水手，船长相当于理性，水手相当于感觉。二者只有密切配合，才能使船只在任何天气状态下都能够安然无恙。这样，客人就把国家比作是一个巨人，青年才俊相当于国家头脑上的感觉器官，他们密切关注整个国家，记下他们听到、看到的一切，并且报告给年长者。年长者则相当于理性，他们在很多事情上都具有过人的智慧。二者的结合就可以保证国家的长治久安、万世不易。

客人认为一个国家如果想要保护好自己的法律，只有在国家对自己的目标有明确认识的情况下才是可能的。于是他对国家的目标再次进行了说明。虽然几乎所有国家都把正义作为自己的目标，但是国家实际上会存在各种目标。有的国家的正义不过是服从统治者个人的统治，根本不关心善恶德性；有的国家把利益作为国家的目标，对于自己是否被奴役则漠不关心；有的国家片面追求所谓的自由，最终只是导致个人的放纵。这都是立法者和统治者不知道国家真实目标的表现。国家的真实目标是塑造人民的德性，所有立法都必须围绕公民德性的目的而制定或者修改。国家有四种德性，即智慧、节制、正义和勇敢，其中智慧是最高的，其他三种德性都以智慧理性为指导。客人又指出，四种德性具有不同的功能、作用和地位。它们都被称为德性，它们必定有共同点，并且能够组合成一个完整的德性整体。因此国家本质上是一个德性共同体。

国家的主要工作就是给予不同的人以不同的德性教育和训练，使得他们各尽其才、各得其所。客人在此提到了更高程度的教育，即哲学教育。第一个内容是哲学辩证法的教育。一个护法者不仅善于在多种事物中确定自己的目标，还要能够达到对“多中之一”的认识，并且根据这种认识统摄其他一切细节，把各个细节置于整体的、合适的位置上。他必须善于从形形色色的事物中看到“一”，这样他的认识才是最真实的、正确的。这实际上就是哲学辩证法的知识。通过这种哲学辩证法知识，护法者就能够看到四种美德中的共同点即“一”。正是这个“一”使得四种美德都被称为美德。联系到《理想国》的看法，这个“一”应该就是“善本身”。在这里客人并未明确指出这一点。正是善本身构成了美德的本质核心，护法者必须紧紧抓住善本身来思考一切事物。客人还提到了美和善的关系问题。美是服务于善的，正如在《会饮》中苏格拉底曾经指出的。

第二方面内容是神学知识。客人指出，神学是所有知识中最好的，在人类力所能及的范围内相信诸神的存在非常重要。一般人仅仅是遵守法律就足够了，但是护法者必须学习神学上的论证。不努力学习神学知识的人就不能成为护法者。客人又重申了在第十卷曾经论述的神学问题，其中首要的观点就是，灵魂是所有事物中最古老的、最神圣的，灵魂的自我运动推动了其他一切事物的运动。其次，整个宇宙的运动都依赖于理性，理性赋予了宇宙天体以规律和秩序。可以说，哲学知识和神学知识构成了护法者知识学习的必要内容。

最终客人指出，议事会的成员必须由掌握了必要知识的人来确定，只有经过事前的教育和广泛讨论之后，他们才能成功地担负自己的使命。这仍然是在强调知识和权力的结合。立法的技艺或者国家的创建是最大的技艺，是独一无二的技艺，也是充满了巨大危险的技艺。但是这种尝试是值得的，是为了人类的最大幸福在冒险。创建者可以获得巨大的荣誉，至少会被看作是勇敢者。任何后继者与之相比都会相形见绌。国家最后必须交给议事会管理。客人指出，这种把头脑和理智结合起来的夜间议事会可能是一个梦想，但也是完全有可能实现的。只要我们精心选拔议事会成员，给他们以适当的教育，在受过教育后人主国家的要害部门，成为护法者，他们的保护能力就是前所未有的。这样看来，议事会实际上也就是哲人组成的团体。

《法律篇》的最后实际上就进入了《理想国》的主题，也就是哲学家的教育培养问题。我们看到，《法律篇》中的对话时间是从早上到晚上，而《理想国》的对话时间是从晚上到早上，二者刚好构成了完整的一天，也就是一个整体。法律是光明的、公开的，哲学是隐晦的、秘密的。可以说，《法律篇》与《理想国》相互依存、相辅相成，同时也说明了哲学与法律是相互对立、相互统一的关系。只有从哲学与法律的关系中，我们才能理解柏拉图的所有对话和哲学精神。《法律篇》是从政治向哲学的上升。通过探讨古老的传统法律制度的起源，哲人超越了传统法律制度的遮蔽，看到了法律的自然基础。在这种自然的认识基础上，我们就可以进行哲学的思考和训练。最后，《法律篇》终结于哲人王团体（夜间议事会）的教育。《法律篇》最后指向了《理想国》。制定法律本身是从哲学向政治的下降，是从自然到人事的下降，立法就是对自然的模仿。

小结

现在我们可以总结一下《法律篇》的内容。第一，《法律篇》探讨的是“第二等好的国家”，这样的国家是法治国。它是在哲人王的立法下存在和运作的。柏拉图建立法治国的原因不在于他变得更加现实，而在于他看到真正哲人是稀少的，哲人的生命是有限的，他的统治必将随着他的死去而消失。如果哲人要把美好的智慧保留下去，就必须借助于法律的形式。第二，这个法治国家是宗教国。哲人建立的国家会以宗教国家的形式存在，而不是以无神论的形式存在。整个国家的公民的一切活动都是围绕诸神、英雄或者祖先安排的。他们生活在一个更大的意义空间之中。第三，这个国家是道德国家。这个国家尽可能贬低一切欲望和情绪，对于财富、权力的追求都被弱化，它不可能是一个富裕的国家。节制和勇敢是这个国家的基本德性，它也在一定程度上实现了完全的正义。这些德性最后都统一于智慧的法律。第四，这个国家是一个欢乐的国家。整个国家的公民都免除了一切辛苦的谋生和劳作之苦，公民们每天的生活只是进行体育和艺术的比赛，以崇拜诸神，他们的一生都是围绕游戏和比赛而展开的，游戏和比赛的目的是塑造灵魂的理智和情感欲望的和谐。第五，这个国家是小国寡民的国家，因此是一个熟人社会。柏拉图严格限定了它的规模，它不把追求强大作为自己的目标。立法者追求的是公民道德人格的塑造，追求庞大的国家必然以道德的败坏为代价。帝国疆域和人口越是庞大，我们治理水平就会越低，人性的提升就越是困难。我们不可能精确地治理一个大国，却可能精确治理较小的国家。第六，它是一个永恒的千年王国。客人尽可能地消除了国家中一切变化的因素，任何微小的变化都可能最终导致巨大的颠覆。这种对永恒性的追求是一个立法者追求完美法律的要求。一个只是谋求暂时立法的人不可能建立好的法律。当然从根本意义上看，法律对人的引导是有限的，人也不可能无限地创制新法律。人性的自然是有限的，人对幸福生活的想象是有限的。

从一定意义上，柏拉图构想的这个国家是我们能够设想的最好国家。正如施特劳斯指出："无论如何我都认为，柏拉图和亚里士多德所解释的 πόλιs，这种条理清楚、限于城邦、道德上 σπουδαία（严肃）、以农业为基础、由 gentry（贤人们）统治的社会，从道德上和政治上看，是最理性和最可喜的东西。”① 正如孔子所说：“兴于诗，立于礼，成于乐。”（《论语·泰伯》）这是我们理解《法律篇》的主要线索。《法律篇》始于对礼乐的探讨，通过音乐教育的方式来认识人的灵魂的自然，然后依据人的灵魂的自然建立法律，以道德法律全面地塑造人的灵魂。但是如果我们认为人类活着的目的就是遵守法律道德，那也是错误的。人的最终目的是体验到生存的最高自由和快乐，也就是达到灵魂的和谐，这才是人生的最高意义和归宿。可以说，立法本身就是在谱写乐曲，立法就是在人的灵魂上谱写乐曲。从音乐角度理解政治和法律是非常重要的。柏拉图经常把哲学和音乐对比，把政治家比作是艺术家和音乐家。他治理国家就如同谱写音乐。在他那里，哲学、政治和音乐是一回事，它们的根本精神都在追求和谐。这种和谐是对一切矛盾的对立面的协调。政治人生的最高境界就是游戏——逍遥游。

《法律篇》虽然是谈法律的书，但是在中世纪阿拉伯哲人阿维罗伊看来，《法律篇》是关于天启和预言的书。他似乎以《圣经》的方式理解《法律篇》，把《法律篇》和《圣经》等同起来了。但实际上阿维罗伊是以《法律篇》的方式理解《圣经》，是通过柏拉图来理解摩西的。或者说，他把柏拉图置于摩西之上。《法律篇》和《圣经》的共同本质就是“神道设教”。“神道设教”的基本含义就是以神的名义立法。《周易》

① 施特劳斯，等：《回归古典政治哲学》，朱雁冰、何鸿藻译，华夏出版社，2006 年版，第 334 页。

的《观》卦《彖》曰："大观在上，顺而巽，中正以观天下，观。'盥而不荐，有孚禺页若'，下观而化也。观天之神道，而四时不忒，圣人以神道设教，而天下服矣。"对于哲人而言，"六合之外存而不论"，虽然我们可能不认识神的本质，但是我们可以确定我们需要什么本质的神，我们可以根据自己的政治需要设想神的本质。也就是说，虽然在哲学上我们对神是持存疑的态度，但是在政治上我们却可以持肯定的态度。摩西在西奈山上的"十诫"本身就可以看作是"神道设教"。只有"神道设教"是合乎人性自然的方法，只有"神道设教"的方式才能更好地提高和完善人性。《法律篇》和《圣经》是可以对观的。根据《法律篇》理解《圣经》将意味着对《圣经》的非神学—非信仰化的理解。这是哲人对待《圣经》的唯一正确的方式。基督教哲人对待《圣经》的态度几乎没有摆脱神圣化方法，这也是现代性的根源。

参 考 文 献

[1] PLATO. The Collected Dialogues of Plato[M]. Edited by Edith Hamilton and Huntington Cairns. New Jersey: Princeton University Press, 1963.

[2] PLATO. Complete Works[M]. Edited, with Introduction and Notes, by John M. Cooper. Indianapolis: Hackett Publishing Company, 1997.

[3] PLATO. Statesman[M]. Translated and with Commentary by Seth Benardete. Chicago and London: The University of Chicago Press, 1986.

[4] PLATO. The Laws of Plato[M]. Translated by Thomas L. Pangle. Chicago and London: The University of Chicago Press, 1988.

[5] PLATO. The Republic of Plato[M]. Translated by Allan Bloom. New York: A Division of Harper Collina Publishers, 1968.

[6] LEO STRAUSS. Persecution and the Art of Writings[M]. Chicago and London: The University of Chicago Press, 1952.

[7] LEO STRAUSS, JOSEPH CROPSEY. History of political philosophy[M]. New York: Rand McNally Company, 1963.

[8] LEO STRAUSS. Spinozas' Critique of Religion[M]. Chicago and London: The University of Chicago Press, 1965.

[9] 柏拉图. 柏拉图全集[M]. 王晓朝,译. 北京：人民出版社,2003.

[10] 柏拉图. 理想国[M]. 郭斌和,张竹明,译. 北京：商务印书

馆，1986.

[11] 柏拉图. 法律篇[M]. 张智仁，何勤华，译. 上海：上海人民出版社，2001.

[12] 柏拉图. 政治家[M]. 洪涛，译. 上海：上海人民出版社，2006.

[13] 柏拉图. 普罗塔戈拉[M]. 刘小枫，译. 北京：华夏出版社，2019.

[14] 柏拉图. 会饮[M]. 刘小枫，译. 北京：华夏出版社，2003.

[15] 柏拉图. 斐多[M]. 杨绛，译. 北京：中国国际广播出版社，2009.

[16] 柏拉图. 阿尔喀比亚德[M]. 梁中和，译. 北京：华夏出版社，2009.

[17] 柏拉图. 蒂迈欧[M]. 谢文郁，译. 上海：上海人民出版社，2003.

[18] 柏拉图. 米诺斯[M]. 林志猛，译. 北京：华夏出版社，2010.

[19] 柏拉图. 巴曼尼得斯篇[M]. 陈康，译. 北京：商务印书馆，1982.

[20] 施特劳斯. 论柏拉图的《会饮》[M]. 邱立波，译. 北京：华夏出版社，2012.

[21] 施特劳斯，等. 回归古典政治哲学[M]. 朱雁冰，何鸿藻，译. 北京：华夏出版社，2006.

[22] 施特劳斯，等. 苏格拉底问题[C]. 刘小枫，编. 北京：华夏出版社，2005.

[23] 泰勒. 柏拉图——生平及其著作[M]. 谢随知，译. 济南：山东人民出版社，1996.

[24] 色诺芬. 回忆苏格拉底[M]. 吴永泉，译. 北京：商务印书馆，1984.

[25] 亚里士多德. 政治学[M]. 吴寿彭，译. 北京：商务印书馆，1965.

[26] 尼采. 哲学与真理[M]. 田立年，译. 上海：上海社会科学院出版社，1993.

[27] 海德格尔. 海德格尔选集[M]. 孙周兴，编译. 上海：上海三联书店，1996.

[28] 朱熹. 四书章句集注[M]. 沈阳：辽宁教育出版社，1998.

[29] 钱穆. 论语新解[M]. 北京：三联书店，2012.

[30] 王弼. 老子道德经校释[M]. 北京：中华书局，2008.

［31］陈鼓应. 庄子今注今译［M］. 北京：商务印书馆，2007.
［32］金良年. 孟子译注［M］. 上海：上海古籍出版社，1995.
［33］尚荣. 坛经［M］. 北京：中华书局，2010.
［34］印顺. 中观论颂讲记［M］. 北京：中华书局，2011.
［35］僧肇. 肇论校释［M］. 北京：中华书局，2010.

后　记

本书的三篇对话解读是从《哲学的颂歌——柏拉图对话的现代解读》(同济大学出版社,2015 年)一书中抽出来的。我重新编订了章节,有些地方进行了大的修改,特别是《理想国》第一卷中苏格拉底和玻勒马霍斯的对话。我后来在讲课中感觉对这部分内容有了更准确的理解,便借此机会做了修改,希望对我们理解柏拉图对话有所帮助。

这三篇对话集中体现了柏拉图对政治问题的思考,对于我们理解柏拉图的政治哲学是非常重要的。最近,国内外对柏拉图政治哲学的研究比较热门,但是很多人仍然认为柏拉图的政治思想是错误的,甚至是反动的。像波普尔等人把柏拉图政治哲学看作是极权主义的始作俑者而大加批判。我觉得我们应该尽可能地超出时代的局限性,更耐心和细心地深入到柏拉图的思想中去,搞清楚他如此这般思考的原因,而不是先入为主地扣帽子、抡大棒。

我们往往把柏拉图看作是政治理想主义的代表。但柏拉图在面对政治问题时,其实比现代人更加冷静和现实。现代人反而更多陷入了政治理想主义的狂热之中。柏拉图的《理想国》可以说是对一切政治理想主义的批判和抵制。他告诫我们不应该希望通过建立某种完美的政治制度来终结人类的苦难,我们应该更多关注人性的教养。如果我们不能更好地教育人、培养人,即使我们建立了一个完美的政治制度,这个制度也不可能长久,也会重新成为人类的牢笼。哲学就是这种人格塑造的教育活动。因此,柏拉图讨论政治问题的对话并不多,他更加关心哲学及其教育活动本身。这种哲学教育才寄托了柏拉图更深更高的理想信念。柏拉图的政治对话体现了从政治到哲学的思想上升之路。

柏拉图的政治对话也提醒我们重视哲学的政治基础。柏拉图对话几乎都是建立在政治生活的背景之中的。现实生活中的各种观念和分歧是我们哲学反思的出发点。如果哲学思考总是从某些抽象的概念出发,沉溺于概念分析和理论构造,就可能成为漫无目的的胡思乱想。政治生活是哲学反思的源头活水,脱离了现实的政治生活,哲学思考就成为无源之水、无本之木。为了正本清源、返本开新,我们需要不断回到柏拉图对话,以此检视我们当前的观念和思潮。

本书的出版得到了同济大学“欧洲研究”一流学科建设项目“欧洲思想文化与中欧文明交流互鉴”子项目的资助,在此表示诚挚的感谢!

本书的出版还得到了编辑张睿女士和同济大学出版社的大力支持,在此表示诚挚的感谢!

希望本书的出版对于柏拉图政治哲学的研究,对于我们理解哲学、政治和人性有所帮助。本人才疏学浅,书中错谬之处在所难免,希望同仁不吝批评指正。

李革新